出版人・知的所有権叢書

著作権の誕生

フランス著作権史

宮澤溥明

太田出版

著作権の誕生

フランス著作権史

目次

ブックデザイン　鈴木成一デザイン室

第1章 はじめに

私が社団法人日本音楽著作権協会（ＪＡＳＲＡＣ、現一般社団法人日本音楽著作権協会）に入社したのは、昭和三三年（一九五八年）である。面接試験で、シックな洋服を着こなした人品いやしからぬ老紳士が立ち会っておられた。後に分かったことであるが、その方が会長の西條八十先生であった。西條会長は、詩人アルチュール・ランボーを研究するフランス文学者であると同時に、「かなりや」などの童謡、「青い山脈」などの歌謡曲の作詞者として、だれ一人として知らぬ人のいない著名人であった。

当時、世間では著作権そのものに関心をもっている人はほとんどいなかった。会長の西條八十は超有名人であったのにもかかわらず、ＪＡＳＲＡＣの存在を知っている人は、業界以外では皆無といってよかった。マスコミで著作権について報道されることはめったになく、新聞記事の切り抜きをしても、二年も三年もかかっても一冊のスクラップ・ブックがなかなか一杯にならなかったものである。

著作権の管理業務については、実務上わからないことが一杯あった。いまではあたりまえのことであるが、日本の音楽出版社が外国の楽曲の権利を取得するため外国の音楽出版社と締結する契約のことを「サブ・パブリッシング契約」というが、まず、これがどういうたぐいのものなのか皆目わからなかった。シャンソンに関するフランスの出版社との契約書を入手してみて、どうやら日本の出版社はシャンソンのレコードを発売したりして日本の市場に売り込めば、権利者としてなにがしかのシェアを得ることができるということがおぼろげながら理解できたものである。

そのような状況であったので、著作権管理業務について参考になるのは、もっぱら外国の先進国の情報であった。とくに、フランスは著作権の発祥の地であったので、その情報はただちに実務に適用することができた。一九五九年に、ＪＡＳＲＡＣが名古屋地裁を舞台に争ったキャバレー訴訟事件で、被告はキャバレーで演奏する楽曲を選択するのは楽団であるから、著作権使用料を支払う責任者は「楽団」であって、キャバレーの「経営者」ではないと主張した。このため、著作権使用料の支払い義務者がだれであるかが大きな争点となった。当時は、著作権に関する訴訟事件は珍しく、参考となる判例も少なかったので、裁判官は判断を下しかねていた。そのときたまたま入手した、フランスの著作権協会ＳＡＣＥＭの創立一〇〇年を記念する出版物「ＳＡＣＥＭの歴史」[*1]を読んでみたところ、フランスではすでに一九世紀に、著作権使用料の支払い義務者は楽団ではなく、演奏がおこなわれる施設の所有者であるという判例がいくつかあることを知った。早速、それらの判例を翻訳して参考資料として裁判所に提出したところ、判決文の有力な決め手となった。

ＪＡＳＲＡＣは、一九三九年に創設されているが、フランスではすでに一八五一年に世界で初めての音楽著作権協会としてＳＡＣＥＭが誕生している。ＳＡＣＥＭは、国内における著作権の管理が一段落すると、近隣諸国に支店や代理店を開設して業務を拡大し、訴訟をくりかえして判例を積み上げていった。その後、これらの支店は、それぞれの国において著作権の制度が確立されるにつれて、自国の著作権者たちによってＳＡＣＥＭと同じような著作権協会として引き継がれていった。しかし、一九世紀に著作権協会が創設されたのはイタリア、オーストリア、スペインの三国にすぎない。ドイツにＧＥＭＡ（一九〇三）、英国にＰＲＳ（一九一四）、米国にＡＳＣＡＰ（一九一四）が創設されるのは二〇世紀になってからであり、ＳＡＣＥＭの誕生よりも半世紀以上も後のことであった。世界中の著作権者は長い間、ＳＡＣＥＭの活躍を横目にみながら、ＳＡＣＥＭを範としてそれぞれの国に著作権協会を設立していったのである。

著作権協会としては、実はＳＡＣＥＭが世界最初の組織ではない。管理する権利は異なっているが、すでにフランス革命が起きる前一七七七年に、演劇の台本や音楽の権利を代行する組織が創設されている。これは、「セビリアの理髪師」や「フィガロの結婚」で一世を風靡した劇作家のボーマルシェによって創設されたものである。この組織は、一八二九年にＳＡＣＤという著作権協会として発展していく。

ＳＡＣＤやＳＡＣＥＭの創設のもとになったのは、フランス革命当時に制定された一七九一年一月一三―一九日法と一七九三年七月一九―二四日法の二つの法律であった。

フランス革命以前のアンシャン・レジームの時代には、著作者の権利は国王によって交付される「特権認可状」によって保証されていた。特権認可状は最初、書籍商や印刷業者の営業の独占権を保証するためのものであったが、次第に著作者にも交付されるようになり、著作者とその相続人はその権利を永久に所有することが認められていた。しかし、特権認可状は国王の権威を否定するフランス革命によって廃止されてしまい、著作者の権利を保護する制度はすべて消滅してしまった。一七九一年法と一七九三年法は、廃止された特権認可状に代わって著作者の権利を保証するものとして制定された。著作者は、この二つの法律によって上演権（ないしは演奏権）と出版権（ないしは複製権）が認められた。しかし、この権利は、著作者の生存期間とその死後五年間と一〇年間に限定されてしまった。一七九一年法と一七九三年法が制定された当時、英国のアン女王法（一七一〇）を別にすれば、他の国では著作者の権利を保護する法令としてまとまったものは制定されていなかった。

一八七八年、パリで万国博覧会が開催された機会に、フランス政府が提唱して、各国の学者、美術家、文学者、出版者の団体の代表者の会議が開催された。「国際文芸協会」が創設され、ビクトル・ユゴーが名誉会長に選出された。この会議の席上で、著作権に関する多国間条約を起草する外交会議を招集することをフランス政府に要請する決議が採択された。この決議が具体化して、一八八六年に著作権に関する国際条約としてベルヌ条約が誕生することになる。

一九世紀のフランスには、バルザック、ユゴー、デュマ、ゾラなど、怪物ともいうべき超人的な文豪が輩出している。彼らは精力的な著作活動をおこなったが、その生活ぶりも破天荒であった。デュマの「モンテ・クリスト伯」は劇場で上演され、庶民が一日三フランでくらせるときに、年間八〇万フランを稼いだといわれている。しかし、ダンテス（後のモンテ・クリスト伯）が一四年間幽閉された牢獄のある、マルセイユの沖合の孤島の名をもじって、パリの郊外サン・ジェルマンに豪華な「シャトー・ディフ」を作って、毎晩のように派手な宴会を繰り広げたりして、湯水のように金を使ってしまった。これらの天才たちはいずれも、人一倍物欲と立身出世欲が強かった。彼らは、たまたま文学の絶頂期であった一九世紀に生まれたために文学の道を選んだが、文学一筋に生きたわけではない。彼らが文学に志したのは、当時、小説や詩や演劇は功なり名をとげるためにもっとも手っ取り早い手段であったからにすぎない。彼らは人一倍旺盛なエネルギーをもっており、著作活動にとどまることなく、政治にも関心が強かった。バルザックは一八三一年と三二年の総選挙に立候補して落選しているが、ユゴーは一八四一年から五一年まで第二共和制の議員であったし、一八七一年には国民議会の議員となっている。彼らは著作者の権利を拡大するために、積極的に発言している。彼らは一般大衆に人気があったので、オピニオン・リーダーとして著作権法改正やベルヌ条約締結の運動を促進した。

彼らの他にも、著作権法立法委員会で活躍した文部大臣のサルバンディは文芸家協会の会員であり、同じく文部大臣のビルマンは文芸家協会の初代会長であり、上院議員のラ・マルチーヌは「瞑想詩集」によって知られる詩人であった。彼らは政治家であると同時に作家であり、両方の立場から著作権の制度の確立に尽力した。彼らの活躍によって、紆余曲折はあったものの、一八六六年七月一四日法によって、保護期間が著作者の死後五〇年間に延長された。彼らの功績は顕著であり、後世の著作者や音楽家や芸術家たちは彼らに感謝しなければならない。彼ら一九世紀も後半になると、著作者と政治家が分業していき、著作権の法律や制度の確立に政治家や役人が専門に関与するようになっていく。以後、著作者自身がリーダー・シップをとることはなくなった。

二〇世紀の初めに、蓄音機とレコードが商品化されている。それまでは、音楽を機械的に複製する機器はオルゴールだけであった。オルゴールはスイスで誕生し、時計とともにスイスの重要な国家的産業であった。フランスはスイス政府の圧力に屈して、一八六六年五月一六日法を制定し、著作権者の許諾を得ずにオルゴールに音楽を複製して頒布する自由を認めていた。レコード録音権に関して、著作権者とレコード会社との間で訴訟がくりかえされた結果、レコードはオルゴールとは異なる機器であるという判決が下り、レコードに音楽の著作物を録音するときには、録音使用料が支払われることになった。そして、その使用料を徴収して分配するため、世界で最初の録音権協会ＳＤＲＭが一九三五年に誕生した。美術の部門においては、一九二〇年五月二〇日法によって世界で初めて「追及権」が認められた。追及権というのは、美術の著作物が画家や彫刻家の手元を離れて次々に転売されていった場合、画家や彫刻家は販売価格について一定のパーセンテージの使用料を受け取ることができるという制度である。この制度によって、画家や彫刻家は安い金額でその作品を手放した後に、その値段が暴騰しても、指をくわえて見ていなくてもすむようになった。追及権は、著作物は著作者の手を離れた後においても、いぜんとして著作者の支配下にあるという思想から誕生したものである。

ところで、著作権に関しては、二つの概念が対立していることを述べておきたい。[*2]一つは「アングロ・サクソン的概念」であり、一つは「ラテン的概念」である。アングロ・サクソン的概念によれば、精神的著作物は単なる「商品」にすぎない。著作物の所有権は、商品として著作者から出版者にその全部を譲渡することが可能である。著作物の所有権が譲渡されると、著作物の利用権すくなくとも出版権あるいは複製権は著作者の手元から切り離されてしまう。一方、ラテン的概念によれば、精神的著作物は著作者と渾然一体となっており、著作者の人格と結びついており、切り離すことはできない。したがって、著作物の絶対的譲渡の可能性はありえず、個人的かつ人格的要素が著作物の利用に関する金銭的要素に対してつねに優位にたっている。

フランスの著作権制度は、ラテン的概念にもとづいている。この基本原則は、フランス革命のときに、一七九一年法の報告者であったル・シャプリエが著作者の権利について、「もっとも神聖な所有権」[*3]と宣言したとき以来の伝統的なものである。フランスにおいては、すべての著作者は例外なく保護を受けている。しかし、その後の著作物の伝達技術はめざましく進歩し、複雑多岐にわたってきて、著作物自体もかつてのような栄光の上に甘んじていることはできなくなり、その価値のいかんにかかわらず、需要と供給との関係によって左右されるようになってきている。

アングロ・サクソン的概念によれば、著作物は商品であるので、保護の対象の主眼は商品である著作物の所有者ということになる。したがって、著作者が著作物を出版者に譲渡すれば、著作権法によって保護されるのは著作者ではなく、出版者になってしまう。アングロ・サクソン的概念には事実上、著作者人格権の概念は存在しない。著作者人格権の概念はもっぱらラテン的概念にもとづくものである。ラテン的概念によれば、著作者と著作物は一体であるので、著作者が著作物を譲渡したとしても、著作者の権利が優先される。画家が売り渡した絵が後になって、高い金額で販売されたとき、画家にそのうちの一部が還元されるという追及権の思想は、ラテン的概念の当然の帰結であったということができる。追及権は、ヨーロッパのいくつかの国において認められているが、絵画の大きな市場をもっているアメリカやイギリスでは認められていない。アングロ・サクソン的概念では、著作権の思想は財産権を中心にして展開されているので、著作者人格権に由来する追及権を受け入れる余地はないからである。

さて、著作権の法律と制度はフランスにおいて誕生したといっても過言ではないが、その歴史はかならずしも栄光に包まれているとはいえない。

著作権協会の創設にあたっては、著作者全員がつねに、一致団結していたわけではなく、そこにはスキャンダルもあったし、会員同士のいがみあいや仲間割れもあり、内部分裂もあった。それは、まさしく人間模様そのものであった。著作権そのものは知的な権利ではあるが、そこに群れ集う人々のすべてが知的な人種であったわけではなく、著作権を管理する団体そのものも知的な集団であるといってしまうのはあまりにも綺麗ごとすぎてしまう。著作権の周辺に群れ集う人々はいずれも生身の人間であり、著作権協会の創設そのものがすでに人間劇の上演であった。著作権は知的労働の対価であり、つねに金銭に還元される以上、そこには人間の欲望やねたみなどが渦巻いているのだから、これは当然なことでもある。しかし、フランスでは、著作者の権利はときの権力者や政府によって与えられたものではなく、著作者自身の闘いによって勝ち取っていった成果であることはまちがいないところである。

これに比較して、日本の事情は異なっている。一九三一年ごろから、ドイツ人のプラーゲ博士がヨーロッパの著作権協会の代理人として、NHKやオペラなどの上演に対して著作権使用料を請求した。その使用料があまりに高額で、取り立てが厳しかったので、日本中の音楽界はおそれおののき、「プラーゲ旋風」といわれるようになった。プラーゲを日本の音楽界から締め出すために、政府は一九三九年に「著作権ニ関スル仲介業務ニ関スル法律」を制定し、プラーゲに仲介業務の許可を与えなかった。その代わり、JASRACが創設された。仲介業務の許可がJASRACに与えられ、内務省の会議室で創立総会が開かれた。JASRACの設立は、著作者たちの運動による以前にプラーゲ旋風を契機として、政府の指導によるものであった。

フランスにおける著作権の歴史を振り返ってみると、まさに試行錯誤のくりかえしであった。円盤レコードは、いまではすっかりCDに押されて骨董品のようなメディアになってしまったが、二〇世紀当初に登場したときは、人々をアッと驚かす「ニュー・メディア」であり、音楽業界の地図を塗り替えてしまった。レコード録音権をめぐって何年もかけて、さまざまな議論と係争がくりかえされた。レコード録音に関して著作者が出版社と争った訴訟事件で、著作者側が、録音するためには演奏しなければならないのだから、レコード録音は「演奏権」に該当すると主張しているが、これなどは、いまから思うとまことにほほえましい話である。しかし、当時としては真剣に議論した結果であった。現代では、著作物の伝達手段の進歩は目覚ましく、次々に新しいメディアが出現してくる。その新しいメディアに関する著作権の位置づけにあたって、私たちも後世の人々から笑われるようなミスを犯していないと自負することができるのであろうか。

私がJASRACに入社した昭和三〇年代には、シャンソン、カンツォーネ、タンゴが結構ラジオやテレビで使用されていた。しかし、昭和四一年（一九六六年）にビートルズが武道館で日本公演をおこないフィーバーを巻き起こしたころから、日本で使用される外国の音楽は英米一色になってしまい、ヨーロッパ大陸の音楽はすっかり影をひそめてしまった。これは、フランスでもそうであって、ディスコで使用される音楽はアングロ・サクソン系のものがほとんどで、フランスの音楽は影がうすくなってきている。また、文学においても、かつてはサルトルが若者に読まれた時代もあったが、いまでは、英米の作品に押されっぱなしである。典型的なのは映画である。かつては、フランス映画は栄光をきわめていたが、いまでは、資金力にものをいわせた米国映画に太刀打ちできなくなっている。

かつて、米国は文化の輸入国であったので、著作権登録制度をもうけて、外国の著作物の侵入にブレーキをかけていた。しかし、いまでは米国文化は世界中を席巻するようになった。それにつれて、著作権の分野においても、アングロ・サクソン的な思想、財産権を中心とする思想がいつの間にか支配的になりつつある。著作権というのは、著作物の流通マーケットに対応するものであるから、アングロ・サクソンの著作物が普及するにつれて、アングロ・サクソン的な思想が支配的になるのはときの流れであるといえないこともない。しかし、このようなときであるからこそあえて、著作権の発祥地であるフランスにおいて著作権の思想と制度がどのように誕生し、発展していったかについてふりかえり、著作権の原点に立ち戻ってみたいと思う。

第2章　フランス革命と著作権

特権認可状の廃止

一七八九年七月一四日。パリの市民は大挙して、バスチーユの要塞を襲撃した。フランス革命の勃発である。一七八九年八月四日、憲法制定議会は、アンシャン・レジームの時代に個人、団体、都市、地方が保有していたすべての特権認可状の廃止を決定した。同時に、著作者に与えられていた特権認可状も、印刷業者、書籍商、コメディアン（俳優）、劇場の特権認可状とともに廃止されてしまった。このため、アンシャン・レジームの時代に著作者の権利を保護してきた制度はすべて空中分解してしまった。フランス革命は特権認可状を廃止して、人民に著作物を開放した代わりに、著作者の権利を剝奪してしまったのである。しかし、この期間はあまり長いものではなかった。まず、一七九一年一月一三―一九日法が制定され、上演権（ないしは演奏権）が認められた。

一七九一年一月一三―一九日法

一七九一年一月一三―一九日法は、上演権を認めていることはたしかであるが、なによりもまず劇場に関する法令であった。同法は第一条と第二条において、劇場の建設と演劇の上演の自由を宣言している。これは一七九〇年に認められた報道の自由の原則に沿うものであった。

フランス革命以前は、劇場を開設するためには国王の許可が必要であったし、劇場ごとに上演することができる台本の種目が指定されていて、指定された種目以外の台本を上演することはできなかった。

第1条 あらゆる市民は、公開の劇場を建設することができ、劇場の建設に先き立って所轄の市町村役場に申告すれば、その劇場において、あらゆる種類の台本を上演せしめることができる。

第2条 死後五年を経過した著作者の著作物は公有財産であり、廃止された旧特権認可状にかかわらず、あらゆる劇場において、無差別に上演することができる。

同法案の報告者ル・シャプリエは、弁護士コシュが一七七七年に法廷でおこなった弁論のなかの一節「神聖、明白かつ異論をさしはさむ余地のない所有権が存在するとするならば、それは著作者の所有権である」[*1]を援用して、次のように述べている。

「あらゆる所有権のうちでもっとも神聖なもの、もっとも合法的なもの、もっとも非のうちどころのないもの、さらにいうならば、もっとも個人的なもの、それは著作者の思考の果実としての著作物である。しかも、これは他の所有権とはまったく異なった種類の所有権である。

著作者がその著作物を公衆に発表したとき、その著作物があらゆるものの手に引き渡されたとき、あらゆる学識ある人がその著作物について知ったとき、人々がその著作物の有する美に心を奪われたとき、その著作物の有するもっとも好ましい特徴を記憶にとどめたとき、その瞬間に、著作者は公衆をその所有物に関与せしめたことになる。むしろ、その所有権を公衆に全面的に移転したことになると思われる。

しかし、思考の領域を開発した人がその仕事からなんらかの果実を引き出すことはきわめて正当なことでもあるので、その生存期間中およびその死後何年間は、なんぴとといえども著作者の生産物を著作者の同意を得ずに使用することはできない。しかし、定められた期間が終了した後には、公衆の所有権が開始する。[*2]」

同法が著作者に上演権を認めたのは、ようやく第3条においてであった。

第3条　生存する著作者の著作物は、著作者の正式かつ文書による同意がなければ、フランス全土において、いかなる公開の劇場においても上演することはできない。違反者は著作者のために上演の全収益を没収される。

第3条によって認められた上演権として立法者が想定していたのは、「公開の劇場」における「上演」という言葉から推測されるように、「演劇の著作物」であったのはあきらかである。

このように、一七九一年法はなによりもまず、コメディアンと劇場の支配人に与えられていた特権認可状を廃止して、劇場の自由を規定することを第一の目的とした演劇法であった。

一七九三年七月一九―二四日法

著作者の権利そのものを主眼とする立法がおこなわれるのは、一七九三年七月一九―二四日法の制定をまたなければならなかった。同法案の報告者ラカナルは次のように述べている。

「あらゆる所有権のうちで異論をさしはさむ余地がもっとも少なく、しかも、その所有権を拡大しても共和国における平等を傷つけず、自由の名にかげりを与えないもの、それはまさしく天才の著作物の所有権である。天才の所有権を認めるために、実定法によってその自由な行使を保証する必要が生じてきた。つまり、他の多くの場合と同じように、きわめてあたりまえな正義という単純な要素を認識せしめるためには、フランスにおけるような偉大なる革命が必要であった。

天才が人間の知識の限界を拡大するような著作物を発表したとき、だれにも知られずにすむであろうか？　天才が著作物を発表すると同時に、文学の著作物の海賊どもがすぐにその著作物を横取りしてしまったとしたら、著作者は貧困の恐怖の代償として不朽の名声を得ることになってしまうだろう。そして、天才の子孫たちはどうなってしまうだろうか？

コルネーユの子孫は赤貧のうちに消えていってしまった。

著作者の所有権を有効に行使することは印刷を手段とした場合にのみ可能であるが、印刷した瞬間に、その所有権は喪失してしまう可能性が生じる。しかしながら、印刷したために文学の著作物の海賊版業者を喜ばせて、著作者の著作物を公有にしてしまうことはできない。

人民のために夜を徹して仕事をした天才が不毛の名誉しか与えてもらえず、その高貴な仕事に対して法律上の報酬を要求することもできないというのでは、不運といわざるをえない。

文部委員会がいわば天才の権利の宣言ともいうべき法律の制定をここに提案するにいたったのは、熟慮検討の結果である。[*3]」


同法の条文は次のとおりである。

第1条 あらゆる種類の文書の著作者、音楽の作曲者、絵画または図案を版刻せしめる画家および図案家は、その生存期間中、共和国の領土内において、著作物を販売し販売せしめ頒布しおよびその所有権の全部または一部を譲渡する排他的権利を享有する。
第2条 著作者の相続人または譲受人は、著作者の死後一〇年間、著作者と同様の権利を有する。

第3条　警察官は、著作者、作曲者、画家、図案家その他およびその相続人または譲受人の請求にもとづいて、その利益のために、著作者の正式な文書による許可を受けないで印刷または版刻されたあらゆる出版物を没収せしめる義務を有する。

第4条　あらゆる偽造者は、真正な所有者に対して、原出版物の三〇〇〇部の価格に相当する金額を支払わなければならない。

第5条　偽造出版物の小売業者はすべて、偽造者と認められないときも、真正な所有者に対して、原出版物の五〇〇部の価格に相当する金額を支払わなければならない。

第6条　種類のいかんを問わず、文学または版画の著作物を発表したあらゆる市民は、その二部を共和国の国立図書館または同図書館版画室に登録し、図書館員が署名した受領書を受け取るものとする。受領書がない場合には、偽造者を告訴することは認められない。

第7条　文学または版画の著作物ないしは美術に属するその他の精神的または天才的産物の著作者の相続人は一〇年間、著作物の排他的所有権を享有する。

フランス革命下の議会は短い期間に、膨大な数、一説によると一万余の法令を矢継ぎ早やに公布したといわれている。一七九一年法も一七九三年法もそのうちの一つであった。この二つの法案は議会に提出されたとき、ル・シャプリエとラカナルの報告書が読み上げられただけで、さしたる議論もおこなわれずに採択された。このため、保護を受ける著作物や付与される権利の定義などがあいまいで、解釈の余地を多分に残しており、その後の適用にあたってさまざまな問題をもたらすことになる。

しかし、一七九一年法と一七九三年法が制定されたのは、フランス革命がもっともダイナミックに展開された時期であったことに留意しておく必要がある。一七九一年六月にはルイ一六世一家が国外に逃亡しようとして逮捕され、国王の権威と神秘性が失墜してしまった。一七九三年一月二一日にはルイ一六世が、一〇月一六日にはマリー・アントワネットがギロチン台で処刑されている。一七九三年法が公布されたのは、革命家マラーが暗殺された七月一三日の直後であり、恐怖政治の直前であった。一七九一年法の立法報告者であったル・シャプリエ自身も、一七九四年四月二二日に処刑されているし、恐怖政治の張本人であるロベスピエールも、三カ月後の七月二八日に処刑されている。このような物情騒然たる時代に、議会が著作権のような二義的な事柄について立法措置をおこなったということは敬意に値することであるといわなければならない。この二つの法令は、いずれもわずか七つの条文によって構成されたきわめて短い法律である。しかし、その条文は、一九五七年三月一一日にフランスにおいて初めて著作権総合法が制定されたとき、その制定に尽力した上院議員マルセル・プレザンが述べているように、「大理石に刻み込まれた文書のように簡潔[*4]」ではあったが、著作者の権利に関する原則を明確に宣言していることはたしかであった。さらに、驚くべきことには、この二つの簡単な法令はその後、抜本的改正がなされないまま、一九五七年三月一一日法が制定されるまでの一六〇年以上にわたって、フランスの著作権制度をとりしきってきた。

第3章

古代からアンシャン・レジームまで

原稿と写本

話は前後するが、フランス革命以前の状況について述べることにする。

著作物が金銭的な価値を生み出すようになったのは、一五世紀半ばにグーテンベルグが発明した印刷術によって、著作物が大量に頒布されるようになってからのことであった。それまでは、著作物は写本によってごく限られた部数が頒布されるにすぎなかったので、著作者は著作物そのものから多額の収入を得ることは困難であった。著作者が写本業者に原稿を売り渡してしまうと、著作物そのものに関する権利も、写本業者に移転されたとみなされてしまった。原稿や写本を買ったものは、著作物の権利だけでなく、著作者人格権も取得したと錯覚してしまうことがしばしばであった。詩人が原稿を売り渡し、画家が絵を手放してしまうと、著作物についての権利は移転してしまい、著作者の名をかたったり、著作物に手を加えたり、コピーしたり、破り捨てたりすることもできると考えられていた。著作者は、著作物の原稿を売り渡した瞬間に、著作物そのものを社会に贈与したようなものであった。

ギリシャ・ローマ時代

古代社会では、著作者はどのような処遇を受けていたのであろうか？　フランスについては古代社会の資料が不足しているので、ここでは、ギリシャ・ローマ時代について述べて参考にしたい。
ローマ時代、マルティアヌスという諷刺詩人が詩の写本を販売したところ、著作者名を詐称されてしまった。マルティアヌスは、詐称された自分の詩を「誘拐犯人（ラテン語でplagiarius）に誘拐された子供」にたとえている。plagiariusというのはplagiarism（剽窃）の原語である。マルティアヌスは、概略次のような諷刺詩を作って、詐称者に呼びかけた。

「うわさによれば、君は公衆の面前で私の詩を君が作ったことにして朗読したということです。君が私の詩を私が作ったものだといってくれるのであれば、私の詩を無償で君に贈呈しよう。そうではなくて、君が作者だといいたいのであれば、これらの詩を買い上げてもらいたい。[*1]」

マルティアヌスは、詐称者に対して憤慨はしたものの、著作者としての自覚に乏しく、写本を買ったものが著作者名をかたってもやむをえないと信じていた。
ローマ法では、原稿や絵画を売り渡した後に、著作者が著作物についてなんらかの権利を保有することができるとは考えていなかった。詩人が羊皮紙に詩を書いたり、画家が画板の上に絵を描いたりして売り渡した場合、その詩や絵の所有権は、詩や絵を買ったものに帰属すると判断する法律家がいたという記録が残っている。羊皮紙や画板がなければ、詩や絵は存在しえないというのが理由であった。詩人や画家がいなければ、詩や絵は誕生しないし、羊皮紙や画板がなくても、他の素材の上に表現することができるという発想はなかった。

ギリシャ・ローマ時代には、著作者人格権が軽視される事例が多かった。ギリシャの詩人アイスキュロスの悲劇のうちで出来が悪い作品について、修正したものを提出させるコンクールがアテネで開催されたことがあった。アテネの市民たちは、アイスキュロスの著作物は自分たちの所有物であると考えていたので、修正する権利ももっていると錯覚していたのである。アレクサンドリアの文献学者アリストファネスが文芸コンクールの審査員になったとき、ほとんどの応募作品が既存の著作物をそのままなぞらえたものばかりであった。ローマの詩人ウェルギリウスは、オーギュスト皇帝からローマ帝国誕生の歴史を歌った叙事詩「エネイード」の創作を依頼された。ウェルギリウスは一一年かけてこの叙事詩を書き上げたが、その出来映えが気に入らなかったので、遺言によって原稿を焼き捨てることを二人の友人に依頼した。友人たちは遺言を無視して、皇帝の指示を仰いだ。皇帝は原稿を焼き捨てることを禁止し、不完全と思われる個所だけを削除することを命じた。

古代社会においてもすでに、写本による書籍業は盛んであった。写本には多くの奴隷が従事していた。原稿は、著作者にとって譲渡によって金銭を得ることができる唯一の財産であったし、写本業者にとっては貴重な商売の種であった。ローマ時代には、原稿が盗まれる事件が多かったらしく、原稿の盗難を規制する法律があった。「ユスティニアヌス皇帝法学説集」は、原稿の盗難の事件に関連して、原稿は他の財産とは性格が異なっており、単に経済的な財産であるばかりではなく、著作者の人格に結び付いており、物質性を凌駕したものであると述べている。古代の著作者も原稿をできるだけ高く売ることによって、金銭的利益を得ることを期待していた。キケロは、書籍商にあてた書簡で次のように書いている。

「貴殿は、リガリウスに関する私の演説をたくさん販売してくれたので、今後、私の原稿の出版をすべて貴殿に委託します。[*1]」

「販売」という言葉を使用していることからみて、キケロはその著作物からの収入を期待していたことがわかる。セネカは、キケロと出版者との間で締結された契約について、次のように述べている。

「これらの書物はキケロのものだ。一方、出版者のドリュスは自分のものだと主張している。本当のところは、二人のものだ。一人は著作者の立場で、一人は買い主の立場に立って主張している。これらの書物は二人のものだと考えるのが正しい。もっとも、帰属の仕方は両者同じであるとはいえない。[*1]」

スエトニウスは、主著「エニウス年代記検証」の原稿を一万六〇〇〇セステルティウスで売り渡している。並の奴隷の値段は一人一〇〇〇セステルティウスであったので、スエトニウスは原稿と引き換えに、結構な収入を得たことになる。

古代社会では、著作物を大量に複製することはできなかったので、著作物の市場は限定されていた。したがって、著作者の権利をわざわざ法律で制定する必然性はなかった。著作物を不当に詐取されたときにも、著作者はマルティアヌスのように諷刺詩によって詐取者を揶揄するのがせめてもの抵抗であった。

フランスの中世

フランスにおいて文学と呼ぶにふさわしい作品が誕生するのは、一一世紀になってからのことである。当時は、文字の読める人々はごくわずかであったので、文学の著作物は読むためのものではなく、寺院、広場、貴族の館などの公衆の面前で音楽の伴奏をともなって朗読されるものであった。著作物の種類としては、叙事詩、叙情詩、楽劇などであったが、これらのほとんどは古い著作物の翻案であった。中世の著作物は口写しに伝達されるものが主流であったが、活版印刷術が出現する以前から写本の生産も盛んにおこなわれていた。最初、写本は修道院の写本室でおこなわれていたが、一三世紀になると、文字を読める人々の数が増え写本の需要が増えていき、修道院以外でも写本が生産されるようになった。

一二一二年の納税台帳によれば、フランスには二四人の作家、八人の書籍商、一七人の製本屋、一三人の写本屋が登録されている。修道院にいるものも加えると、一三世紀には五〇〇人の作家がいたといわれている。パリ大学の他に、オルレアン、モンペリエ、ツールーズにも大学が創設された。パリ大学は一三世紀前半に公的な存在となり、パリの印刷業者や書籍商たちはパリ大学の構内に住むことが義務づけられていた。しかし、写本は大学で使用されるラテン語の著作物だけでなく、一般の需要に応えてさまざまな写本が生産されるようになった。大学は、書物の修正を監督したり価格を査定する権限をもっていた。

一四、五世紀になると、精巧な写本が出回るようになってきた。当時の写本は、筆者も実物を見たことがあるが、透き通るような羊皮紙にきれいなイラストとともに、色彩豊かな文字によって書き上げられた一種の芸術品であり、なまじっかな絵画よりも美的鑑賞に耐えるものであった。写本は驚くような高い金額で売買されていた。デュマの小説を映画化した「王妃マルゴ」のなかで、一五七二年にパリに上京してきたユグノーの信徒の青年が父の形見の写本を古物商人に買い取ってもらうシーンがある。その金額は金貨で四〇〇エキュ（一二〇〇フラン）という途方もないものであった。

当時の著作者が写本にどのようにかかわりあっていたかは不明である。しかし、彼らは、写本にパトロンに対する献辞を添えて、パトロンに献呈するのがならわしであった。彼らは写本の販売だけでは安定して収入を得ることはできず、有力なパトロンの庇護を受けなければならなかったからである。著作者たちは、写本を献上した王家や貴族などから与えられる金銭や地位によって生活の糧を得ていた。著作者が国王や王妃や貴族たちのパトロンの前にひざまずいて、献本している絵がいまでも残っている。

特権認可状

グーテンベルグは一四四五年ころ活字印刷術を発明しているが、フランスに活字印刷術が導入されたのは比較的遅かった。パリに最初の印刷工房が開設されたのは、一四七〇年になってからのことであった。しかし、一五世紀末にはフランスの約四〇の都市や多くの修道院で印刷工房が営業しており、パリはベネチアに次いで二番目に多くの出版物を印刷していた。一五〇〇年、パリには五〇軒以上の印刷業者が営業をおこなっていた。

出版業はかならずしも安易な事業ではなかった。印刷のための機械や活字をそろえるためには多額の資金が必要であったし、印刷した書物を完売して投資資金を回収するためには、長い年月が必要であった。しかも、売れ行きのよい本はすぐに海賊版が印刷され、安い値段で市場に出回り、印刷業者と書籍商を苦しめた。印刷業者と書籍商は、海賊版に対抗するために、独占的な営業権を保証してもらおうとして、「特権認可状」privilège の交付を国王に要求するようになった。当初、印刷業者と書籍商は、特権認可状によって著作物に関してなんらかの権利を主張したわけではなかった。ただ、海賊版業者や競争相手に対して自衛するために、国王の庇護が必要だったのである。高等法院次席検事のアントワーヌ・ルイ・セギュイエは、一七七七年の国王顧問会議の裁定に関する報告書のなかで、書籍商が特権認可状を必要とするにいたった事情を次のように述べている。

「一五世紀末までは、印刷物の数はそれほど多くなかったので、書籍商が競合しても致命的な損害をもたらすほどではなかった。しかし、印刷業者が増えるにつれて、書籍商は著作物を選択せざるをえなくなった。技術の進歩とともに、偽造がはびこり、出版物の競合によって、売り上げに影響が生じてきた。有名な印刷業者であっても、経営が苦しくなって、倒産するものも多かった。ついには、一六世紀の初めには、多額の投資をして印刷業を始めようとするものはなくなってしまった。早急な救済策を講じる必要があった。書籍業の衰退を防ぐためには、国王に援助を求めざるをえなかった。国王に特定の書物について印刷許可を申請し、他のものに印刷を禁止することを要請するようになったのはこのためである。[*2]」

特権認可状としてもっとも古いものとしては、一四九五年にベネチア元老院によって、イタリック文字の発明者として有名な印刷業者アルドゥスに与えられたものが有名である。対象となった著作物は「アリストテレス著作集」であった。当時のヨーロッパで印刷の中心地はベネチアであったので、ベネチアでもっとも多くの特権認可状が交付された。フランスにおける最初の特権認可状は、一五〇〇年、ルイ一二世によって「ユダヤ教徒に対する反論」のラテン語訳を出版したギヨーム・ユスターシュに与えられたものである。ルイ一二世は、使徒ポールのアントワーヌ・ベラールにあてた書簡（一五〇七）と聖ブルーノの著作物（一五〇八）にも特権認可状を与えている。また、一五一六年には、カンティリアンの「オラトリアの機構」、パリ大学の書籍商ジャン・ド・ラガルドの「フランスの風習」に特権認可状が与えられている。

特権認可状はもともと書籍商の営業を保証するためのもので、著作者の権利を保護するものではなかった。もっとも、最初は、印刷出版の対象となったのは、そのほとんどがギリシャ・ローマ時代の著作物や聖書に関する著作物で、新しく創作される著作物が印刷出版されることはまれであった。したがって、著作者の権利が問題になることはなかった。特権認可状はかならずしも書籍商だけに与えられていたわけではなく、授与の対象はかなり恣意的であった。ルイ一三世は、詩人マレルブの著作物に関する特権認可状を与えたとき、相続権については無視している。マレルブは、一六二八年一〇月一六日に亡くなったとき、残されたのは未亡人と未亡人の甥であった。マレルブは亡くなるとき、全集の出版を従兄弟に委託した。従兄弟は包括受遺者ではなかったが、国王に申請して特権認可状を与えられている。特権認可状は、著作者が出版を嫌った著作物であっても、書籍商に与えられて著作者に無断で出版されてしまうことがあった。モリエールは出世作「才女気取り」（一六五九）を出版することを望まなかったが、一六六〇年一月一九日、書籍商のギヨーム・ド・リュイーヌは五年間の特権認可状を取得して出版してしまった。モリエールは「せめて蠟燭の光で読んでもらいたい」[*3]と書籍商の横暴を嘆いている。

一七世紀になると、新しい著作物が創作されるにつれ、徐々にではあったが、著作者にも特権認可状が与えられるようになった。著作者が特権認可状を取得した例として、シラノ・ド・

ベルジュラックの悲劇「アグリッパ」（一六五三年）、サン・タマンの詩集「救われたモーセ」（一六五三年）が記録されている。劇作家ラシーヌもいくつかの戯曲について特権認可状を取得している。しかし、書籍商と印刷業者の同業組合は強力で、著作者自身が著作物を印刷したり販売したりすることを認めなかった。著作者に与えられる特権認可状は、特定の書籍商または印刷業者に著作物を印刷「せしめる」権利を認めたものにすぎなかった。著作者は、特権認可状を印刷業者と書籍商の組合に登録することが義務づけられていた。組合は簡単には登録の受け付けに応じなかったので、著作者は、著作物を印刷して販売する権利をなかば強制的に書籍商に譲渡せざるをえなかった。

音楽の特権認可状

音楽の著作物に関する最初の特権認可状は、やはりベネチア元老院によって発行されている。オッタビオ・ペトルッチは、有名な「聖歌集」を印刷するために、一〇年間の特権認可状を取得した。フランスでは、音楽の著作物に関する最初の特権認可状は、一五五一年にアンリ二世によって、リュート（弦楽器の一種）演奏者のギヨーム・モルレに与えられている。モルレは一五五二年四月一九日、出版者ミッシェル・フザンダと契約した。しかし、楽譜の販売の特権認可状は書籍商に与えられており、モルレは自分で販売することができなかったので、結局は、書籍商の圧力に屈してしまい、書籍商にすべての権利を放棄している。一五五二年二月一六日、アンリ二世は、印刷業者のアドリアン・ルロワとロベール・バラールに声楽と器楽曲の著作物について永久的な特権認可状を与えた。この特権認可状はかなり法外なものであったが、フランス革命によって特権認可状が廃止されるまで更新されている。バラール家は、王家に出入りを許されており、楽譜印刷の業界を牛耳っていた。

一七二三年、国王顧問会議の裁定によって、作曲者は、自作の楽譜を印刷させみずから販売する特権認可状が与えられるようになった。一七三八年二月、バラール家は、オペラ座で上演された「楽譜」の印刷と販売に関する特権認可状の申請書を国王に提出した。しかし、作曲者たちが強く反対したために、ルイ一五世は作曲者が特権認可状を保持していることを宣言した。しかし、作曲者は楽譜に印刷されるオペラの「台本」を出版する権利はもっていなかった。台本に関する特権認可状はオペラ座に与えられていた。オペラ座は台本の販売を書籍商に許諾し、その代償として、書籍商は金額の支払いの他に、ポスター、入場券その他の印刷物を納品していた。その後、台本の販売はオペラ座が直接おこなうようになったが、著作者にはなんの支払いもおこなわれなかった。著作者の異議申し立てを受けた国王顧問会議は、一七七六年三月三〇日、初演にかぎり、台本の出版は著作者の権利とみなすという裁定を下した。

一七八六年九月一五日の国王顧問会議の裁定によって、音楽の著作物の権利について規則が制定されるまでは、音楽の上演に関する特権認可状は、オペラ座ないしはロワヤル・アカデミー・ド・ミュジックに与えられていた。この特権認可状は、有料の音楽会、公開舞踏会、宗教音楽演奏会を無断でおこなうことを禁じた排他的なものであった。一七四五年に、イタリアのコメディアンは、舞踏と歌曲をともなうパロディー「タリーの祭」を無断で上演して、一万リーブルの罰金が科せられた。

美術の特権認可状

アンシャン・レジームの時代は、画家や彫刻家たちは職人とみなされており、それぞれの職域における組合に所属するのが慣行であった。パリには、版画家の組合、彫刻家の組合、画家と版画家の組合、画家と彫刻家の組合などがあった。組合に所属しなければならないという慣行は当初は比較的自由であったが、一四世紀から一六世紀にかけて、イタリアからルネッサンスがフランスに浸透し、傑作が誕生するにつれて厳しくなってきた。アンリ三世は、以前からあった特権認可状を確認した上で、才能のない画家や彫刻家を組合が除名することを命じる規則を制定した。画家や彫刻家は公に認めてもらうためには、いやおうなく組合に加盟しなければならなかった。しかし、有力なパトロンの庇護を受けているものは、組合に加盟しなくてもよかった。国王によって認められたものはルーブル宮殿に住居をかまえ、ギャラリーなどの好きな場所で自由に創作活動をおこなうことが許されていた。これらのものは「特権享受者」と呼ばれていた。組合は、特権享受者によって組合の権利が浸蝕されることを恐れて抵抗した。長い闘争の結果、一六二二年と一六二三年の公開勅書によって組合の主張が最終的に認められ、特権享受者の独立性が制限された。

ルイ一四世の時世になると、組合は、特権享受者の美術家の数を減らすことを要求した。この要求を契機として、新しい組合として、「アカデミー・ロワヤル」が設立された。しかし、いままでの組合のような制約はなく、門戸が開放されていた。フロンドの乱（一六四八―五三）のとき、画家と彫刻家によって組合「アカデミー・ド・サンリュック」が設立された。この二つの団体は激しい抗争をくりかえし、和解したり絶縁したりしていた。アカデミー・ロワヤルは、一六五四年にデッサン教育に関する排他的な特権認可状を取得し、美術を職業とするものだけを会員としていた。一方、アカデミー・ド・サンリュックは、美術を職業としないものや、住宅の装飾家、配管工などの入会も認めていた。一七七七年五月一五日の宣言書によって、美術の自由が厳かに宣言された。

「絵画と彫刻は、文学、科学その他の自由芸術とくに建築と完全に同一視される。したがって、美術に従事するものは、理由のいかんにかかわらず、組合あるいは親方によってわずらわされたり、平穏を乱されることはない。[*4]」

この宣言書によって、アカデミー・ド・サンリュックは職人の組合と認定され、アカデミー・ロワヤルの組合員は画家や彫刻家の称号を名乗る権利が認められ、絵画や彫刻を公衆に教える独占権が認められた。フランス革命が起きると、一七九一年三月一日、画家や彫刻家たちは、美術家の権利保護を訴えるために、憲法制定議会に建白書を提出して、次のように訴えた。

「複製に関する私たちの権利は所有権であります。この所有権は、社会の秩序において、個人に先天的または後天的権能の享受と利益を保証する実定法によるものであります。しかるに、所有権を保証する法律は、私たちにとって十分なものであるとはいえません。なぜならば、私たちの所有権は特殊な性格を有しているからであります。私たちからこの所有権を剥奪しないかぎり、私たちの手の中にある所有権を無効にすることはできません。」「私たちの所有権が特殊なのは、見たり、感じたり、表現したりすることに個人的な流儀があるためであります。表現の構成あるいは方式によるものであります。これが美術家の資格を構成し、美術家の所有権の根拠となっているものであります。[*4]」

一七九三年七月一九―二四日法が制定され、第1条において、「絵画または図案を版刻せしめる画家および図案家」は「あらゆる種類の文書の著作者、音楽の作曲者」と同じように、「著作物を販売し販売せしめ頒布する」権利が認められた。

ナントゥイユの特権認可状

「特権認可状」の原語であるprivilègeには定訳がなく、学者によって「特権」「特認」「出版権」「出版允許」などとさまざまに使用されている。辞書には、「特典」「特許」「恩典」「允許」「允可」などという訳語もみられる。筆者としては、「允許」ないしは「允可」というのが、国王が全権を掌握していたアンシャン・レジーム時代の雰囲気を彷彿させるものがあると思うが、「允（いん）」は当用漢字に含まれていない。いずれにしろ、privilège というのは抽象的な権利ではなく、国王からものものしい文書あるいは書状によって与えられるものであったので、あえて「特権認可状」ということにした次第である。

特権認可状はいまでもいくつか残っている。一六六一年に、国王ルイ一四世によって彫刻家ナントゥイユに与えられた特権認可状の全文を次に掲げておく。これを読んでいただければ、特権認可状がどのような文章によって交付されていたかがお分りいただけると思う。この特権認可状は美術の分野において、著作者自身に与えられたものとしては最古のものであった。ナントゥイユはルイ一四世の肖像画を描いた画家であった。

国王ルイ一四世によって彫刻家ナントゥイユに授与された特権認可状[*5]

われらの親愛なる素描家であり版画家であるロベール・ナントゥイユは、クレヨン、パステル、絵の具その他の手段によって多くの著作物を創作し、それらを版刻し版刻せしめて公衆に頒布することを望んでいることをわれわれに表明した。彼は、これらの著作物を世に出すために多大な経費と膨大な時間を費やした後になって、他の版画家、銅版業者その他類似の職業の者がこれらの著作物を模写したり偽造したりすることによって彼の労力の果実および報酬を剥奪するのではないかと恐れている。われわれとしては、賞賛すべき情熱をもってその芸術を完成させようとして努力している臣下の一人に対し、常に特別なはからいを示すものであり、彼の手になる多くの著作物を通して申請人の能力を十分承知しており、ごく最近においては、われわれの依頼に従ってわれわれの人格を表現している著作物について満足しており、賛意を表するものである。

以上の理由に鑑みて、ナントゥイユに特別な計らいを与え、彼が研究心と心配りと勤勉さをもってますます創作に励むことができるようにしたいと望んでいるので、本認可状をもって、白と黒のクレヨン、パステル、絵具その他彼が彼の創意と気質によってわれわれならびに王子、王女、貴族、貴婦人その他われわれの王国のしかるべき人々たちに依頼されてナントゥイユが描くであろう著作物を版刻し、彼が希望するしかるべき規模と分量において一括あるいは個別に販売し販売または小売させることを許し、承認した。将来においても、そうするであろう。

本認可状の日から数えて二〇年間について、あらゆる版画家および銅版業者その他なんらかの資格ないしは条件を有するものが、口実、みせかけのいかんにかかわらず、本認可状の期間中において、彼の著作物を版刻し版刻させ、ナントゥイユの明示的な委任および同意を得ることなくその全部あるいは一部を模写したり偽造したりすることを禁止する。本認可状に違反して、模写または偽造した複製物は押収し、三〇〇〇リーブルの罰金を課し、その三分の一はわれわれに、三分の一はパリ総合施療院に、三分の一は申請者に割り当てることとする。複写あるいは偽造された複製物は、所有者のいかんにかかわらず、没収することとする。ナントゥイユの著作物のいずれかの個所に「特権認可状」という文字を書き入れることによって、本認可状は正式に通告され、すべてのものに周知徹底せしめられたものとみなされる。われわれの友人である忠実な判事と書記によって正式に確認された本認可状の写しは、本認可状の原本と同様に信任されたものとみなされる。

フォンテーヌブローにて
一六六一年一〇月二六日

国王ルイ

第4章　ディドロと著作権

「百科全書」の編集者ディドロ

一八世紀は啓蒙主義の時代であった。啓蒙主義のリーダーの一人として活躍したのが、「百科全書」（一七五一―七二）の編集者であったディドロであった。

ディドロは、シャンパーニュ地方の由緒ある刃物職人の親方の家に生れた。ディドロは幼いころから利発で、神童の誉れが高かった。一家の期待を背負って聖職者か法曹家になるために上京して、パリ大学で神学や法律を学んだが、途中から文筆活動に転向したため、父親に勘当される。身分のいやしい洗濯屋の娘と結婚し、英国の文献の翻訳をしたり資産家の家庭教師をしたりして苦学しながら、文士として頭角を現してきた。一七四六年、書籍商のル・ブルトンが「百科全書」の出版の特権認可状を得ると、ディドロはその編集責任者となった。ディドロは、その後二六年間以上にわたって、「百科全書」の完成のためにエネルギーを費やした。完成したときには、六〇才になろうとしていた。「百科全書」は当時の人々の知識欲を満たすものとして大変なベストセラーになり、ル・ブルトンは莫大な収入を上げた。ル・ブルトンだけではなく、表紙の皮のなめし、インク、銅版、製紙、活字、製本などの業者もうるおい、延べ一〇〇〇人の労働者が従事して、「百科全書」が出版されている四分の一世紀間に、七〇〇万フラン以上の経済効果がもたらされたといわれている。しかし、ディドロが謝礼として受け取ったのは、一七巻のそれぞれについて二五〇〇フラン、一時金二万フランと定められていた。

ENCYCLOPÉDIE,

OU

DICTIONNAIRE RAISONNÉ
DES SCIENCES,
DES ARTS ET DES MÉTIERS,

PAR UNE SOCIÉTÉ DE GENS DE LETTRES.

Mis en ordre & publié par M. *DIDEROT*, de l'Académie Royale des Sciences & des Belles-Lettres de Pruſſe ; & quant à la PARTIE MATHÉMATIQUE, par M. *D'ALEMBERT*, de l'Académie Royale des Sciences de Paris, de celle de Pruſſe, & de la Société Royale de Londres.

Tantùm ſeries juncturaque pollet,
Tantùm de medio ſumptis accedit honoris ! HORAT.

TOME PREMIER.

A PARIS,

Chez
BRIASSON, *rue Saint Jacques, à la Science.*
DAVID l'aîné, *rue Saint Jacques, à la Plume d'or.*
LE BRETON, Imprimeur ordinaire du Roy, *rue de la Harpe.*
DURAND, *rue Saint Jacques, à Saint Landry, & au Griffon.*

M. DCC. LI.

AVEC APPROBATION ET PRIVILEGE DU ROY.

ディドロ「百科全書」初版本（上智大学蔵）

ところで、一八世紀当時の貨幣の価値はどのくらいのものであったろうか？「著作権は文化のバロメーターである」とはよくいわれることであるが、著作権が創作という労働の対価である以上は、お金との関係を無視することはできない。したがって、本稿においても具体的な金額について言及することが多い。しかし、当時の貨幣の制度と価値についての理解がいたらないと、読者の興味をそぐことになると思われるので、当時の貨幣制度について簡単に述べておきたい。

アンシャン・レジーム時代の貨幣の計算単位は基本的には「リーブル」であった。一リーブルは二〇スー、一スーは一二ドゥニエであった。リーブルの他に、計算単位として「フラン」が使用されていた。リーブルとフランの価値は同じであった。すなわち、一リーブルは一フランであった。他に、「エキュ」という呼称もあったが、一エキュは三リーブルすなわち三フランであった。アンシャン・レジーム時代の貨幣制度が複雑で分かりにくいのは、一つには、計算単位が一〇進法でなく、二〇あるいは一二を単位としていることである。フランス人は、二という単位になじみがあるらしく、ユーロ移行前には、二〇〇フラン、二〇フランの紙幣と硬貨、二フランの硬貨が通用していた。フランス革命の初期には、アッシニア紙幣が乱発されて通貨事情が混乱した。この混乱を収拾するために、一七九五年四月七日法によって従来の貨幣単位は廃止され、あらたに一〇進法にもとづいて、一フラン＝一〇デシーム、一デシーム＝一〇サンチームの体系が採用された。後に、デシームの単位は廃止されたので、一フランは一〇〇サンチームとなる。

鹿島茂氏は「馬車が買いたい！」という本の中で、一八世紀ではないが、一九世紀における一フランは、当時のパンの値段と為替レートから推定して、およそ一〇〇〇円とみなせばよいのではないかと述べている。したがって、一八、一九世紀を通じて、一リーブル（フラン）は日本円にしてほぼ一〇〇〇円とみなしておけば間違いがないようである。「百科全書」が七〇〇万フランの経済効果をもたらしたというのは、七〇億円に相当することになり、ディドロが受け取った報酬一巻あたり二五〇〇フランは二五〇万円であり、一時金二万フランは二〇〇〇万円ということになる。

さて、海の向こうの英国ではすでに、著作者は書物の販売による利益に相応した支払いを受けていた。詩人のミルトンは、「失楽園」（一六六七）の初版一三〇〇部の権利を五ポンドで売ったとき、初版が全部売り切れたらあらためて五ポンド、再版と第三版が売り切れたらさらに五ポンドの支払いを受ける契約を結んでいた。もっとも、この金額はきわめて安いものであった。一方、書籍商は「失楽園」一つで蔵が立つほどの儲けを得ていた。英国では一七一〇年には、アン法によって、書物を出版する権利は書籍商ではなく著作者がもっており、著作者はその権利を一四年間享受することができた。著作者が生存していれば、さらに一四年間その権利を更新することができた。この法律によってイギリスの著作者の待遇は大幅に改善されていた。

フランスではそうではなかった。書籍商が著作者から出版権を買い取ってしまうと、著作者は書物がいくら売れても追加の支払いを受けることはできなかった。フランスはすべての面で、英国に比べて大きく立ち遅れていた。著作者には組合もなく孤立していたが、書籍商の場合、パリでは一六一八年、地方では一六四四年に同業者組合が設立されており、著作者と書籍商との間では力関係に大きな格差があった。このようなわけで、フランスにおける著作者の権利の保護は英国よりも一〇〇年以上も立ち遅れていた。これは一九世紀後半になって、フランスに近代的な印税制度ができるまで継続することになる。

ディドロの時代は、文筆一本で生計の糧を得ることができる作家は皆無といってよく、作家たちは有力な書籍商に金で雇われるか、国王や貴族をパトロンとしてその庇護を受けなければならなかった。このような状況からみると、ディドロは、他の作家たちと比較して、破格の取り扱いを受けていたということができる。ディドロは自分のおかれている立場をよく理解していたので、雇主である書籍商に感謝していた。ディドロは、「書籍業についての書簡」のなかで次のように書いている。

「著作によって一万、二万、三万、八万、一〇万フランの収入を得た文人たちがいます。ありふれた評価のみを受け、歳もとっていない私は、文学上の著作によって一二万フランを受けるであろうと思われます。金持ちになるとはいえないでしょうが、この金額がとどこおりなく支払われ、右から左へと消費されてしまわなければ、老年になり、出費がふえ、視力が減退するようになったときでも、安楽に暮らせるでありましょう。[*1]」

ディドロは、革命的な思想の持主であったが、こと著作者の権利の主張に関しては、きわめて保守的であり控え目であった。彼は書籍商に「金で雇われた」作家として、書籍商の権利の擁護者の役割を終世演じている。彼は、英国に滞在していたボルテールらから英国における著作者と書籍商との関係について情報を得ていたと思われるが、著作権の主張については積極的ではなかった。彼はなによりも、スポンサーである書籍商の支持を失うことを恐れていた。ディドロは劇作家でもあったが、ボーマルシェとコメディ・フランセーズとの係争でも、つねに後者の陣営に属していた。ディドロは、「百科全書」のなかにとくに「コピーライト」droit de copie の項目をもうけて、書籍商のダビッドの記述によって、書籍商の権利を積極的に擁護している。

「著作者が一度著作物を書籍商に譲渡したときは、書籍商は、著作者自身がそうであったのと同様の範囲において、所有権者となるのは議論の余地のないところである。文学の著作物の所有権すなわち著作物が品切れになったときに再度印刷する権利は、土地や金利や家屋と同様な商業的な財産である。文学の著作物の所有権は、相続、販売、譲渡あるいは交換によって、父から子へ書籍商から書籍商へと移転される。最終の所有権者の権利は最初の所有権者の権利と同様であることは議論の余地のないものである。[*2]」

「百科全書」の成功にともなって、書籍商との契約はディドロに有利なように改訂された。しかし、ディドロといえども、著作物だけの収入で安定した老後を楽しむには十分ではなく、晩年には、娘の婚礼資金を調達するために、蔵書を売らなければならない羽目におちいった。蔵書はロシアのエカテリーナ二世が買い上げてくれた。エカテリーナ二世は、蔵書をディドロの手元におくことを認めた上、司書官として六万リーブルの年金を与えてくれた。

ラ・フォンテーヌの遺族の事件

ラ・フォンテーヌの孫娘たちは、祖父が亡くなってから六〇年以上経過してから、祖父の著作物を印刷する認可を取得するために、国王に請願書を提出した。一七六一年六月二九日の大法官府の文書によって、遺族に一五年間の特権認可状が与えられた。遺族がパリの書籍商印刷業者組合に大法官府の文書を登録しようとしたとき、組合は登録の受け付けを拒否した。ラ・フォンテーヌの遺族たちは国王顧問会議に出向いて、いかなる特権認可状ももはや存在せず、相続権によってラ・フォンテーヌの作品は直系相続人に帰属することを訴えた。書籍商たちは、ラ・フォンテーヌの「寓話詩」は一六八六年に書籍商バルバンに売り渡されており、その後、書籍商の特権認可状はくりかえし延長されているので、ラ・フォンテーヌの著作物の権利は永久に書籍商の所有権に属していると主張した。国王顧問会議は一七六一年九月一四日に裁定を下し、「ラ・フォンテーヌの著作物は相続権によって遺族に帰属する」という理由にもとづいて、ラ・フォンテーヌの著作物に関する特権認可状を孫娘たちに返還することを認めた。

書籍商たちの怒りは爆発した。彼らは裁定に対抗する理論を構成するために、売れっ子の作家であったディドロの協力を求めた。ディドロは、「百科全書」の発行人でありパリ書籍商印刷業者組合の理事長でもあったル・ブルトンの依頼を受けて、「出版業についての歴史的・政治的書簡」(一七六四)[*1]を書いた。ル・ブルトンは、ディドロの文書を出版統制局長のサルティーヌに提出している。「書簡」はかなり長文のものであるが、その骨子は次のとおりである。

書物を出版するためには、巨額な先行投資が必要であるが、成功するのはごくわずかである。書籍商が投資資金を回収するためには、独占的な権利が保証されなければならない。特権認可状はそのためのものである。書籍業は特権認可状によってのみ支えられているといって過言ではない。新しい著作物の所有権は著作者に帰属しているが、著作者がその所有権を書籍商に譲渡した場合には、著作者はもはや自分の著作物を自由に処分する権利をもっていない。書籍商は、契約によって原稿を取得する。書籍商は当局によって原稿の取得者としてその安全な所有が保証され、出版することが認められる。この点については、公共の利益に反するものはなにもない。原稿の所有権は畑や家屋の所有権と同じで、すべて独占的な権利である。独占権の所有者からその権利を剝奪するのは圧制によるもっとも暴力的な行為である。著作者から権利を譲り受けた書籍商は、著作者が所有していたのと同じように、その著作物の所有権者である。特権認可状は財産の保全のために与えられた保証以外のなにものでもないが、君主の明白な権威の裏付けがなければ、その価値を維持することはできない。国王顧問会議がラ・フォンテーヌの遺族に有利な裁定を下したために、書籍商は新しい企画に投資する気力を失ってしまった。特権認可状が廃止されてしまうと、書籍業は自由競争になってしまい、費用削減競争によって本の仕上げは手抜きされ、質が低下してしまう。特権認可状によって書籍商が著作物を永久所有することが保証されれば、著作者にもなんらかの利益がもたらされる。特権認可状が廃止されたり、独占権をまったく有しない単なる認可に変ってしまうと、書籍商は万策つきてしまう。書籍商が、苦労して出版に資金と労力を投下しても、利益は他のものに帰属してしまう。その結果、書籍商の商売は不安定になり、著作者にも少なからず影響が及ぶ。書籍商は、著作物の永久所有権が保証されているからこそ、安定した商売をおこなうことができ、著作者にもなんらかの利益がもたらされるのである。書籍業界は現在、地方の書籍商や外国の書籍商による海賊版に悩まされている。当局はこれらの海賊版を厳重に取り締まってもらいたい。同業者組合の商売の邪魔をして、費用をかけることなく利益を横取りする特権認可状をもたない業者を退治してもらいたい。特権認可状を廃止すると、書籍業界に甚大な影響を及ぼすことになるので、当局は特権認可状を維持し、書籍商の組合を援助してもらいたい。云々。

ディドロは、この「書簡」のなかで、書籍商の立場に立って国王顧問会議の裁定を批判した上で、ラ・フォンテーヌの遺族たちが取得した特権認可状はなんの役にもたたないことを予告している。

「私はここでラ・フォンテーヌの遺族の娘たちについて言及し、いずれ正しいことが証明されると予言しないわけにはいきません。彼女たちは、先祖の作品の美点を慮って、当局が彼女たちに重要な贈物をしてくれたのだとおそらく思ったのです。彼女たちに申しておきますが、可能なかぎりのあらゆる保護を受けるにもかかわらず、あちらこちらの土地で特権認可状は侵害されるでしょう。彼女たちがなにかすばらしい版、したがって高価で売れ行きが少なく、とくに贅沢好みの人や好奇心の強い文学者を引きつける版によって、国内もしくは外国の製造業者との競争に勝つのでなければ、パリの書籍商と地方の書籍商は、たとえ反感からにすぎないにせよ、海賊版へ口をかけることになります。貴重な商品は彼女たちの手のなかで目減りし、手放そうとしますが、彼女たちの祖先から譲渡される以上に彼女たちから譲渡されるのをあてにしていないのですから、買い手は安い値段でしかそれを求めなくなるでしょう。そのうちに、あらゆる職業組合に悪党はいるもので、書籍業界も例外ではなく、名誉心も財産もない男が現れ、彼女たちから特権認可状を手に入れることになります。人から憎まれ堕落したこの男は自分の所有物を心やすらかに利益が上がるようにはけっして使えないでありましょう。[*1]」

ディドロの書簡はきわめていんぎんではあるが、脅迫めいていないことはない。一つには、ラ・フォンテーヌの孫娘たちに対してである。彼女たちの権利はいずれ侵害され、書籍商たちは海賊版業者と手を結ぶだろうと述べている。次に、特権認可状を取得するために軽率な動きをする書籍商に対して、彼らは人から憎まれ堕落しており、たとえ権利を得たとしても、心やすらかに利益を上げることはできないだろうと述べている。ディドロは、ラ・フォンテーヌの孫娘たちが特権認可状を活用するためには、「なにかすばらしい版」によるしかないと予告している。ディドロの予告はなにやらやぶれかぶれのような気もしないではない。しかし、次のようなエピソードから推測すると、ラ・フォンテーヌの遺族たちはせっかく特権認可状を与えられたものの、その効果を十分に享受できたかどうかは疑問である。

パリの書籍商バルブーは、国王顧問会議の裁定が下った翌年の一七六二年に、アムステルダムで出版したという虚偽の表示をして、ラ・フォンテーヌの「小話集」をパリで出版している。この版には、ディドロが書いた「ラ・フォンテーヌの生涯」という文章がつけられており、挿絵入りのすばらしいものであった。フェルミエ・ジェネロー版と呼ばれているものであるが、所詮は大胆な海賊版にすぎなかった。一七六五年になってようやく、「寓話詩」の第一巻が出版された。これは全文が銅版によるもので、国王おかかえの彫版画家のフッサールのすばらしい彫版によって縁どられていた。最初の第三巻の文章の彫版はモンテュレーによるものであった。最後の第三巻の彫版はドルーエによるもので、最終巻は一七七五年に出版されている。これらの版はラ・フォンテーヌの孫娘たちとは別個の特権認可状によって出版され、国王の子供たちに献上された。これは、これらの版が彫版されたもので、印刷されたものではなかったからであった。これらの版には、特権認可状の文章は印刷されていなかった。ロシァンボー伯爵の「ラ・フォンテーヌの書誌目録」には、組合員の書籍商による版が一七六七年に出版されていると記載されている。これはあきらかにラ・フォンテーヌの孫娘たちの特権認可状の登録に反対した書籍商によるものであった。このことから推定すると、この版は孫娘たちから特権認可状が譲渡されて出版されたものと思われる。

パリの書籍商と地方の書籍商との係争

ラ・フォンテーヌの遺族の権利が認められると、地方の書籍商たちは喜んだ。それまでは、特権認可状はほとんどパリの書籍商が独占していたので、地方の書籍商には商売の道がとざされていた。ラ・フォンテーヌの事件を契機にして、地方の書籍商に復権のチャンスがめぐってきた。地方の書籍商とパリの書籍商との間では、一七世紀ごろから、特権認可状をめぐって、紛争が絶えなかった。地方の書籍商は、しばしばパリの書籍商に抵抗し、国王顧問会議に提訴して、特権認可状の期間が満了した場合には、だれでも出版することができることを要求してきた。ラ・フォンテーヌの遺族の事件より一〇〇年ほど前の話になるが、パリの書籍商と地方の書籍商との争いとして、次のような事件が記録されている。

パリの書籍商ジョスが取得していた「キリスト教徒と聖職者の瞑想」（ブブレ著）の特権認可状の期間が満了したとき、ルーアンの書籍商マラシスは勝手にこの書物を印刷してしまった。ジョスは国王顧問会議に提訴して、マラシスが印刷した書物の没収、将来における印刷の禁止、一〇〇〇リーブルの罰金と損害賠償を要求した。マラシスはジョスの特権認可状の継続は不正に認められたものであり、無効であると反論した。ルーアンとリヨンの書籍商組合も訴訟に介入して、没収の取り消しを要求し、一方、パリの書籍商組合はジョスの主張を支持して、両者は激しく争った。国王顧問会議は、一六六五年二月二七日の裁定によって、マラシスの出版した書物は偽造であると宣言して、マラシスに六〇〇リーブルの損害賠償金の支払いを命じた。しかし、罰金については、今回にかぎり免除された。この裁定は、特権認可状を取得しているものは、その期間が満了する前に当局に申請書を提出することを義務づけている。また、「古い著作物」に関しては、きわだった増補あるいは修正のないかぎり、特権認可状あるいはその継続の申請を禁止し、だれでも出版することができることを認めている。しかし、裁定には、「古い著作物」について定義されていなかった。一六七一年、あるパリの書籍商は、発行後まだ六〇年しか経過していないアン・フランソワ・ド・サールの著作物は「古い著作物」であるので、特権認可状の継続を申請しなくても、印刷する権利があると主張した。一六七一年六月一九日の裁定によって、国王顧問会議は、「古い著作物」といわれるものは印刷術の普及する以前すなわち一六七〇年以前に死亡した作家の著作物であると判定した。

リヨンの書籍商組合は、パリの書籍商の独占支配に抗議する文書を国王顧問会議に提出した。弁護士フリュザンが作成した文書では、特権認可状の性格が明確に分析されており、特権認可状は、書籍商が投資した経費を回収するために、期間を限定して営業の特権を認めるための暫定的な独占権にすぎず、経費の回収の目的が達成されれば、特権認可状の存在理由はなくなる、と述べられている。

地方の書籍商は、ラ・フォンテーヌの遺族の事件を契機にして、著作者にとって有力な味方となった。パリ書籍商と地方の書籍商との間の亀裂は深まり、やがて、後に述べるリュノ・ド・ボワジェルマンの事件が起る。皮肉なことに、ディドロはここでも、時代に逆行して狂言回しの役割を演じなければならなかった。

一七二三年二月二八日の規則

著作者たちも、地方の書籍商に刺激されて、書籍商たちに抵抗するようになっていった。パリの書籍商組合に与えられていた印刷術の発明以前の著作物の独占販売権も攻撃の対象にされた。すでに一七世紀から、ラ・フォンテーヌの事件が発生する土壌が形成されていたということができる。

こうした風潮を抑えるために、一六八六年に規則が制定され、特権認可状に関するそれまでの勅令の趣旨が再確認され、印刷業者と書籍商以外のものが書物を販売することがあらためて禁止された。しかし、社会秩序に影響を及ぼすような書物でないかぎり、当局は取り締りに積極的ではなかったので、この規則は地方の書籍商によって無視されることが多かった。著作者たちも特権認可状を申請して自作の書物を自分で販売するようになった。

一七二三年二月二八日に規則が制定され、書籍商に対する著作者の主張が国王によって初めて認められた。以後、著作者にも「自作の著作物を自分で販売すること」を認める特権認可状が与えられるようになった。それまでは、著作者は、書籍商と契約して原稿を引き渡した後に、なんらかの権利主張ができるとは考えていなかった。一八世紀になると、著作者の権利を認めようという風潮が高まっていった。しかし、皮肉なことに著作者の権利が認識される契機となったのは、著作者自身の請求によるものではなく、パリの書籍商と地方の書籍商との係争によってであった。すでに述べたように、当時、特権認可状はそのほとんどがパリの書籍商組合に加盟している書籍商に交付されていた。パリの書籍商は古い著作物だけでなく新しい著作物の出版についても独占していたために、地方の書籍商の印刷機はほこりをかぶったままであった。地方の書籍商は、国王顧問会議に提訴して、パリの書籍商が保有している特権認可状の期間が満了したときには、だれでも出版することができるよう請求したために、両者の間で係争事件が絶えなかった。これらの事件のうちの一つで、パリの書籍商の弁護を担当したのは、教会法学者で有名な弁護士のルイ・デリクールであった。一七二五年、デリクールは弁論の中で、著作者の権利について次のように述べている。

「原稿は、宗教、国法、個人の権益に抵触しないかぎり、著作者個人にとって固有な財産である。なぜならば、原稿は著作者に固有な仕事の果実であり、著作者は、著作者が希望する名誉の他に、著作者およびその血縁、友情、認知の関係によって著作者と結び付いている人々に生活の糧を提供する利潤を取得するために、その果実を好きなように処分する自由を保持すべきだからである。著作者は常にその著作物の所有者である。著作者だけがその著作物の支配者であるとするならば、他人に著作物を引き渡し、著作物について著作者が有している権利そのものを与える資格を有しているのは著作者あるいは著作者を代表するものだけであるということになる。したがって、著作者が生存しているかぎり、あるいは相続人によって代表されているかぎり、国王は著作物に対してなんらの権利も有せず、著作物が帰属しているものの同意を得ないかぎり、特権認可状によってその権利をなんびとにも移転することはできない。」

「文学の著作物の所有権は、すべての点において動産や土地の所有権と類似し、特権認可状とは無関係に、著作者、その相続人、譲受人に帰属しており、この所有権は永久のものである。」

「国王は、特権認可状またはその延長を拒絶する権限を有せず、国王の臣下の一人が正当な資格の下に所有している権利を剝奪する権限を有していない。」

「国王は著作者の著作物についてなんらの権限を有していないので、著作物の正当な所有者であるものの同意がないかぎり、著作物を他に譲渡することはできない。文芸の著作物の印刷について著作者と書籍商が取得しなければならない特権認可状は、公署による出版の認可とみなすことができないのは疑いのないところである。」[*3]

デリクールの主張によると、著作者は創作活動をおこない、その創作物は、著作者が創作した事実によって、著作者に帰属する固有な財産となる。著作者は著作物の絶対的な支配者であり、著作物を好きなように処分することができる。著作者は出版されることを前提にして書籍商に譲渡したのであり、その権利は書籍商に付与される特権認可証から独立している。パリの書籍商が著作物の権利を所有しているのは、国王から与えられた特権認可状によるものではなく、著作者との契約にもとづいている。国王は、臣下が法律にもとづいて所有している家屋の所有権を剝奪することができないのと同じように、特権認可状の延長を拒否して、書籍商の権利を取り上げることはできない。以上がデリクールの論旨であった。この論旨には、特権認可状の概念に代わって、著作者の所有権の概念が登場している。デリクールの文章は国王の権威を否定しており、当時としては大胆なものであった。この文章を印刷した業者のジャック・バンサンなる男は身を隠さざるをえなくなり、この文章を役所に届け出た組合の役員は引退を余儀なくされた。

デリクールは、パリの書籍商の権益を弁護するための方便として、著作者の所有権の原則を援用したが、この論旨は書籍商にとって両刃の剣であった。著作者とくにその相続人は、著作物から生じる金銭的利益を確保することに関心をもつようになっていたので、デリクールの論旨を逆手にとって、書籍商が取得していた特権認可状の期間が満了した場合、著作者または相続人の同意がないかぎり、書籍商の権利の更新を認めないことを要求するようになっていた。デリクールの文章は、書籍商と争っている著作者や相続人にとって、またとない応援材料になってしまった。デリクールの文章は、著作者自身の権利を初めて主張したものとして歴史的な意義があり、後になって多くの人々によって引用されている。フランス革命の時に制定された一七九一年法と一七九三年法はデリクールの文章を「剽窃したものにすぎない」[*4]という学者（ピエール・レヒト）もいる。

デリクールの主張は実は、一五八六年に、パリの弁護士マリオンがパリ高等法院で述べた証言を根底においたものである。マリオンが弁護した事件は次のようなものであった。詩人であり学者でもあったマルク・アントワーヌ・ミュレは、注釈付きのラテン語の古典を出版していた。彼の死後、彼の友人たちはミュレの注釈本を出版したが、国王の特権認可状は申請しなかった。ニコラス・ニベルという男がこの注釈本について特権許可証を取得した。パリの書籍商ジャック・デュ・ピュイとジル・ベイスはこの特権認可状に異議を申し立てた。マリオンは、ニコラス・ニベルに与えられた特権認可状を無効にすることを請求して、次のように述べている。

「書物の著作者は、全面的にその書物の支配者である。著作者は、書物の支配者として、その書物を自由に処分することもできるし、奴隷のように懐におさめておき自分だけのものにしておくこともできるし、大衆の自由を認めて解放することもできるし、無条件の自由を与えてなにも留保しないようにしておくこともできる。あるいは、いわゆる『パトロンの権利』を留保した上で、著作者以外のものがある期間を経過した後に印刷することができるようにすることもできる。」

「なぜならば、人間というものは、各人が作成し発明し組み立てたものを一個人として支配することを共通の本能によってお互いに認めあっているからである。[*3]」

デリクールの理論は、国王顧問会議によって認められなかった。しかし、パリの書籍商は、著作者に与えられた特権認可状を書籍商の組合の台帳に登録することを強要したり、あるいは、著作者と特権認可状の譲渡契約を結ぶときに、著作物の所有権を全面的に取得する条項を挿入したりした。一七四四年に、ギヨン神父の「東インドの歴史」の初版が出版されたとき、ギヨンに与えられた特権認可状には、この著作物を印刷せしめること、および「販売し、販売および小売せしめること」を認めることが記載されていた。この特権認可状がパリの書籍商組合に登録されたときには、この字句は意識的に省かれていた。ギヨン神父は、結局のところ、特権認可状の権利をすべて書籍商に永久譲渡している。一七七〇年にデュラン・ド・メラーヌの注釈つき翻訳「ランスロ教会法の制度」の初版が出版されたときも、そうであった。一七六七年三月一八日に著作者に与えられた特権認可状もギヨン神父の場合と同じ文章であった。しかし、五月三一日に書籍商組合に登録されたときには、異なった文章に変更されていた。ド・メラーヌも、特権認可状の権利を書籍商に永久譲渡せざるをえなかった。

この二つの例は、書籍商が著作者の権利を剝奪するために用いた典型的な方法であった。

著作者に与えられる特権認可状には期間が限定されていたが、書籍商は、著作者から期限付きの特権認可状の譲渡を受けるときに、所有権の永久譲渡を受けるようにしてしまった。したがって、国王が著作者に与えた特権認可状の更新を認めようとしても、著作者は書籍商に対抗することができなかった。一七七九年、高等法院の次席検事セギュイエは次のように述べている。

「原稿は、土地や公債や家屋のように、商業的な効力を有している。原稿は、原稿に付随する特権認可状とともに、父から子供へ引き渡され、持参金として贈与され、売却され、譲渡され、移転されたりしてきた。
これは、長い間の書籍業界の慣行である。後者の所有権者としての権利は前者の所有権者としての権利と同じように神聖なものであるとされてきた。この職業に専念するものの大多数は、特権認可状について限定された期間は、所有権について規定された期間とみなすことはできないとつねに考えてきた。[*5]」

しかし、著作者やその相続人も、彼らを無視して書籍商が著作者の権利を取得してしまうのは、特権認可状の精神に反していると考えるようになってきた。ラ・フォンテーヌの事件と次に述べる事件は、こうした書籍商の慣行を阻止した事例であったということができる。

リュノ・ド・ボワジェルマンの事件

同じころ、リュノ・ド・ボワジェルマンという作家がいた。彼の作品はいまではすっかり忘れられているが、彼は書籍商に著作物の出版を委託しないで、自費で印刷して売り歩いたので、書籍商たちのひんしゅくをかい、パリの業界から締め出されてしまった。彼はやむをえず、当時パリの書籍商と対立していた地方の書籍商と取り引きするようになった。彼の作品は地方の書籍商によってがぜん売れ行きがよくなり、彼は「パリの書籍商による金銭的拘束」[*5]から解放された。

リュノは、自分の作品だけではなく、ラシーヌの著作物も印刷して販売したので、パリの書籍商によって、書籍商に関する規則に違反していると告発された。一七六八年八月三一日、リュノの家は差し押えを受けた。リュノの弁護人ランゲは、「警察代理官サルティーヌあての陳情書」のなかで、この差し押えがいかに乱暴で屈辱的であったかを証言している。リュノの家はコメディ・フランセーズのそばにあった。差し押えは、芝居が上演される水曜日の観客が出入りする四時半から五時の間に衆人環視の前でおこなわれ、役人がリュノの家になだれこんだ。

ランゲは書籍商たちの論旨を一つ一つ反駁している。ランゲは、リュノは特権認可状によって認められた範囲で、本を売っているのであって、一七二三年の規則に違反しておらず、書籍商の業務をおこなってはいないことを証明した。パリの書籍商たちは、ラ・フォンテーヌの事件のときのように、ランゲに対抗して自分たちの権利を主張するために、ディドロを引き入れた。一七六七年一二月一五日、ディドロは「文芸通信」のなかの「民法論」に関する文章のなかで、「ランゲ氏の文章は一時の情熱にすぎない。瞬間的には大きく爆発するが、それで終わりだ」「ランゲさん、あなたは私を困惑させます。あなたには才気があるといわれています。そのことについて私も確信をもっております。しかし、私は、あなたが生涯悪童としての態度を保持されることを危惧しております」[*6]と書いている。ディドロの文章は彼らしくもなくかなり感情的であるが、これは書籍商のあせりをそのまま代弁しているものであった。

書籍商とリュノの訴訟は一七七〇年一月三〇日、出版統制局長サルティーヌによって判決が下され、書籍商は三〇〇リーブルの損害賠償を負うことになった。書籍商たちはこの敗北にそのまま引き下がるわけにはいかなかった。ディドロもそうであった。エスパニョル座でランゲの翻訳物が上演されたところ、ディドロはこの翻訳を酷評して、しっぺ返しをしている。同時に、「百科全書」を出版した書籍商はリュノを刑事告訴した。告訴状によると、リュノは、「百科全書」の予約者は、予約募集の広告に記載された一〇巻分の二八〇リーブルの値段で二八巻全巻の提供を受けることができると主張して、書籍商を挑発したということであった。

リュノと書籍商との係争はフランス革命が起きるまでつづいたが、結果は和解に終わったようである。ちなみに、リュノの弁護人であったランゲは思想家としても著名な人物であったが、ウィーンとロンドンの圧政を賞賛したとして、一七九四年六月二七日にギロチン台で処刑されている。

フェヌロンの遺族の事件

フェヌロンの甥のフェヌロン侯爵は、伯父の書斎から伯父の未発表の原稿とくに「テレマックの冒険」の完全な原稿を発見した。彼は、これらの原稿を出版するために、一七一七年、一五年間の特権認可状を取得して、パリの書籍商ドローヌとエチエンヌに譲渡した。一七三二年、この特権認可状が満了すると、パリの書籍商たちは特権認可状の二〇年間の延長を申請して取得した。一七五二年三月一日、書籍商たちは再度一五年間の延長を認められたが、遺族の同意を求めなかった。一七五三年、フェヌロンの遺族は、フェヌロンの全集の出版をするために、特権認可状を申請して取得し、別の書籍商ゲランに譲渡した。ドローヌとエチエンヌはこの特権認可状に異議を申し立てた。一方、遺族は、一七五二年に書籍商が取得した特権認可状の取り消しを要求した。

国王顧問会議は一七七七年三月二〇日、パリの書籍商に与えられていた特権認可状を取り消し、「法律上遺族に帰属している財産を遺族に返還するために」、新しい特権認可状を遺族に与える裁定を下した。国王顧問会議は「特権認可状の継続は、相続人の同意を得て初めて、書籍商に与えることができる」と宣言している。国王顧問会議の裁定は、特権認可状の譲渡は特権認可状の期間中についてのみ有効であり、著作物に関するすべての権利の決定的譲渡を意味するものではないという新しい判断であった。

「エミール」の契約書

ラ・フォンテーヌの遺族の事件に関与していた書籍商デュシェヌは、国王顧問会議の裁定の効果をそごうとして、著作者と締結する譲渡契約書から「特権認可状」という用語を削除し、特権認可状の申請もおこなわなかった。デュシェヌがルソーに提示した「エミール」（一七六二）に関する契約書は以下のとおりであるが、特権認可状については言及していない。

「以下に署名するジュネーブ市民ジャン・ジャック・ルソーは『エミールまたは教育論』と題する私の著作物の原稿をパリの書籍商ニコラ・ボナパンチュール・デュシェヌに売り渡します。これは、デュシェヌおよびその権利承継人がこの著作物の原稿を彼らの所有権に帰属する物品として享受せしめるためであり、私は、デュシェヌ氏から、その代償として六〇〇〇リーブルのうちの半額を現金で受領し、残りの三枚の紙幣による三〇〇〇リーブルは、来年の四月、七月、一〇月に受け取ることを確認します。さらに、デュシェヌ氏の負担において、上記著作物が販売される前に、その仮綴本一〇〇冊が私に引き渡されることになっています。ただし、私ジャン・ジャック・ルソーは、上記著作物を私の著作物の全集（その他の出版物は含みません）に収録する権利を留保します。ただし、上記著作物の出版の日から三年以内に全集を出版しないことが条件です。全集の販売の条件について、デュシェヌ氏との間で交渉して合意に達したときは、全集の出版の優先権を同氏に与えます。」

「私ニコラ・ボナパンチュール・デュシェヌは以上について同意します。以上の結果として、私がルソー氏に上記金額三〇〇〇リーブルを現金で支払い、さらに三枚の紙幣により三〇〇〇リーブルを上記に定めた期日に支払います。また、上記著作物を販売する前に、仮綴本一〇〇冊をルソー氏に引き渡すことおよび良質の紙と活字によって印刷をおこなうことを約束します。」

ルソーは、デュシェヌと裁判で争った後で、この契約書に署名したときの心境について、友人あての書簡の中で次のように述べている。

「私は原稿をデュシェヌ氏に譲渡しましたが、著作物の所有権を売り渡したわけではなく、印刷して出版するための利潤を売り渡したにすぎないと理解しています。[*5]」

このように、ルソーは、原稿を譲渡しても出版権を譲渡したにすぎず、著作物そのものの所有権の譲渡とは別個のものであることについて認識をすでにもっていた。

一七七七年八月三〇日の裁定

一七七七年八月三〇日、ついに国王顧問会議は「特権認可状に関する裁定」を下した。この裁定は、特権認可状の交付の条件と効力の範囲を大きく変更し、著作者と地方の書籍商の地位を改善することを目的としたものであった。なお、ボーマルシェがコメディ・フランセーズとの戦いを開始するために、「演劇法立法促進事務局」を設立したのは、この裁定が下された直前の七月三日であった。裁定案の理由書は、書籍商が出版権を取得している著作物について永久所有権を主張することをとがめ、書籍商の権利と著作者の権利を明確に区別している。著作者は国王の恩寵によって、書籍商よりも広範な権利を有していることを宣言し、さらに、これまでの法令は「地方の印刷業者から印刷機を使用する合法的手段を取り上げていた[*5]」と付け加えている。

「書籍業に関する特権認可状は、著作者の労力に報いるために著作者に与えられる場合においても、書籍商の先行投資の回収とその経費の賠償を保証するために書籍商に与えられる場合においても、いずれにせよ正義に由来する恩寵である。」

「両者の場合における特権認可状の目的には相違があるので、期間について相違を設けなければならない。」

「著作者は当然のこととして、広範な恩寵によって書籍商よりも広範な権利を有している。一方、書籍商は、取得した恩寵がその先行投資の金額と事業の重要性に釣り合うものであれば、苦情を申し立てることはできない。」

「ただし、著作物を完成させるためには、書籍商の契約相手の著作者の生存中は、書籍商に特権認可状を享受せしめることが必要である。」

「しかし、書籍商にさらに長期の期間を認めることは、権利の所有権に関する恩寵の享受を変形せしめ、期間が限定された資格の内容そのものに反して、恩寵を永久に存続せしめることになってしまうであろう。これは書籍商を書物の価値の永久支配者にしてしまい、独占権を認めることになってしまうおそれがある。[*5]」

その後につづく条文は次のとおりである。

第1条　いかなる書籍商も印刷業者も、特権認可状を事前に取得しないかぎり、新しい書物を印刷したり印刷させたりすることはできない。

第2条　新しい書物を印刷するための特権認可状を取得しているすべての書籍商、印刷業者その他は書物のなかに少なくとも四分の一の増補を加えないかぎり、特権認可状の継続を請願することを禁じられる。この件に関して、増補のない古い版を印刷する認可を他のものに認めることを拒絶することはできない。

第3条　新しい書物を印刷するために今後与えられる特権認可状は、すくなくとも一〇年間の期限付きとする。

第4条　特権認可状を取得している書籍商は、特権認可状の期間のみならず、特権認可状の満了後に著作者が生存している場合には、著作者の生存期間中も、特権認可状を享受する。

第5条　自己の名において自己の著作物の特権認可状を取得するすべての著作者は、自宅でその著作物を販売する権利を有する。ただし、いかなる事情によるにせよ、他の書籍を販売したり取り引きしたりすることはできない。また、自己およびその相続人のために特権認可状を永久に享受する。ただし、書籍商に特権認可状を譲渡したときは、特権認可状の期間は、単なる譲渡の事実だけによって、著作者の生存期間中に縮小される。
第6条　あらゆる書籍商または印刷業者は、著作物の特権認可状の満了後および著作者の死後、その著作物の出版をおこなう特権認可状を取得することができる。ただし、同じ特権認可状は一ないし複数のものに与えることができ、他のものが同じ特権認可状を取得することを妨げることはできない。

ユジェーヌ・プイエは、「文学的美術的所有権」（一八九四）のなかで、一七七七年の裁定は著作者の権利を初めて決定的かつ法的に認めたものであり、文学的所有権に関する正真正銘の法典を形成していると述べている。さらに、セギュイエは一七七七年の裁定に関連して、次のように述べている。

「一七世紀より前には、著作者の所有権を認めたりあるいは否認したりした命令、裁定、法令を見出だすことはできない。著作者の所有権が問題にされたことはないと思われる。
一七世紀になって、著作者の所有権についての認識が生まれてきた。著作者たちの要請によって著作者の所有権が認められるようになった。この所有権は議論の余地のないものであり、否定することができないものであるから、これは当然のことである。明瞭に述べておくが、著作者の所有権はいまや認められ、批准されたのである。著作者自身、それから著作者の子孫、相続人、権利承継者は著作者の著作物を享受する権利を有するようになったのである。[*3]」

ルイ一六世は、一七七七年の裁定の起草にあたって、一七七六年九月六日の親書のなかで、裁定の趣旨について次のように適切に述べている。

「著作物の所有権および特権認可状の期間に関しては、パリの書籍商と地方の書籍商の建白書をすみやかに検討すべきである。朕は、この問題について多くの文学者の意見を聴したところ、学者の団体がこの問題に大いなる関心をいだいていることがわかった。この問題は、あらゆる点において朕の庇護を受けるにふさわしい朕の臣下の大多数に関係するものである。われわれの認めるところによれば、書物に関する特権認可状は『正義に由来する恩寵』である。この恩寵は、著作者にとってはその労作の対価であり、書籍商にとってはその先行投資に対する保証である。このように、両者の場合、目的が相違しているので、特権認可状の内容において相違を設けるのは当然のことである。[*3]」

一七七七年の裁定は、著作者と書籍商とのこれまでの力関係を根底からくつがえすものであった。この裁定によって、著作者は永久的な特権認可状を与えられたが、一方、書籍商の特権認可状には一〇年間の期限がつけられ、しかも、四分の一以上の増補がなされていないかぎり更新は認められなくなった。特権認可状を得た著作者は自分の書物を販売することができるようになった。そして、書籍商に特権認可状を譲渡しないかぎり、その権利を永久享受することができるようになった。また、この裁定によって、地方の書籍商も書物を印刷する権利が認められるようになった。この裁定によってパリの書籍商と地方の書籍商との間の対立は表面的には一応終止符が打たれた。しかし、両者の確執は、フランス革命によってパリの書籍商の特権認可状が廃止されるまでつづくことになる。

一七七七年の裁定によって、書籍商のいらだちは一段と強くなっていった。しかし、著作者たちは、この裁定が書籍商の束縛から著作者を解放するものであることについて十分に認識していたとはいえない。著作者が書籍商に特権認可状を譲渡することを拒否すれば、書籍商たちはあらためて著作者と交渉せざるをえなかったと思われる。現実はそうではなかった。著作者が世に出るためには書籍商が必要であったが、書籍商は代わりの著作者はいくらでもみつけることができたからである。書籍商たちは、一七七七年の裁定に抵抗してさまざまな試みをくりかえした。次のような事例が記録されている。ポクトンという作家は「古代および現代における度量衡論」の所有権を書籍商のドサン未亡人に譲渡していたが、未亡人は、一七七七年の裁定によって著作物の所有権が剝奪されたことを理由にして、契約の実施を拒絶した。ポクトンは未亡人を告訴した。裁判所は、未亡人は著作物の全面的かつ譲渡不可能な所有権と著作物を販売する排他的権利を保持していると述べ、契約の実施を命令した。一七七九年二月一〇日、高等法院は裁判所の判決を追認した。一七七七年の裁定はあらためて高等法院で審議された。高等法院の命令によって、次席検事のセギュイエが報告書を作成した。セギュイエは、著作者は著作物を印刷したことによって、著作物を公衆に贈与して権利放棄をおこなっていると次のように述べている。

「著作者は、その子孫、相続人、権利承継人を含めて、著作物の原稿を放棄しないかぎり、あるいは特権認可状を譲渡しないかぎり、その著作物を享受する権利を有している。そこまでは著作者の所有権は保持されている。著作者が原稿を所有し、原稿を印刷したとしても、その印刷物を保持しているかぎりは、著作者の所有権は完璧である。

しかし、著作者が著作物を頒布して公衆に与えることを目的にして印刷せしめた瞬間から、事態は一変する。原稿の取得者が原稿から書物を作成し自由に処分する権利を有していることについては、だれも抗議することはできない。しかし、著作物の印刷は特権認可状にもとづいておこなわなければならない。特権認可状がないかぎり、印刷をおこなうことはできない。

著作者は、その労作の果実を発表しない自由を有しているのと同じように、国王も印刷の認可を拒絶する自由を有している。しかし、国王は、ひとたび認可を与えたときには、つねに認可を与えなければならないのであろうか？　同じ人間だけに与えなければならないのであろうか？　著作者が原稿の所有権を放棄していないかぎりは、著作者に優先権を与えるべきであるのは当然のことである。しかし、著作者がオリジナルな原稿の所有権者であるのをやめたとき、著作者であるが故に取得していた特権認可状を移転したときは、特権認可状の取得者は、特権認可状の継続に関して、他のもの以上の権利を有しているであろうか？

著作者の原稿を取得したものは著作者としての権利を行使する。しかし、彼は書物を販売して収益を上げれば、原稿について支払った金額を十分に弁済されることになるのではないだろうか？　新しい規則は、このような著作者とその権利を譲り受けたものとの相違について、明確にしなければならない。

所有権は特権認可状に依存するものではないが、所有権の保護は特権認可状に依存している。国王がこのことについてあらためて保証しなくても、所有権の取得者からなんらかの権利を取り上げたことにはならない。しかし、国王は、著作者から特権認可状と原稿を買い上げたものに対して、著作者よりも少ない権利しか認めてはいない。[*5]」

書籍商たちは、裁判所の判決や国王顧問会議の裁定に対して、ディドロらの有名な作家を動員して必死の抵抗をこころみたが、時代の流れを止めることはできず、特権認可状はフランス革命によってすべて廃止されてしまうことになる。最後の特権認可状は、「世界の四つの地方からの貴重な贈物」という書物に関して書籍商ラングロワ・ペールに与えられていた一〇年間の期限つきのものであった。この特権認可状は、フランス革命の勃発後の一七九〇年七月二七日にパリ書籍商業者組合に登録されている。

第5章　SACD

ギリシャ・ローマ時代の劇作家

ギリシャ、ローマ時代、劇作家は戯曲を書き上げると、その戯曲を上演してくれる俳優に売り渡してしまうのが慣行であった。ローマの詩人ホラティウスは、オーギュスト皇帝に提出した詩人の現状に関する報告書のなかで、プラトゥスについて次のように言及している。

「プラトゥスは台本を金銭に換えることにきゅうきゅうとしていた。しかし、金を受け取ってしまうと、上演が成功しようが失敗しようが知らん顔であった。[*1]」

ユゥエナリスは、ローマ人の風習に関する文章のなかで、劇作家は台本を俳優に売り渡さなければ収入を得ることができないので、著作活動は引き合わない仕事であることを証明している。テレンティウスは、ローマの造営官はメナンドロスから喜劇「エウヌケ」を買い取ったと述べている。テレンティウスの喜劇「ヘキレ」の前口上で、俳優は観客に向かって拍手を求めて次のように述べている。

「みなさんに拍手していただけると、劇作家は新たな作品を書き上げる勇気がわいてきますし、俳優はその作品を買い上げて上演しても、悪い商売でないことが証明されます。[*1]」

ローマの伝記作家スエトニウスは、「テレンティウスの生涯」のなかで次のように書いている。

「『エウヌケ』は一日に二回上演され、これまでにどんな喜劇も得たことがないような八〇〇〇セステルティウスという高額の支払いを受けた。[*1]」

八〇〇〇セステルティウスは、並の奴隷八人分の値段であった。四世紀頃のローマの文法学者ドナトゥスは、テレンティウスに関する注釈本で、「エウヌケ」について、「『エウヌケ』の上演は成功して、二回支払いを受け、再演された[*2]」と述べている。

台本の使用料

フランスでは、一六世紀末にアンリ四世によって国家が統一され、社会秩序が回復して、人々に観劇を楽しむ余裕が生れた。一六三六年にコルネイユの悲劇「ル・シッド」が発表され、古典劇のスタイルが確立された。コルネイユの後にラシーヌ、モリエールが登場し、フランスの劇場文化はもっとも華やかな時代を迎える。

当時すでに、台本の使用料は、劇場の収入に対するパーセンテージによって支払われた例が記録されている。一六五三年、喜劇「ライバル」の著作者フィリップ・キノとコメディアン（俳優）との交渉の結果、台本の使用料は劇場の収入にリンクしたパーセンテージで支払うことになった。しかし、これは公式のものではなかった。コルネイユ、モリエール、ラシーヌなどの大作家は、その都度コメディアンと交渉して、ほとんどの場合一回払いの金額で台本をコメディアンに譲渡していた。

一七五七年に、コメディ・フランセーズと著作者との間に協定ができ、台本の上演使用料は、五幕物については経費を控除した後の劇場収入の九分の一、三幕物については一二分の一、一幕物については一八分の一になった。しかし、収入の半分が計算基礎から控除されていたので、実際の使用料はこの半分であった。しかも、劇場収入が連続してあるいは連続しなくても三回にわたって、三〇〇〇リーブル（夏期公演）、五〇〇〇リーブル（冬期公演）を下回ったときには、台本は失敗作とみなされ、コメディ・フランセーズに帰属し、再演されても一銭の使用料も支払われることがなかった。上演回数が重なると、上演料の支払いを免がれるために、コメディ・フランセーズは意識的に劇場の不入りを企んだといわれている。その後、収入が二回連続して一二〇〇リーブル（冬期公演）、八〇〇リーブル（夏期公演）を下回った場合に、このルールが適用されるようになった。さらに、「連続」という言葉は著作者に提示される契約から削除されてしまった。使用料計算の基礎となる劇場収入は窓口収入だけで、年間予約料金やボックス席の売り上げは除外されていた。劇場収入のほとんどがボックス席の売り上げによって占められていたので、著作者に支払われる使用料はごくわずかであった。

演劇は社会の各層に共通する国民的な娯楽になっていたが、「国王直属」を自称するコメディアンが演劇界を牛耳っており、劇作家や伴奏曲の作曲者はコメディアンや支配人の陰に隠れた黒子にすぎなかった。国王は、演劇の著作物の上演について著作者の権利を確立するために、規則を制定する努力をくりかえしてきたが、その都度コメディアンたちの抵抗を受けた。コメディアンたちは、名目的な使用料しか支払わず、しかも、著作者の死後はほとんどの場合、支払いを止めてしまった。劇作家や作曲者たちは、コメディアンや劇場の支配人に太刀打ちすることができず、いたずらに身の不運を嘆くのみであった。

「演劇法立法促進事務局」の設立

一七七五年、売れっ子の劇作家ボーマルシェは、コメディ・フランセーズに対して「セビリアの理髪師」の三二回分の上演使用料四五〇六リーブルの受け取りを拒否して、上演回数、上演ごとの収入、ボックス席の売上げ、年間予約料金、救貧税などの経費についての詳しい明細を請求した。これがコメディ・フランセーズに対するボーマルシェの闘いのはじまりであった。ボーマルシェは血の気が多く、野心と才気にあふれ、演劇活動だけでなくさまざまな分野で活躍している。男にだまされた姉を救うためにスペインに行ったり、アメリカに銃や弾丸を送って独立運動を支援したり、夫の非道に苦しむ女性を助けるために訴訟したりした。ボルテールの作品を出版するために多くの資金を投入したこともあった。ディドロのような有力な作家でも太刀打ちできなかったコメディアンの横暴に対抗して、著作者の権利を確立するこころみは、ボーマルシェのような人物にとってもっともふさわしいライフワークであった。

一七七六年になると、著作者とコメディ・フランセーズとの対立は深刻になっていった。ボーマルシェは、コメディ・フランセーズの監督官であったリシュリュー公爵から解決を依頼された。しかし、さすがのボーマルシェも、コメディアンのなかに友人知己が多く、問題が複雑であったことから、当初は二の足を踏んだといわれている。一七七七年七月三日、ボーマルシェは、リシュリュー公爵から催促されてついに、コメディ・フランセーズに不満をもっている作家たちをホテル・ドランドに呼び集めた。「演劇法立法促進事務局」Bureau de législation dramatique が設立され、ボーマルシェは終身会長に選出された。「演劇著作者作曲者協会」SACDの前身である。事務局の目的は、著作者の待遇を改善するためにコメディ・フランセーズと交渉することであったが、究極には、著作者の権利を擁護する法律の制定を求めることであった。会員は二三名であった。当初、ボーマルシェは、コメディアンを相手に孤独な闘いを続けてきた。コメディ・フランセーズのいやがらせで「セビリアの理髪師」は上演を打ち切られ、会員の切り崩し、悪徳弁護士による中傷その他さまざまな圧力やいやがらせをくりかえし受けた。一七七九年一二月までにかけて、著作者の代表とコメディ・フランセーズとの公式の交渉が、国王顧問会議の貴族の立会いの下でおこなわれた。この期間、著作者たちは団結して、問題の解決をはかるために、コメディ・フランセーズに新しい台本を提供することを止め、文筆におけるストライキをおこなった。

一七八〇年一二月九日、国王顧問会議によって、著作者とコメディアンとの均衡を修復することを目的として、コメディ・フランセーズに関する新しい規則が制定された。しかし、条件はむしろ旧来の規則のほうがよかった。一方、事務局の内部では、ボーマルシェは会員である著作者の造反に悩まされた。デュビュイッソンという劇作家は「事務局は、最高に出来の悪い台本から多額の金を引き出す秘訣を会得している圧力団体だ[*2]」と言ってまわった。また、喜劇「誘惑者」の著作者として有名なビエーブル侯爵はコメディアンに味方して、二度にわたって著作者に対するコメディアンの反発文書の原稿作りの相談にのり、ボルテールを味方に引き入れようとする始末であった。ＳＡＣＤの資料室にはいまでも、女優ベルクールの手になる著作者に対する次のような反論文書が保存されている。

「われわれコメディアンに対する台本の譲渡とその結果受け取る収穫に関連して、滑稽な権利主張をして、譲渡することも禁止し、受け取ることも禁止するとは！　これでは、まるで法律が存在しないかのようです。」

「コメディアンに激しい敵意を燃やしているものであっても、同じ仲間とみなしているのは、コメディアンのお情けによるものにほかなりません。コメディアンの演技、粘り強さ、信頼、友情がなければ、三度成功する代わりに、三度失敗するでしょう。三度の成功はコメディアンのおかげであるにもかかわらず、それに甘えてしまって、結果として三度も失敗しています。[*2]」

ボーマルシェは、国王ルイ一六世に直接陳情してその協力を得ることができた。ルイ一六世の支持がなければ、ボーマルシェはコメディアンとの闘いに勝つことはできなかったであろう。ルイ一六世は歴史的には凡庸な王様であったとされているが、ボーマルシェたちにとってかけがえのないシンパであった。ボーマルシェたちは、コメディ・フランセーズとの三年間の闘いの後、一七八〇年一二月九日の裁定によってコメディ・フランセーズの規則を変更させることに成功した。使用料は、劇場の一般経費の〇・六パーセントから四・八パーセントまでであったのが、最低三・四パーセントから最高一〇・七パーセントまでに改善された。しかし、入場料収入が一八〇〇リーブル（夏期）、二三〇〇リーブル（冬期）を下回ったときは、台本はコメディ・フランセーズに帰属することになり、これまでの協約よりも条件が悪くなった。一七八四年四月二七日、「フィガロの結婚」が上演されたとき、この協定が適用された。

一七八五年から八六年にかけて、コメディ・フランセーズは、七二万六一二三リーブルの収益を記録した。これは一八世紀におけるレコードであった。しかし、フランス革命の予震はすでにコメディ・フランセーズをゆさぶりはじめていた。あらゆる分野において、権利主張する時代が到来していた。一七七七年、劇作家であり政治家であったメルシエを代表とする多くの著作者たちは第二のテアトル・フランセ（コメディ・フランセーズのこと）の設立を要求した。これは、これまでコメディ・フランセーズしか上演することができなかった古典劇の上演に関する独占権を剝奪して、古典劇を一般に開放するためであった。一七八九年八月四日、コメディアンに与えられていた特権認可状は廃止されてしまった。

一七九〇年一二月七日、劇作家ラ・アルプは、ボーマルシェに指示されて議会に出頭して、歴史に残る有名な演説をおこなった。著作者たちは、実力者ミラボーの支持を得ることができた。一七九一年一月一三ー一九日法が制定され、劇場の自由が宣言され、同時に著作者は上演を許諾したり禁止したりする権利が認められた。著作者の相続人はその権利を著作者の死後五年間継承することができるようになった。劇場の自由が認められると、一七九九年までの間に、パリに四五の劇場が開設され、一五〇〇の新しい劇が上演された。そのうちの半数の七五〇が一七九二年から一七九四年までの間に上演された。著作者に認められた上演権は、コメディ・フランセーズに対する著作者たちの一四年間にわたる永い闘争の結果誕生したものであった。

フラムリの事務所

ボーマルシェたちは、新しい法律によって上演権が認められたことに力を得て、コメディアンに対して、五幕物の場合は収入の七分の一、三幕物の場合は一〇分の一、一幕物と二幕物の場合は一四分の一の使用料を要求した。かつての悪弊の復活を避けるために、コメディアンに提示された契約書には収入に関するすべての項目が細かく規定されていた。コメディ・フランセーズは著作者の要求を拒否した。コメディアンは、収入の一六分の一を認める代わりに、特別経費の他に日常経費として九〇〇リーブルを控除することを要求した。多くの著作者たちは、コメディ・フランセーズをボイコットすることにした。

一七九一年一月一三―一九日法によって、著作者は、パリのみならず地方においても全国的に権利行使することができるようになったが、著作者自身がその著作物の上演のすべてについて立ち会ってその著作権を管理することは実際上不可能であった。使用料を徴収する事務所が設立され、劇作家のフラムリが最初の代理人となった。ガゼット・ナショナル紙とメルキュール・ド・フランス誌に広告が掲載され、著作者たちはフラムリに著作権使用料の徴収を委託するよう勧告された。委託者たちの総会が開催され、著作物の管理を委託する条件が協議された。

一七九一年四月六日、ボーマルシェの原案による八カ条の規定について合意された。テアトル・イタリアンと最初の協定が締結された。この協定によると、使用料は、総収入から経費として七〇〇リーブルを控除した金額について、三幕物が九分の一、二幕物が一二分の一であった。この料金表を定めるにあたって、著作者の代表者は劇場の経理を綿密に現場検証した。一七九一年七月三〇日、新しいコメディ・フランセーズすなわちテアトル・ド・ラ・レピュブリックは、四幕物または五幕物については収入の七分の一、三幕物については一〇分の一、一幕物または二幕物については一四分の一の使用料を支払うことに同意した。経費控除は、従前どおり七〇〇リーブルであった。この間、旧コメディ・フランセーズとの協議はまとまらなかった。八月一二日、著作者たちは、経費として控除する金額を七〇〇リーブルにするか八〇〇リーブルにするかについて投票した。大半の著作者が七〇〇リーブルを支持した。一七八〇年に、演劇法立法促進事務局を「圧力団体」と揶揄したデュビュイッソンもその一人であった。デュビュイッソンはいまや、かつてほめそやしたコメディアンをこきおろすようになっていた。コメディアンに寛容さを示した少数派のなかには、かつてコメディアンの攻撃の的になっていたボーマルシェやメルシエの他に、サディズムの元祖のサド侯爵がいた。

「わたしは従前から劇場に特別な愛情をもっているが、これからも劇場のシンパであり擁護者であることをやめることはないだろう。」（サド侯爵*2）

フラムリの事務所は、一七九一年の復活祭から一七九二年の復活祭までに、八八六八リーブル余の使用料を徴収した。徴収がおこなわれたのは地方の二五都市だけであった。この間、分配金額に比して、会費（五一リーブル）が高すぎることを不満にした著作者たちが大勢退会して、個別に劇場と交渉した。これはフラムリの事務所の土台骨を揺さぶらずにはいなかった。しかし、フラムリは大手の劇場との交渉を継続して、翌年度には、一万六〇〇〇リーブルの使用料を徴収した。劇場の支配人は団結して、国会議員に圧力をかけて、一七九二年八月三〇日法を採択させた。この法令によって、一七九一年一月一三―一九日法以前に上演されたことのある著作物は著作権の適用を免除された。著作者の反対運動によって、一七九三年九月一日にこの法令は廃止された。フラムリの事務所は、地方の秩序が混乱していたにもかかわらず、一七九四年から一七九五年にかけて、八万九九三四リーブルの使用料を徴収した。一一二人の著作者が分配を受けた。グレトリが一位で七八〇三リーブル、スデーヌが五位で三三四四リーブル、ボーマルシェは一九位で一七四一リーブルの分配を受けた。「セビリアの理髪師」の上演回数は七四回、「フィガロの結婚」は七回であった。

一七九三年になると、検閲の制度が復活した。王政をなつかしむような芝居を上演した劇場は閉鎖され、支配人が逮捕された。一七九三年九月三日法によってテアトル・フランセも閉鎖され、コメディアンたちは検挙され勾留された。一七九四年一月一七日、ナポレオンはコメディ・フランセーズの再開を認めたが、その運営を劇団の正座員に委ねる旨の布告を公布した。コメディ・フランセーズが再開されたとき、当局は、一七九三年にテアトル・ド・ラ・レピュブリックが受け入れたのと同じ待遇を著作者に与えるように命令した。著作権使用料は台本の長さによって定められ、経費として総収入から三分の一を控除した金額の八分の一、一六分の一と規定された。

フィエット・ロロの事務所

一七九八年、フラムリの事務所の会員の一人であったフィエット・ロロが独立して別の徴収事務所を設立した。これはもっと効率のよい事務所の設立を希望していた会員の要請に応えたものであった。二つの事務所ができたので、事務所の代理人と劇場との間で不明朗な話し合いをすることは困難になった。一七九九年一月二〇日の総会で、フィエット・ロロは、パリにある劇場について著作権使用料の徴収を委託された。手数料は二パーセントであった。総会の席上で、フランス革命のときに宣言された大原則が再検討された。たとえば、劇場の自由化の原則によって劇場の数は増えたものの、上演される作品の質が低下してしまっていた。テアトル・フランンセの復活を要望する声が高まっていた。著作者の意見は分れた。現状が嘆かわしいとは思うものの、テアトル・フランセの復活によって、かつてのようにコメディアンのいいなりになることを懸念する声があった。一七九九年三月二九日、著作者たちは総裁政府に陳情書を提出した。

「権力にへりくだり特権にあぐらをかいている凡庸な人々が、己以外のものの推挙を受けないことを誇りとしている才能ある人材を排除するこのような殿堂を再興する必要があるのでしょうか？　フランス革命の精神を無視して、革命が破壊したものを再興する必要があるのでしょうか？[*2]」

著作者たちの真意は、テアトル・フランセに対抗する劇場を創設したいという一八世紀以来の願望を実現することであった。しかし、その効果はなく、一七九九年五月三一日、フランソワ・ド・ヌシャトー内務大臣の仲介によって、分裂していたコメディ・フランセーズが合併して、テアトル・フランセが再興された。劇場の場所こそ変わりはしたものの、組織は前と同じであった。

ボーマルシェ死す

一七九九年五月一八日、ボーマルシェは一九世紀の到来を待たずに亡くなった。ボーマルシェは一七三二年にパリの時計商の家に生まれた。劇作家になる前に、王室御用の時計職、王女のハープの教師、特別裁判所の裁判官などさまざまな職を経験した。劇作家の権利を守るために運動しただけではなく、王妃マリー・アントワネットの誹謗文書の刊行を阻止する秘密の使命を帯びてロンドンに行ったり、奴隷取引に手を出したり、決闘を申し込まれて相手を傷つけて投獄されたこともあった。フランス革命が起きると、革命政府に必要な小銃を入手するためにオランダにとんだりして、波乱万丈の生涯を送っている。一七八一年には、八万五〇〇〇フランで貴族の地位を手に入れており、投機の才覚があって、晩年にはフランス有数の資産家として宮殿のような家に住んでいた。下男フィガロを主人公にした「セビリアの理髪師」と「フィガロの結婚」は、パリの市民のみならず、劇中で皮肉られているはずの貴族にも人気があった。貴賤を問わず、多くの人々がフィガロを見るために劇場に押し掛けた。切符を手に入れることができなかった人は、劇場の周りを取り巻いて帰ろうとしなかった。

「見に行こうだって！　簡単に言ってくれるね。だれもが興奮していて、劇場の入口にはパリ中の人間が押しかけている有様さ。ぼくはフィガロの切符を二枚もっているが、きっと席はもうないと思うね。私たちは駆けていった。しかし、彼の言ったことは正しかった。大入り満員で、切符をもっていながら席につくことができないのだった。[*3]」

マルセル・カルネ監督の名画「天井桟敷の人々」には、パリの通称犯罪大通りにおける芝居小屋の賑わいが描かれている。この映画の舞台は一八二〇年代末から三〇年代にかけてであるが、酒瓶片手に野次を飛ばし笑い転げる三階立見席の労働者、平土間で静かに観劇するブルジョワ、ボックス席で着飾って乙にすました貴族、これらはそのままボーマルシェが活躍した一八世紀末にタイム・スリップすることができそうである。大きな花輪をもってお目当ての女優を楽屋に訪ねる貴族、それを素っ気なくあしらう女優、恋文の代筆をなりわいとしている文士のなりそこないの無頼漢など、この映画はボーマルシェの時代を彷彿とさせてくれる。「フィガロの結婚」は一七七八年に完成してから三年目にコメディ・フランセーズに納入されたが、ルイ一六世によって上演が禁止された。このため、ボーマルシェは四日間バスティーユ監獄に投獄されている。「フィガロの結婚」が初演されたのは六年後のことであった。ボーマルシェの晩年はパリの劇場との著作者の関係を正常化し、地方の劇場の支配人に著作権を理解させるために間断なく戦いつづけられた。パリのチュイルリー庭園にある彼の彫像には、「私の一生は闘いの連続であった」と刻まれている。ボーマルシェは、コメディ・フランセーズとの闘いについて多くのメモを残している。そのうちの一つを引用しておく。

「劇場のロビーでは、名誉を主張することに誇りをもつべき著作者が、つまらぬ利益にこだわって、訴訟に関与しているのは上品なことであるとはいえないと噂している。なるほど、名誉というものは魅力的なものである。しかし、たった一年間名誉を享有するのにも、三六五回の夕食をとらなければならないことについては忘れられている。軍人や裁判官がその職業について立派な報酬を受けているのに、詩の女神であるミューズが、パン屋からパンを買うのにきゅうきゅうとしておりながら、コメディアンとの交渉をなおざりにすることができるであろうか？」[*4]

法務大臣の通達

一八〇〇年、ナポレオンは劇場の組織の見直しをおこない、劇場の取り締りを強化した。地方では、県知事が取り締りを実施した。以後、著作者たちは県知事にあてて多くの陳情書を提出している。内務大臣の要請にもとづいて、法務大臣が各地の訴追官、陪審団の長、刑事軽罪裁判所における行政府の委員、治安裁判所の判事にあてた通達（一七九九年一二月二九日）[*5]が残っている。かなり美文調であるが、当時の政府の意気込みがうかがえるので、掲載しておく。

市民諸君！　政府は、法の実施を監視することを任務としているが、文学的所有権が公然と冒瀆されており、破廉恥な人間の集団がいて、優れた著作物を横取りし、所有権者たちが夜を徹してあるいは各地を放浪してあるいは勇敢にも危険に立ち向かって獲得した果実と国家をあげて感謝するに値する事業に注ぎ込んできた投資を剝奪しているという情報を得ている。これらの略奪者たちは、貧窮に陥った著作者の門前で、印刷した著作物を売りさばき、この不遜な商売の利潤を分かちあうよう客に呼びかけている。内務大臣は法務大臣にこの件を取り締まるよう要請してきた。法務大臣は、刑事警察官とくにリヨン、ボルドー、マルセイユ、ツールーズにおける警察官が、無頓着あるいは法の誤った解釈によって、犯罪構成事実の差し押さえを求める著作者とその正式の代理人の要請に対して、所轄の官庁に手をかすことを拒絶している事実があることを確認している。

共和国の役人は、文学の所有権は他の所有権よりも神聖ではないとみなしているものと思われる。フランス語がヨーロッパの他の言語よりも卓越していることは疑いのないところであるが、それは主として、学者と演劇の著作者とすべての文筆家に負っている。すべての国民をして芸術、趣味、才能、名誉を享受せしめているのは彼らの力によるものである。良識かつ寛大な自由の原則ならびに規範がわれわれの国境と活動範囲をこえて広まっていくのは彼らをとおしてである。政府は、精神的著作物の所有権にもっとも恒常的な保護を与えることを厳粛に約束し、文芸における山賊行為を他の領域における山賊行為と同様に、消滅せしめることを断固決意していることを宣言する。

市民諸君！　法務大臣は、演劇の所有権の偽造者、剽窃者の追及、追跡、糾弾において踏むべき手続きをすべて諸君に明示することにする。諸君は、天才と才能あるものを犠牲にして利潤をあげている商売、お互いに必要としない商売の残滓物を根絶するために、政府に一致協力して、政府を援助しなければならない。このような商売は、不純で、労少なくして、これまでのところ危険を犯すことなく、無知と不誠実によって巨万の富を得ようがために、フランスの名における名誉、現代の人々と後世の人々を破滅させ、絶望させるものである。

繁栄と友愛の久しからんことを

法務大臣　ランブレヒト

SACDの創設

一八〇六年六月八日法によって、ナポレオンは劇場の自由に終止符を打ち、劇場に特権認可状を付与する制度を復活させた。パリの劇場は八軒を除いて、すべて閉鎖されてしまった。そのうちの四軒はオペラ座、テアトル・フランセ座、オペラ・コミック座、オデオン座の国立劇場で、あとの四軒は私営の劇場であった。これらの劇場で上演することのできるレパートリーは限定されてしまい、ミュージカルはボードビル座、寸劇はバリエテ座、笑劇と道化芝居はゲテ座、メロドラマはアンビギュ座が上演することができた。検閲制度も復活されたが、それぞれの劇場は大入り満員であった。著作者と劇場との間の契約自由の原則は保持され、著作者と興行者は、著作者の報酬について自由に交渉することができることが確認された。

このころ、フィエット・ロロの事務所の代表者はソバンに代わっていた。著作者五人から構成される委員会が設置され、事務所を直接監督することになった。五人の委員は六カ月ごとに一人ずつ交替することになっていた。委員会は、監査人として事務所に提出される書類の写しを受け取り、毎月、抜き取り調査によって照合する役目を負っていた。監査人に提出される書類の包みは、委員会の席上で開封しなければならなかった。著作者にアドバンスを支払うことが禁止された。外国にも徴収網が拡大された。外国の一九四の都市に代理人が配置された。そのうちの一二はベルギーであった。トリール、マインツ、ケルン、トリノ、ジェノバ、エジプトのアレクサンドリアにも代理人が配置された。ジュネーブには、ソバンの事務所とフラムリの事務所の代理人が配置されていた。代理人の手数料は五パーセントと入場券二枚であった。一八一二年一〇月一五日、モスクワに遠征していたナポレオンは、有名な「モスクワの勅令」によって、コメディ・フランセーズを国が管理するシステムを強化した。第一帝政の没落によって、代理人の配置はフランス国内の一四五の都市に縮小された。戦争と経済不況の影響を考慮して、委員会は料金表の値下げに同意した。しかし、一八一四年八月二〇日の総会（代表者はソバンからリショムに代わった）の議事録には、次のように記録されている。

「料金表の値下げに至った事由、フランスが直面している忌わしい状況は、王家オーギュスト一族の復帰によって中断され、幸福と平和がもたらされ、商業の復興と拡大がみられるようになった。[*2]」

この結果、料金表は増額された。一八一五年の事務所の徴収額は次のとおりであった。

一月	一万〇六四七・五五フラン
二月	六六八〇・三五
三月	五六八〇・二三
四月	七三八七・九五
五月	六八一七・二四
六月	三二九五・〇八
七月	二九七八・三一
八月	五六〇六・〇九
九月	四四五四・二五
一〇月	五六三三・三三
一一月	五二三三・七五
一二月	六二九二・二八
合計	七万〇七〇六・四一フラン

六月と七月に徴収額が落ち込んでいるのは、六月一八日のワーテルローの戦いの影響による

ものである。戦争が終り平和が回復するとともに、徴収が強化された。一八一六年の徴収額は七万五二一三・六三フラン、一八一九年は七万九四一八・九四フランであった。一八二〇年には、六万九八一六・八〇フランに落ち込んだ。これは年間ほぼ八〇〇〇フランの収入があった人気作家ダレラックの著作物が公有財産に帰属してしまったことと王位継承者のベリー公爵が暗殺されたために、フランス中の劇場が喪に服して閉鎖されたことによるものであった。また、一流劇場の多くが破産状態になったことによっても影響を受けた。

二つの事務所

二つの代理人の事務所は別々に運営されていたが、両者の運営方針を調和させる必要が生じたときには、しばしば合同の会合が開催された。あるいは共通の利益に関連する問題が生じたときは、両者が協力して対処した。たとえば、一八二〇年九月二八日には、バリエテ座で著作者の切符の横領事件が生じたとき、両事務所は抗議文書に連署している。このような二つの事務所の協力では十分ではなくなったので、スクリーブとピクセレクールの決断によって既存の組織が改革され、一八二九年三月七日に新しい協会、「劇作家作曲家協会」Société des Auteurs et Compositeurs Dramatiques（ＳＡＣＤ）が設立された。新しい協会が創設されると、パリの劇場は一斉に反発の姿勢を示した。劇場側は、協会員の取り崩しをはかった。協会員は、劇場の台本審査委員会に台本を送付したり、抵抗している四つの劇場と勝手に交渉したりすることが禁止された。違反者には六〇〇〇フランの罰金が科せられた。この種の行為は著作者全体の権益を損ない、協会そのものの存続にかかわることなので、いまでもＳＡＣＤの定款において禁止されている。

七月革命と二月革命

一八三〇年、七月革命によってルイ・フィリップが即位して、七月王政が実現した。八月一六日の委員会で、ルイ・フィリップを敬意訪問することが提案されたが、投票の結果、否決された。一八四八年、二月革命によってルイ・フィリップは退位し、ルイ・ナポレオンが大統領に就任して第二共和政になった。三月五日の臨時総会で、著作者として第二共和政の支持を表明することが決議された。一〇〇名以上の著作者たちは、アカデミアンのルブラン会長を先頭にして、臨時総会の会場のオテル・ド・ビルを出発した。彼らを出迎えたのは臨時政府の大臣クレミューであった。ルブラン会長は大声で宣言した。

「臨時政府の市民諸君！　ＳＡＣＤは、一八二九年に創設されて以来、『団結と自由』をスローガンにしておりますが、本日、その証拠をおみせするために、また共和国臨時政府に協力することを表明するために参上しました。」

クレミュー大臣は、

「みなさんの作品、みなさんの歌が力強く自由を守り、偉大で麗しいわが祖国を守るためによみがえることを期待します」と答えた。[2]
次の総会で、ビクトル・ユゴーが会長に選出された。

一八五〇年四月二七日法

一八五〇年四月二七日法が制定され、コメディ・フランセーズに関するそれまでの規則はすべて無効であるとみなされてしまった。テアトル・フランセの収入における著作者の取分は次のように規定された。一、収入から施療院税を控除した後、経費として三分の一を控除する。二、以上の二つを控除した残額について、四幕物または五幕物の場合は八分の一、三幕物の場合は一二分の一、一幕物または二幕物の場合は一六分の一を著作者の取分とする。第七二条は、「ただし、著作者とコメディアンは、任意に別個の取決めをおこなうことができる」と付け加えて規定されていた。しかし、著作者とコメディ・フランセーズとの間で特別な取り決めがおこなわれるのはまれであった。コメディ・フランセーズにおける基準はモリエールでありコルネイユでありラシーヌであったので、著作者が特別な行動に出ることはめったになかったからである。著作者が受け取る奨励金や入場券の枚数について特別な取り決めがおこなわれたことはあったが、使用料そのものを変更するものではなかった。使用料は、総収入から換算すると、四幕物または五幕物の場合は七・五七パーセント、三幕物の場合は五・〇五パーセント、一幕物または二幕物の場合は三・七八パーセントであった。この料率は、オデオン座、ボードビル座、ジムナーズ座の特別契約の料率と比較すると、はるかに低かった。このため、著作者たちはコメディ・フランセーズよりも民間の劇場に台本を持ち込むことが多くなり、コメディ・フランセーズは著作者の離反を嘆くようになった。

ロックロワの調査

SACDの会長ロックロワは、コメディ・フランセーズと民間の劇場が支払っている使用料に関して、国務大臣から事情聴取を受けた。ロックロワは、前年度に大ヒットした「セグリエール嬢」「フィアミナ」(以上テアトル・フランセ上演)、「花流界」(ジムナーズ座上演)「椿姫」(ボードビル座上演)の四つの劇について著作者に支払われた使用料の総額を比較してみせた。最初の連続上演の場合には、ジムナーズ座とボードビル座における使用料のほうがテアトル・フランセ(コメディ・フランセーズ)における使用料よりもはるかに多かった。同じ劇を再演する回数もテアトル・フランセのほうが少なかった。ロックロワは次のように述べている。

「著作者がコメディ・フランセーズにいかに敬意を表したにしても、コメディ・フランセーズの要求は厳しく、支払いは少ない。コメディ・フランセーズは、公演する場合、過去の作品には寛大で礼儀正しいにもかかわらず、新しい作品には気難しく反感をもっている。コメディ・フランセーズは、新しい作品を長い年月によって洗練されている傑作と対比することによって、過去の偉大なる名誉を尺度にして厳しく批判している。幸運にして、新しい作品の著作者がこの批判に耐えることができ、過去の傑作との比較を乗り越えることができたとしても、また、モリエールがいうところの『笑わせることが至難のわざである生真面目な紳士』に気に入られたにしても、テアトル・フランセは、その見返りとして、その作品をわずかな報酬で週に三回しかマチネーで上演してくれず、夜の部での上演はもっと少なく、めったに再演してはくれない。[*6]」

調査委員会の勧告

この報告に不安を抱いた国務大臣は、詳しい事情を調査するために委員会を設置した。委員会は、六カ月間の検討の後、一八五九年九月二〇日報告書を提出した。報告書はコメディ・フランセーズの現状について、次のように分析している。

「テアトル・フランセはかつてないほど隆盛し、財政的に豊かになっている。ラッシェル嬢が亡くなっても、観客には影響がない。古典芸術は古典芸術の遺産を継承し、喜劇は悲劇の後継者となっている。[*6]」

コメディ・フランセーズの支配人は、著作者にかなり低い条件を押し付けることを正当化しようと必死であった。

「テアトル・フランセは、一時的な投機や急場しのぎで上演しているわけではなく、詩人の名誉のため、抱えている俳優のために上演している。ジムナーズ座やボードビル座は、三つか四つの有名な劇だけを数年間しか上演しないが、テアトル・フランセは、現代文学の息の長い著作物を三〇年来上演して、永久的な保証を与えている。[*6]」

上演する台本をたえず変更しているという反発に関しては、支配人は、テアトル・フランセは数人の選ばれた作家のものではなく、演劇界全体のものであると弁明した。

「テアトル・フランセは、たった一人の著作者のために三カ月も連続して上演するわけにはいかない。新しい作品も古い作品も同じように上演し、若い世代を教育するために古典を上演しなければならない。生存する作家のためにだけ奉仕することはできず、生存する作家は、彼らに支払われるもの、彼らがしなかったこと以上のことを要求することは許されない。[*6]」

コメディ・フランセーズの支配人によると、使用料の金額そのものは、民間の劇場と比較してかならずしも低いわけではないということであった。たとえば、五幕物の場合、ジムナーズ座は一二パーセントを支払い、テアトル・フランセは七・五パーセントを支払っているので、テアトル・フランセのほうが四・五パーセント低いと思われるかもしれない。しかし、ジムナーズ座やボードビル座の場合、一二パーセントの使用料は総額として固定しており、複数の劇が上演されたときには、複数の著作者の間で一二パーセントが配分されている。一方、テアトル・フランセの使用料の総額は固定しておらず、上演される劇の数には関係なく、それぞれの著作者につねに七・五パーセントを支払っている。テアトル・フランセで複数の劇が上演されたとき、そのうちの一つが人気がなくても、他の人気のある劇と同じ使用料が支払われ減額されることはない。ジムナーズ座の場合は、たとえば五幕物が全体の二分の一あるいは四分の一であれば、その比率によって一二パーセントの使用料は減額される。両者の均衡は取れており、テアトル・フランセは著作者に対して吝嗇ではないというのが、テアトル・フランセの支配人の主張であった。テアトル・フランセの場合、興行によっては著作権使用料が最高二五パーセントに達することもありうるということであった。

調査委員会は、興行全体を構成する台本の著作者の間で分配する数字の合計を定めて、一作品が上演されるときはその全部、数作品が上演されるときは関係する数人の著作者の間で分配すべきであると勧告した。委員会の勧告にもとづき、一八五九年一一月一九日法によって、テアトル・フランセが著作者に支払う著作権使用料は、総収入から一五パーセントの施療院税を控除した後の金額の一五パーセントとすることが定められた。上演する劇が複数の場合には、按分して支払われる。按分の仕方は、興行によって二一通りの組合わせが規定された。この方式によって、著作者がテアトル・フランセから受け取る使用料は年間ほぼ三分の一増えることになった。このときの法令の趣旨は、二〇世紀のいまでも適用されている。著作者たちは、テアトル・フランセの支配人の次のようなよびかけに応えて、ふたたびコメディ・フランセーズの職場に戻るようになった。

「劇作家のみなさんは、かつて『老人学校』や『ルイ一一世』の著作者たちが得ることができなかったような著作物の報酬をテアトル・フランセにおいて受け取ることができるようになりました。テアトル・フランセが成功することは、国家に対するのと同様な名誉を著作者に与え、喝采を受ける詩人に国家の最高の報酬をもたらすことになります。[*6]」

グランド・ライトとスモール・ライト

ＳＡＣＤは、一八五一年二月一八日に創設された「音楽作詞者作曲者出版者協会」（ＳＡＣＥＭ）と区別するため、「ラ・グランド・ダーム（貴婦人）」と呼ばれるようになった。ＳＡＣＥＭがシャンソンのような短編の音楽を管理しているのに対して、ＳＡＣＤはオペラのような大作を管理しているためであった。前者が管理している権利を「スモール・ライト」、後者が管理している権利を「グランド・ライト」といわれるようになったのはこのためである。

一八五八年法によって、いまやパリの劇場との関係は正常になっていた。地方の劇場でも、収入に対するパーセンテージ方式によって使用料が支払われていた。国境をこえて、徴収網を拡大する時期が到来してきた。ＳＡＣＤは、外務省に働きかけ強硬な外交活動を展開した。ポルトガル、オランダ、ロシア、英国、スペイン、ベルギー、イタリア、スウェーデン、デンマーク、ドイツ、スイス、ギリシャと著作権の保護に関する条約が締結された。しかし、条約は締結されても、その多くは名目的な保護を保証するものにすぎなかった。たとえば、英国との条約は、「善意の」模倣を認めていた。反面、著作者に課せられた方式を履行する義務は多様で複雑であり、そのすべてを遵守することはほとんど不可能であった。著作者の義務を免除したのはローマ教皇庁だけであった。もっとも、フランスの劇が教皇庁の地域で上演されることはまれであったから、実益はあまりなかった。一八七一年の総会で、パリ・コミューンの叛乱を支持した著作者の除名を要求する動議が提出された。ビクトル・ユゴーもその一人であった。ユゴーは、一八四八年に会長に選出され、国民的英雄であったのに、今度は除名されようとしていた。時の流れの変化は急激であった。しかし、動議は採択されなかった。

「文芸の団体において政治的評価をおこなうことを認められない。」（トゥルト）[*2]

その代わり、後に、トリスタン・ベルナールがＳＡＣＤと契約していないアテネ座に「トリップル・パット」の上演を認めたとき、一五七票対一六六票で除名された。ベルナールは、復権するために、六〇〇〇フランの罰金を支払わなければならなかった。

新しい試練

その後の協会の業務は平穏無事であった。しかし、一九〇一年になると、パリの三つの大劇場が金融機関によって買収されてしまった。新しい経営者は、ロンドンやニューヨークがそうであったように、上演使用料を自由に定めようとした。一九〇三年一一月三日、ブッフェ・パリジャン座の支配人は交渉を拒絶するために、ＳＡＣＤを告発した。ＳＡＣＤはあらゆる非難を受けた。いわく、ＳＡＣＤは職業の自由を拘束している。会員は「自分の意思」でＳＡＣＤに入会しているのではなく、「強制的に」入会させられている。委員会は数人の実力者に牛耳られており、彼らは弱者に規則を強制している、云々。この激しい攻撃は弁護士ミルランによるものであった。ミルランは「ＳＡＣＤは才能あるものを枯渇させ、演劇を衰退させている」と極論した。劇場の支配人たちの攻撃は強硬だったので、かなりの数の著作者が協会を離脱してしまった。ＳＡＣＤはポアンカレに応援を求めた。ポアンカレは、劇場の支配人たちの告発に逐一対応して、協会創立の精神すなわちボーマルシェの精神そのものに遡り、協会の独占は正当かつ合法的なものであり、演劇にたずさわる著作者の保護のために必要な条件であることを喚起した。ブロッシュ検事は次のように述べている。

「ＳＡＣＤの性格を明確に理解してもらわなければならない。ＳＡＣＤは契約の自由という崇高な原則にもとづいて、演劇にたずさわる著作者の権利を擁護するために設立されたものである。SACDの存立はこのためによる。劇場の支配人が業務の遂行にあたって支障を感じるにしても、SACDがその職業的権益を擁護しその権利を保持するために行動するときに団結して協調することを非難するいわれはない。[*2]」

SACDはこの戦いに勝った。一九一三年、ポアンカレが大統領に就任したとき、SACDはポアンカレをSACDの司法委員会の名誉委員長に指名して、彼の協力に報いた。

一九一四年、第一次世界大戦が勃発したとき、SACDは著作権使用料を三分の一減額して、劇場の再開を援助した。ロマン・クーリュによれば、「演劇の著作者と作曲者は、祖国に対する最高で至高なる義務として、我らの国民芸術の威信を増大させるために活動してきた[*2]」。かつて一八七一年には、政治的理由による著作者の除名の動議が却下されたことがある。一九一五年になると、状況は変化してしまった。五月一二日の総会で、ドイツ軍隊の名誉を称えた一九一四年一〇月一六日の宣言書に署名したドイツ人の作曲家フルダらは追放されてしまった。

二〇世紀になると、SACDは新らたな挑戦を受けることになる。今度の挑戦は劇場の支配人あるいは政治家や一部の会員によるものではなく、新しい技術による挑戦であった。一九一三年以降、映画による劇場の浸蝕が顕著になった。

「こんなことをいうのは子供じみて空しいことではあるが、映画産業を破滅させなければ

ならない。電気技術を破滅させなければならない。」（ロベール・フレール会長[*2]）

新しい台本によって製作される映画の取り扱いについては、日、週、月単位のいずれかによるパーセンテージまたは定額方式の使用料を適用するために、映画製作者との交渉が開始され、一九七七年に一応の成果を得ることができた。次に出現したのがラジオである。

「いずれは、食事やお茶のときに、どこの家にも劇場を持つことになるであろう。映画のときを思い出そう。」（シャルル・メレ[*2]）

事態は急を要した。一九二四年、受信者が六〇万人に達したとき、最大手の放送局ラジオラと暫定契約が調印された。使用料は、二〇分を超える一幕ごとに一〇〇フラン、二〇分以下のときは五〇フランであった。エッフェル塔放送局、ツールーズとマルセイユの放送局に対して、SACDはレパートリーの使用を禁止した。一九二七年七月三〇日、SACDの提訴にもとづいて、マルセイユ放送局は、マルセイユ軽罪裁判所によって三〇〇〇フランの罰金が科せられた。映画とラジオの次はテレビ、さらには有線テレビ、衛星テレビ、ビデオ、インターネットなど次々に新しい技術が誕生して、著作権に対する永遠の挑戦が始まり、SACDの戦いが続いている。

SACDのながい歴史をふりかえってみると、SACDはその時々の政治の動きと密接に関連していることが分かる。そして、ＳＡＣＤは、その時代の政治と社会の変化につねに適切に対応してきた。著作権を確立するためには、政治の実権を握っている実力者の協力が不可欠であったからである。ＳＡＣＤは、ルイ一六世、ミラボー、ロベスピエール、総裁政府の執政官たち、ナポレオン、ルイ一六世、オルレアン公、第二共和政の大臣たち、ナポレオン三世、ティエール、ポアンカレなどの実力者の協力を得ることがたくみであった。これは創設者のボーマルシェから受け継いだ遺産である。そして、ＳＡＣＤの会員は、趣味、才能、実績、政治思想はまちまちであったが、いかなる場合にも、著作者の権利を確保するために結束してきた。ナポレオンがエルバ島を脱出して復帰したとき、七月革命、二月革命、パリ・コミューンのときパリの巷に暴動が起き大砲がとどろいたときも、そうであった。著作者たちが団結しないで個々の立場にこだわっていたのであれば、著作者の権利は簡単に浸蝕されてしまったであろう。「文学者という種族は、人間としての主要な事柄である出生、名誉、利害の三つのいずれについても共有することができないものであるにもかかわらず、一緒になって共同体を組織することができるなんて信じられない」とデュビュイッソンが述べたのに対して、ボーマルシェは、「共通の目的をもって、個々の争いを停止させなければならない。これはあらゆる国における習いである」と述べている。[*4] デュビュイッソンは「分離」を前提としているが、ボーマルシェは「団結」が必要であると考えていたのである。

第6章　ＳＡＣＤとゴルドーニ

近代演劇の創始者ゴルドーニ

ＳＡＣＤの誕生によって、著作者たちは、どのくらいの使用料の分配を受けていたのであろうか？　ＳＡＣＤのジャック・ボンコンパン氏によると、喜劇作家カルロ・ゴルドーニに関する二〇〇年前の分配明細書がＳＡＣＤの資料室に保管されているそうである。ボンコンパン氏のレポートにもとづいて、そのへんの事情を探ってみたいと思う。

ゴルドーニは、イタリア近代演劇の創始者である。初めは、弁護士であったが、ベネチアのイメール座の座付作者として喜劇を書いていた。それまでのイタリアの劇は俳優が仮面をつけて登場し即興的に演技していたので、劇作家のかげは薄かった。ゴルドーニは、このような従来の即興仮面劇を改革して、俳優から仮面をとりのぞき、近代演劇を確立した。劇作家が重要な役割を演じるようになったのは、ゴルドーニ以降のことである。しかし、ゴルドーニは保守派のねたみと反発を受けたために、イタリアの演劇界に嫌気がさして、一七六二年にパリに移住した。パリでは、コメディ・イタリエンヌのための劇を書いたり、ルイ一六世の王女たちのイタリア語の家庭教師をつとめたりして、死ぬまでパリに定住した。ゴルドーニの作品はオペラになったりして、いまでも上演されている。イタリアの歌劇団や劇団が来日して、上演したこともある。

ゴルドーニは、ボーマルシェによる著作権確立のためのキャンペーンに参加して積極的な役割を果たしたという記録は残っていない。しかし、ボーマルシェらのキャンペーンの枠の外にいたわけではない。一八世紀末のパリでは、演劇にたずさわる作家たちが住んでいる世界は狭かったので、ボーマルシェのキャンペーンにはすべての著作者が巻き込まれていたと考えられるからである。ゴルドーニにも当然、情報が入っていたであろうし、さまざまな討議にも参加していたことはたしかである。ボーマルシェの主宰によって、一七七七年七月三日の夜、演劇法立法促進事務局が創設されたとき、創設者の名簿にはゴルドーニの名前は記されていない。しかし、手作りの新聞「英国秘密情報」はゴルドーニを創設者の一人に数え、彼が自分の権益のためにキャンペーンに参加したとみなして、「ゴルドーニは金のために発言した」と述べている。ゴルドーニは、仲間たちと同じように、経済的に恵まれていたわけではなかったが、金銭に対する執着心がとくに強かったわけではなかった。ただ、著作物の利用について正当な報酬を受け、著作者の立場が尊敬されることを期待したにすぎない。同じころ、モーツァルトは、年金の首かせを断ち切って、著作物の収入によって生活することを希望していたが、著作権使用料に代わるものとして腕時計ばかりもらって、いたずらにコレクションを増やしていたにすぎなかった。

ゴルドーニの「回想録」によると、彼はおとなしい人物であったようである。争いを好まず、先頭に立ってコメディ・フランセーズとことをかまえる性格ではなかった。彼はコメディ・フランセーズにしばしば出入りしていたが、ブールバール通りを散策するときも、他の劇作家仲間たちとは距離をおいていた。コメディ・フランセーズの楽屋に暖をとりに来たが、なにも言わずに、コメディ・フランセーズの小僧がもってきてくれた毛布をあてて、暖炉のそばで震えていた。演劇法立法促進事務局がコメディ・フランセーズの特権認可状の廃止、劇場の自由と演劇の作品の所有権の確立を要求したとき、ゴルドーニは自分の意見を明らかにしなかった。しかし、一七九一年、劇場から著作権使用料を徴収するための事務所が設立されたとき、ゴルドーニはパリと地方における劇場に関する権利を委任した。

パリの劇場に関する帳簿

フランス革命のときの徴収事務所の帳簿が四冊残っている。二冊はパリの劇場に関するもので、二冊は地方の劇場に関するものである。この帳簿によって、ゴルドーニのレパートリーがどのように使用されていたか、いくら使用料が徴収されてゴルドーニの未亡人に支払われたかについてかなり正確に知ることができる。このころ、ゴルドーニはすでに亡くなっていたので、彼自身は著作権の恩恵に浴することはなかった。

第一の帳簿の題名は、「共和歴四年花月一日（一七九六年四月二〇日）から始まる期間の作家計算書」である。帳簿には、パリでおこなわれた劇の上演についての使用料の明細が記されている。通常、作家には毎月一五日に使用料が支払われていた。支払いにはフラムリが直接立ち会うこともあったが、多くの場合は、ルルという名の事務員が代行した。支払いの都度、ゴルドーニ未亡人が受け取りの署名をしている。支払いは、一部が硬貨で、一部がアッシニア紙幣によっておこなわれた。支払いの明細は次のとおりである。

共和暦四年	硬貨	アッシニア紙幣
花月一八日	一一・一八S	一〇二九・七S
牧月一五日	—	五五六・一五S
収穫月二二日	二五	五四二
	二二・三S	
熱月一七日	二五	二七〇
	二二・三S	
実月一六日	五〇	九二九
	一〇・一五S	

金額の単位は「リーブル」、Sは「スー」を示している。一リーブルは二〇スーである。アッシニア紙幣というのは、革命によって没収された聖職者の財産を担保として発行された不換紙幣である。ちなみに、当時の労働者の年収は一〇〇ないし三〇〇リーブルにすぎなかったことからみると、ゴルドーニ未亡人は相当高額な使用料の分配を受けていたことがわかる。

二番目の帳簿の題名は「創立六年目、一七九六年から一七九七年までのパリの劇場に関する作家計算書」となっている。この期間は、一七九一年一月一三日法が採択された直後に、徴収事務所が設立されてから六年目であった。この帳簿によると、パリの劇場に関する事務所の手数料は二パーセントであった。この率はぎりぎりの数字であった。これ以上手数料を上げると、著作者たちは事務所に権利を委任することを止めてしまったであろうからである。著作者たちのほとんどはパリに住んでいたので、劇場と直接交渉するのは容易であった。そのかわり、地方の劇場については、手数料を高くすることができた。著作者たちはみずから地方に出向いて、劇場と直接交渉することはできなかったからである。モリエール劇場（マルタン通り）におけるゴルドーニの喜劇「陽気な気難し屋」の使用料は次のとおりであった。

共和歴	硬貨	アッシニア紙幣
七年花月二三日	一二・一一C	一一・四〇C
八年葡萄月四日	一二	一一・四〇C
合計		二二・八〇C

ゴルドーニ未亡人の領収書には、次のように記されている。「モリエール劇場における共和歴七年花月二三日の上演分と共和歴八年葡萄月四日の上演分の使用料として、二二フランと八〇サンチームを受け取りました」。ここでの貨幣単位はフランとサンチーム（C）になっているが、フランとリーブルは呼び方が違っても、価値は同じである。一フランは一〇〇サンチームである。

地方の劇場に関する帳簿

地方劇場の計算書によって、さらに詳しい情報を知ることができる。フラムリは、着任すると同時に、劇場が恒常的に開場している都市に連絡員を配置した。連絡員は最初、演劇の好きなものが無給で働いていた。しかし、徴収は順調ではなかった。地方の劇場の支配人は使用料の支払いには応じようとはしなかった。一七九二年の復活祭の総会で、連絡員は地方代理人に昇格して、徴収した使用料をパリに送金する前に、五パーセントの手数料を控除することが認められた。フラムリの手数料は従前どおり一〇パーセントであった。フラムリは自分の手数料の一部を地方代理人に支払うことにしたのである。

使用料の分配は毎月一五日におこなわれた。当時は、著作者やその権利所有者は直接事務所に出向いて、計算書を確認し領収書に署名して、硬貨ないしはアッシニア紙幣によって使用料を受け取っていた。一番目の帳簿はフォリオ版五九六ページからなる頑丈な帳面であり、緑色の皮の表紙がついており、次のように記載されていた。「共和歴二年実月から三年熱月（一七九四年八月から一七九五年七月まで）までの劇場からの明細書」。この帳簿は、会員のためのテーブルの上に開かれていた。著作者の計算書はアルファベット順に作成され、月別、上演作品のタイトル別、日付、劇場、上演場所、地方代理人から送金された使用料の金額が記載されていた。著作者の目の前でフラムリが金額を集計し、手数料を控除して、支払い金額を算出した。

　ゴルドーニGoldoniの名前はGoldonyという綴りで、二四五ページと二四六ページに記載されている。上演された作品は「陽気な気難し屋」だけである。フランス語で書かれた二番目の作品として「贅沢な守銭奴」があったが、記載されていない。徴収金額は七一四フランで、ゴルドーニの順位は一一一人の会員のうち五三番目である。前後に、フィリドールと演劇法立法促進事務局の創設者の一人であったロッション・ド・シャバンヌがいた。トップはグレトリーで七八〇三フラン、スデーヌは五番目、ボーマルシェは一九番目で一七四一フランであった。ボーマルシェの作品のうちでもっとも上演されたのは「セビリアの理髪師」で、上演回数は七四回であった。フラムリは代理人であったが劇作家でもあり、二五番目であった。共和歴の考案者であるファーブル・デグランチーヌは「書簡によるたくらみ」で八六番目であった。アルニーは分配額ゼロであった。「陽気な気難し屋」は一七七一年に、フランスの俳優のためにフランス語で書かれたものであった。当時の風潮にしたがったお涙頂戴の劇であったが、結構な金額の分配を受けている。上演回数は七九回で、「セビリアの理髪師」の七四回をしのいでいる。「陽気な気難し屋」が上演された場所は次のとおりである。この劇が各地で上演され、事務所が全国的に徴収網を張り巡らしていたことがわかる。アミアン（三回）、ボルドー（四回、うち二回は共和国劇場）、ブレスト（五回）、カーン（三回）、ドゥーエ（三回）、ダンケルク（一回）、グルノーブル（一回）、ラオン（二回）、ラ・ロシェル（三回）、リーブルビーユ（二回）、リール（三回）、リヨン（三回）、マルセイユ（八回、うち二回は共和国劇場、二回はテアトル・

ブルータス）、メッス（五回）、ナント（四回、うち三回は共和国劇場）、オルレアン（二回）、レンヌ（一回）、ロシュフォール（一回）、ルーアン（七回、うち二回はテアトル・カブ）、スダン（七回）、ストラスブール（六回）、ツーロン（六回）、ツールーズ（一回）、ツール（三回、うち二回はテアトル・エガリテで五リーブル、一回は共和国劇場で五リーブル）。

劇場ごとの使用料の金額は二〇リーブルからゼロの間であり、上演ごとの徴収額の平均は九フランであった。劇場ごとの使用料は次のとおりであった。

共和国劇場（ボルドー）	二〇リーブル
テアトル・カブ（ルーアン）	一七リーブル
共和国劇場（マルセイユ）	一五リーブル
ストラスブール	九リーブル
ラ・ロシェル	四リーブル
ツール	五リーブル
ラオン	二リーブル
ドゥーエ、リーブルビーユ	ゼロ

ドゥーエの欄の余白には「請求中」と記載されているが、実際には徴収することはできなかったようである。

二番目の計算書は共和歴三年実月から四年芽月までの期間のものである。一七九五年八月から九六年三月までに該当する。この時期、徴収額が急激に伸びている。前年度の計算書が著作者一一一人分八万九九三四リーブルに対して、著作者一二七人分二三万七七六四リーブルとなっている。この結果、ゴルドーニのレパートリーすなわち「陽気な気難し屋」の使用料も、前期の四二八フランに対して一〇七三フランと倍増している。しかし、ゴルドーニの順位はあまり変わらず、五三番であった。上位にアルマン・シャルマーニュ（一一六七フラン）がおり、下位にはボーヌヴワール（一〇五一フラン）がいた。ロション・ド・シャバンヌとフィリドールはゴルドーニを追い越し、四五番と四七番であった。他の著作者では、グレトリーは一万九八一〇フランで依然としてトップであったが、スデーヌは三つ順位が下がって八番に後退して、六五二〇フラン、ボーマルシェは一四番に上昇し四六二九フランであった。「罪ある母」は「セビリヤの理髪師」よりも分配が多かった。ラッサルの「罪ある人」はあいにく三リーブルで最下位であった。

前述の都市以外では、「陽気な気難し屋」が上演されたのは次のとおりである。アラス（二回、各五リーブル）、バイヨンヌ（三回）、ブラッセル（一回、四リーブル）、ロリアン（一回、三〇リーブル）、ペルピニャン（一回、八リーブル）

この期間の使用料は、総額で六六・五四パーセントアップしている。劇場ごとの徴収金額の平均も増えた。上演回数は七九回から五三回に減ったが、上演ごとの使用料は九・〇三リーブルから二〇・二四リーブルに上昇した。劇場の収入が上昇したのは、恐怖政治が終了して、世間が落ち着いてきたことによるものであった。事実、劇場ごとの使用料は、次のように前期には考えられないような水準に達していた。リール（一回、一五四リーブル）、マルセイユ（一回、四八リーブル）、ダンケルク（一回、一八リーブル）

リールの使用料が異常に高いのはなぜか？　上演された霜月一八日にはなにか特別な事情があったのか、同じ日にくりかえし上演されたのか、特別に広い場所で上演されたのか、あるいは、入場料が高かったのか？　この数字は異常であるが、理由は不明である。

ゴルドーニの晩年

ゴルドーニは、パリに移住した一七六〇年代以降、王女たちのイタリア語の家庭教師として給与を受けながら、フランス演劇の復興に貢献してきた。しかし、その給与もフランス革命によって打ち切られてしまった。そのとき、彼はすでに八〇才を過ぎており、盲目同然であった。一七九三年、ゴルドーニは貧困のうちに亡くなった。友人たちの奔走によって、四〇〇〇リーブルの年金の復活が議会によって承認された。彼のもとにその知らせが届いたのは、皮肉なことに彼が死んだ翌日であった。ゴルドーニがもっと長生きしたら、年金に依存している作家の立場から脱却して、著作権使用料によって生活することができたであろう。ゴルドーニ自身は新しい著作権制度の恩典に浴することはできなかった。しかし、彼の未亡人は毎月一五日になると、使用料の分配を受け取るために、いそいそと事務所に出かけていった。

一七九一年一月一三―一九日法は著作者の遺族が享受できる著作権の保護期間を五年間に限定していた。この期間はあまりに短すぎたために、一七九八年四月二七日法によって、著作者の死後一〇年間に延長された。ゴルドーニは一七九三年一月八日に亡くなっているので、遺族はこの法律の恩恵を受けることはできなかった。一八〇一年、ミラノの法令によってゴルドーニの母国イタリアにフランス法が導入されたときもそうであった。ゴルドーニが亡くなった時期は著作権の保護期間延長の法改正の谷間に位置していたために、ゴルドーニの未亡人が著作権の恩恵に浴することができたのは、ゴルドーニの死後わずか五年間にしかすぎなかった。

第7章　一九世紀における法改正運動

第一節　立法委員会

フランス革命時代の法令

フランス革命のときに制定された一七九一年一月一三―一九日法と一七九三年七月一九―二四日法は、著作者の権利に関する原則を簡単に述べたものにすぎず、総合法といえるものではなかった。フランスに総合的な著作権法が初めて登場するのは、フランス革命から一世紀半以上も経過した一九五七年三月一一日法によってである。フランス革命のときに制定されたこの二つの法令は、断片的な法律によって何回かにわたって補足されてきたものの、一九五七年法が制定されるまでの一六〇年以上にわたって、フランスの著作権制度を統治してきた。この間、フランスの周辺諸国は、著作権に関する詳細な総合法を整備しつつあったし、一八八六年九月九日にベルヌ条約が制定されたとき、フランスはもっとも熱心な推進者であった。フランスは、著作者の権利の保護のパイオニアとして自他ともに許していながら、一九五七年法が制定されるまで、ほとんどの著作権問題を処理するよりどころにしてきたのは、フランス革命時代に制定されたこの二つの簡単な法令であった。これはまことに驚くべきことで、なにかというと法律の条文に頼りがちなわれわれ日本人からみるとほとんど神話的なことであるといわなければならない。

一九世紀をとおして、著作権法を改正しようという動きがなかったわけではない。むしろフランス政府は法改正に意欲的で、一八二五年、三六年、三九年、四一年に立法委員会を設置して法案の作成を委嘱したが、いずれも挫折して成果を得ることができなかった。その後、五四年と六一年に設置された委員会によって、ようやくまとまった法案が起草されたが、正式な法律として実を結ばなかった。

一九世紀における法改正運動の関心は、保護期間の延長に集中していたといってよい。一七七七年八月三〇日の裁定によって、ルイ一六世が書籍の販売に関する特権認可状の取得を著作者自身に認めたとき、その権利は相続人によって永久継承することができた。しかし、一七九三年法によって、出版権の保護期間は著作者の死後一〇年間に限定されてしまった。一九世紀の著作者の間には、一七七七年の裁定の思想にもとづいて、著作権の保護期間を土地や家屋の所有権と同じように、永久にしてもらいたいという願望が根強く残っていた。一九世紀における著作権に関する法改正運動が保護期間を中心に展開していったのはこのためである。ここでは、保護期間にポイントをおいて、法改正運動がどのようにおこなわれていったかについて述べてみたい。

立法委員会の設置

一九世紀のフランスは第一帝政によるナポレオンの皇帝就任と没落によって始まる。一七九九年、クーデターによって統領政府の第一統領となったナポレオンは一八〇四年、国民投票によって皇帝となった。しかし、ナポレオンはライプチヒの戦いに敗れて、一八一四年四月六日に退位して、エルバ島に流される。同年五月三日、ルイ一六世の弟であるルイ一八世が亡命先のイギリスから戻って王位についた。第一次王政復古である。一八一五年三月二六日、ナポレオンがエルバ島を脱出し、再度帝位につく。ルイ一八世はベルギーに亡命する。六月一日、ナポレオンはワーテルローの戦いに敗れて、大西洋の孤島セント・ヘレナに流される。ルイ一八世がパリに戻ってふたたび王位につく。第二次王政復古である。一八二四年、ルイ一八世が亡くなると、王党派のアルトワ伯がシャルル一〇世として王位を継承した。

一八一〇年から四四年にかけて、文学的所有権に関するいくつかの立法委員会が設立され、膨大な作業をおこなった。

このような膨大な作業を必要とした理由の一つとして、上演権と出版権によって保護期間が異なっていたことが挙げられる。上演権の保護期間は、一七九一年法によって著作者の死後五年間であったが、演劇の著作物の場合、最高裁刑事部の決定により、一七九三年法を普遍して、著作者の死後一〇年間の保護期間が適用されていた。刑事部は、一七九三年法の立法者は、同法に例示された「あらゆる種類の文書の著作者、音楽の作曲者、彫刻家、画家、図案家」のなかに演劇の著作物の著作者も含まれていると判断した。一方、出版権の保護期間は、一七九三年法によって著作者の死後一〇年間であった。その後、一八一〇年二月五日のナポレオン法によって、婚姻期間中に公表された著作物について、未亡人がいないときは、著作者の権利は著作者の死後二〇年間子孫に帰属する。未亡人または共通財産制にもとづく未亡人は終身著作権を享有することが認められた。未亡人または共通財産制にもとづく未亡人がいないときは、著作者の権利は著作者の死後二〇年間子孫に帰属する。用益権者の未亡人がいるときは、子孫が享受する二〇年間は著作者の死後から計算せず、未亡人の死後から計算される。尊属、傍系親、共通財産制によらない配偶者のような不規則相続人あるいは受遺者しかいないときは、これらの権利承継人の権利は著作者の死後一〇年間存続する。用益権者の未亡人がいるときは、傍系親は、この未亡人が著作者の死後一〇年以内に死亡したときにかぎって権利を所有する。このように、保護期間は複雑であったので、分かりやすくする必要があった。

次に、著作者の権利の保護に関して、立法府と行政府の関心が深く、立法委員会に対する期待が大きかったことが挙げられる。シャルル一〇世とルイ・フィリップは、著作権に関する総合法を制定して保護期間を延長し、著作者の権利を拡大することによって著作活動を奨励することに意欲的であった。

最後に、著作物を利用する産業が活発になってきたことを挙げなければならない。あらゆる分野において、さまざまな事業が試みられた。とくに、書籍商は過去の大作家の著作物の多くを重版していった。一八世紀になると、教育制度の改良によって文盲率が大幅に改善され、読者層が拡大されていたからである。コメディアンの特権認可状が廃止されたために、劇場の数が増え、上演される台本が増加していた。おびただしい量の新作の台本が劇場の支配人とコメディアンに譲渡されていた。このような業界の繁栄に相応して、著作者と著作者の家族の立場を考えざるをえなくなってきたのは当然の成り行きであった。

ラ・ロシュフコー委員会

一八二五年、ラ・ロシュフコー子爵を委員長とする委員会に文芸の権益に関する法案の作成が諮問された。国王シャルル一〇世は、著作者の権益を公衆と企業の権益に調和させることを委員会に要請した。とくに、著作権の保護期間を無限に拡大する必要があるかどうか、つまり、著作物の所有権を田畑や土地の所有権と同一視すべきかどうかについてすみやかに結論を出すことが期待された。

委員会は「このような著作者の特権はかつて存在したことがない。独占権を過大に延長すれば、公衆に多大な犠牲を強制し、著作者の家族に空しい期待を抱かせることになるであろう。著作者は、著作物を発表するにあたって、著作物の出版が著作者の死後において容易におこなわれることを望んでいるのにもかかわらず、そうした著作者自身の意図は裏切られることになるであろう」[*1]と結論した。委員会は著作者の保護期間は延長すべきであるが、期限を設定するのが妥当であり、著作者の死後五〇年間にすれば、著作者の相続人にとって十分であると判断した。これは、著作者とその家族にとってこれまでに議論されたなかでもっとも有利なものであった。

演劇の著作物に関して特別な規定を設定する必要があるという意見が何人かの法律家から述べられた。彼らの意見によると、演劇の著作物は上演と出版という二面性をもっており、出版に関しては他の文書と同じように取り扱うべきであるが、上演に関しては著作者と相続人の権利を拡大する必要があるということであった。その理由は、著作者とその家族の特権は、公衆の権益のためではなく劇場の権益を守るために中断されるべきではないので、保護期間を延長して著作者のすべての子孫が潤うようにするのが正当であるというものであった。しかし、委員会は、演劇の著作物の上演権についても、出版と同様に保護期間を著作者の死後五〇年間に限定して法律の体系を均一にしたほうが好ましいと判断した。一八二五年五月六日、委員会は一五条から構成される法案を採択した。しかし、政府は、委員会の議事録とラ・ロシュフコー子爵の報告書を印刷したにすぎず、委員会の作業は日の目をみなかった。

七月革命

一八三〇年二月二五日、ユゴーの「エルナニ」が上演され、ロマン主義文学の華が開いた。「エルナニ」は、初日に五一三四フランの収入を上げ、四五日間というロング・ランを記録した。興行収入は毎夜四〇〇〇フランを下ることがなかった。ユゴーは、初日の上演の最中に六〇〇〇フランで出版権を売ることができた。そのとき、ユゴー家には五〇フランの現金しかなかったので、ユゴーは大喜びであった。

同年、七月革命が勃発した。このころフランスでは産業革命によって、ブルボン派の土地貴族が政治の表舞台から退場し、代わって金融貴族や産業資本家を代表するブルジョワジーが議会に大量に進出していた。このことに危機感をいだいたシャルル一〇世は、言論を統制するための検閲制度を復活し、選挙が終わったばかりであったのに、議会を解散して選挙法改正を意図した「七月勅令」を公布した。ブルジョワジーや学生、労働者はシャルル一〇世に反発して蜂起し、ルーブル宮を占拠し、国王は追放された。パリは長年自由都市として認められていたので、パリの市民たちは、パリの自治が侵害されると、一斉に立ち上がってエネルギーを爆発させる伝統がある。フランス革命のときがそうであったし、七月革命のときもそうであった。オルレアン公ルイ・フィリップが国王に迎えられて、七月王政が成立した。

「後年に名高くなったこの数日間のパリの顔はけっして忘れることができない。下町ッ子らの気違いじみた度胸のよさ、男たちの熱狂、売春婦たちの熱狂。それにひきかえスイス部隊と近衛兵たちの悲しげな諦念、パリの王と自称し、けっして盗みを働かぬと主張する労働者の奇妙な自尊心。」

「パリの街にも、どうにかこうにか静穏が回復した。ラ・ファイエットはルイ・フィリップを人民の前へ連れ出して共和制を宣言させた（一八三〇年八月三日）。かくして一回転が生じ、社会の機構は再び機能し、芸術アカデミーも仕事を再開した。[*2]」

セギュール委員会

一八三六年、セギュール伯爵を委員長とする委員会に法案作成が諮問された。まず、文学的所有権を「もっとも個人的で、もっとも神聖で、法律による保護にもっともふさわしいもの」とみなす思想について再検討された。この思想は、一七七九年にセギュイエ次席検事、一七九一年法の報告者ル・シャプリエ、一七九三年法の報告者ラカナルによって提唱されたものである。この思想に従うと、所有権という絶対権に関するすべてのルールを知的所有権に適用しなければならないことになってしまう。

委員会は、著作権の保護期間を永久にするか、限定するかの問題に取り組んだ。委員会としては、著作権の保護期間を永久にしたかったが、原則的には正当であっても、適用上困難があると判断した。このため、著作権の保護期間は限定すべきであると判断された。しかし、委員の一人が保護期間を永久にすることを強く主張したので、彼の意見がほとんど採用されそうになった。文芸に関する所有権をすべての所有権と同一視する。ただし、著作者の死後は公有財産に帰属させることにすれば、公衆は著作物を享受することができる。一方、著作者の相続人または権利継承者は、著作物の自由複製を認める代わりに、ある種の権利を永久享受することができるようにすればよいというのが彼の意見であった。委員会は、このような制度を採用すると、著作者の相続人または権利継承者のために出版者に永久的な一種の税金を課すことになり、書物の値段が上がり、外国における偽造の誘因となり、使用料の算定と徴収はきわめて困難になることを危惧した。結局、著作権の保護期間を永久にする提案は排除されてしまった。この決定は、セギュール伯爵によれば、「いささか残念な」[*1]結論であった。

　議論がくりかえされた結果、委員会では、保護期間を著作者の死後三〇年間とし、未亡人と第一位の直系相続人についてはこの期間を延長してその生存期間中とする意見が優勢となった。しかし、委員会は、著作者の権益と出版者の権益を配慮して、すべての商取引を明快かつ効率的にするためには、保護期間を著作者の死後五〇年間とすることが妥当であると決定した。報告書によれば、「この期間には著作者の未亡人と第一位の直系相続人の生涯の期間が含まれるので、結果は同じであり、すべてのものにとって平等で公平である」[*1]。次に問題となったのは、相続人の権益を公衆の権益と調和させることであった。何人かの委員は、著作者の死後二〇年以内に複製されない著作物は公有財産とすることを提案した。

　しかし、委員会は、この提案によると、まだ価値のある著作物の所有権を著作者の死後二〇年間に限定することになってしまい、これまでのしきたりに反することになると判断した。この不都合を排除するために、委員会は、遺族が公衆の求めている著作物の出版を拒絶した場合、調停裁判によって、出版の緊急性と条件を決定させれば十分であると判断した。この調停判決は、土地などの公用のための収用に関する法律に倣ったものであり、裁判所が学士院、学者、書籍業者から選出する調停委員に委託することになる。催告と終局判決との間に二年の間隔があれば、両者の権利を保証するに十分であると判断された。大衆は、最大限二年間出版を希望する著作物の享受を待てばよく、著作物の所有権者は、催告の場所から離れて住んでいても、その権益の擁護に対処する時間があることになる。しかし、この制度はいかにも複雑で、公衆の権益が配慮されすぎていた。委員会で、この制度が採択されそうになったが、二人の委員から、著作者の死後催告の権能がだれにでも与えられるのであれば、訴訟事件が多発して、著作者の遺族はあくどい使用者に翻弄されるおそれがあることが指摘された。委員会は、この制度は投機家に出版事業の門戸を開放することになり、公衆の権益を名目にして、真面目に業務をおこなっている出版者を混乱させることになってしまうことを理解した。ながい議論の結果、委員会は著作者の権利承継人に一五年間の期間を保証して、その後著作物が再版されなかった場合には、催告を認めて、所有権者の全面的権利と競合する販売をおこなう権利を認めた。委員会が起草した法案には、演劇の著作物に関する特別な条項が規定され、上演権は著作者の死後五〇年間とすることが定められていた。

委員会は保護期間の他にも、驚くほど多くの問題に取り組んできた。委員会は何回となく会合を重ねてきたが、セギュールによって報告された法案は、結局のところ日の目をみなかった。

サルバンディ法案

一八三九年初頭に、国王ルイ・フィリップはあらためて法案の作成を命令した。文部大臣サルバンディがみずから貴族院に報告書を提出することになった。サルバンディ自身作家であり、後に一八四六年に文芸家協会に入会している。サルバンディの法案理由書においてもっとも配慮されたのは公衆の権益についてであった。理由書を読んでみると、このことはよく理解することができる。

「著作者やその子孫の権益以外には権益は存在しないであろうか？　彼らの権利以外には、既得権は存在しないのであろうか？　書物は、実際に彼らだけのものであろうか？　ラシーヌの詩はラシーヌの家族だけの排他的所有権なのであろうか？　ラシーヌの詩はわれわれすべてのものの所有権ではないのだろうか？　ラシーヌの詩は、それらを記憶にとどめ刻み込んできたもの、昔の詩のように、世代から世代へ、人から人へと伝達してきたものたちすべての財産になっているのではないのだろうか？」

「文学的所有権は特別な性格を有しているが、著作者と社会との間で共有されるべきものであることは明らかである。著作物の権利を享受するものの他に、著作物そのものを享受するものにも権利が存在している。[*1]」

このことから分るように、サルバンディは、これまでの委員会が、著作者の所有権を「もっとも個人的で、もっとも神聖で、法律による保護にもっともふさわしい」（ル・シャプリエ[*3]）ものとみなして、永久に存続するものであるとみなしがちであったことに批判的であった。サルバンディ委員会は、著作者は「著作物の着想のほとんどを公衆の財産から借用している」のだから、保護期間を著作者の死後三〇年間にすれば、著作者のすべての要求を満たすのに十分であると判断した。

シメオン法案

一八三九年五月二〇日、シメオン子爵は貴族院に法案を提出した。法案の名称は「文学的所有権に関する法律」ではなく、「文学と芸術における創作物に関する著作者の権利に関する法律」であった。この名称は法案の内容に合致するものであった。シメオンはサルバンディ案に示唆されて、三〇年の保護期間を提案した。

「一八二五年と一八三六年の委員会によって提案された五〇年の保護期間はながすぎる。出版に関する独占権をあまり延長しすぎると、著作者の子孫の権益に奉仕するあまり、偽造を奨励し、商売を拘束することになってしまい、密輸入を奨励するのと同じ結果をもたらすであろう。書物の販売は一つの商売であり、この商売の発展を期待するのであれば、拘束を多くしてはならない。特権の期間を延長しすぎると、国家にとってもっとも有益な産業を停滞させる結果をもたらすであろう。」

「科学的な発明の場合には、たとえ世界の様相を一変させ、人類の誇りとなるものであっても、あるいは国全体を富ませるものであっても、企業を奨励することを主眼とし、発明家にはごくかぎられた短い期間しか特権を認めていない。*1」

一八三九年に貴族院に提出されたシメオン法案は、企業の権益を重視する原則にもとづいていた。シメオン法案は著作者が出版権を譲渡することを認めている。シメオンは、文学者がその相続財産を譲渡することを認めることは、文学者の家族の立場を改善することを目的とする立法家の意図に合致しないのではないかという質問に対して、「著作者に与えられる権利は自然権ではなく、法律にもとづく恩恵によって与えられる特権である*1」と答えている。貴族院のある議員は、著作者の特権を完全なものにするためには、著作者がその権利を譲渡できないようにして、著作者の死後、その権利が著作者の相続人に帰属するようにすべきであると主張した。この提案は受け入れられなかった。委員会は、著作者がその権利を遺言によって生前に処分する権能を拘束することはきわめて重大な不都合を招き、立法の趣旨に合致しないと判断した。委員会の大勢は、多くの場合、著作者が権利継承者の権利を譲渡することを認めれば、出版に関する排他的特権よりもはるかに有利な相続財産が保証されると判断した。法案は、演劇の著作物は著作者の死後、相続人の許諾を得なくても自由に上演することができるようにした。その代わり、相続人は、著作者が生存中に享受したのと同じ報酬を三〇年間受け取ることができる。これは「強制許諾」の思想にもとづくものであった。シメオン法案は貴族院に提出され、そこで修正を受けたが、一八四一年の下院で却下されてしまった。

ビルマン法案とラマルチーヌの報告書

一八四一年、文部大臣ビルマンは、これまでの委員会が作成した法案についての検討を継承することを諮問された。ビルマンはフランス文学の権威者で、文芸家協会が創設されたときの初代会長であった。法案の報告者は上院議員のラマルチーヌであった。ラマルチーヌは、「瞑想詩集」（一八二〇）によって詩歌における古典主義を一掃して、新しい抒情詩の時代をもたらした詩人である。「瞑想詩集」は人々から歓迎され、ラマルチーヌは「フランス抒情詩人の王」と呼ばれている。ラマルチーヌの父はルイ一六世に仕えた熱心な王党派であった。恐怖政治によって危なく命を落とすところであったが、ロベスピエールの失脚によって難を逃れ、田舎で陰遁生活を送った。このため、ラマルチーヌは幼年時代、田園生活を送ることができた。一八三〇年にアカデミーの会員に迎えられていたが、七月革命以後、政治に関心をもち、二月革命に参加して仮政府の一員に選ばれ、大統領の地位をナポレオン三世と争って敗れる。その後政界を引退して、莫大な借金に悩まされながら、「強制労働」めいた文士家業に追いまくられて、生涯を終えることになる。一八四一年三月一五日、ラマルチーヌ法案が下院に提出された。ラマルチーヌの報告書は法律的というよりも、文学的色彩の濃いものであった。報告書からいくつか引用する。

「原因と結果、仕事と報酬との間に均衡が保たれないのであれば、正義とはなんでしょうか？　父親から受け継いだ資本を元手にして、能力の一部、人生の安易な時間の一部を費やして土地を肥沃にし、金儲けの事業をおこなっている人々がいます。彼らは、収益の上に収益、富の上に富を積み重ね、安易もしくは悦楽のなかで人生を楽しんでいます。諸君は、彼らと彼らが亡き後には、血縁によって指定されるものもしくは遺言書によって指名されるものに永久所有権を保証しています。

その他に、その全人生を費やし、その精神力を消耗し、その体力を衰弱させて、自分自身と家族のことも忘れて、人間の精神の傑作もしくは世界を変革する思想によって、死後になって人類を豊かにする人々がいます。彼らは、苦しみのなかで死亡しますが、成功を勝ち取ります。彼らの傑作が誕生し、彼らの思想が孵化します。彼らの傑作と思想は知識階級のものになります。企業家と商売人は彼らの傑作と思想を利用します。彼らの傑作と思想はしばしば死後になって、富をもたらします。著作と流通のなかで多くの富が放射されます。土地から得られる自然の産物と同じように輸出もされます。

彼らの傑作と思想はあらゆる人々によって享受される一方、それらを創作した著作者とその寡婦と子供たちは疎外され、彼らの夫と父親の報われることの少ない仕事から生み出された富が公衆のものになり、私物化されてしまうのを脇目に見ながら、赤貧のうちに物乞いをしなければならないのです。

神様が公平の法典をみずから書き上げたときの心を思うにつけて、このような状況はあってはならないことであります。」

「手を使って仕事をする人もいれば、頭を使って仕事をする人もいます。いずれも仕事をしていることにはかわりはありませんが、仕事の結果は異なっています。一方は、大地と季節を相手に奮闘して、その汗と引き替えに可視的で交換可能な果実を収穫しますが、一方は、思想、偏見、無知を相手に奮闘して、知性の汗しばしば涙の汗ときには血の汗によって原稿用紙を濡らし、時の間に間に悲惨あるいは公衆の恩恵、殉教あるいは名誉を得ています。」

「立法家は、土地を開墾する労働者に向かって『この土地は君のものだし、君が亡くなった後には君の子孫のものになる、君の労働の報酬は君に続く世代に継承される』と宣言しています。こうして、土地の所有権が設定され、家族の基盤となり、あらゆる永久的な社会制度の根拠となっています。」

「社会制度が完成されるにつれて、新しい性質の所有権が認知されてきました。所有権と共同体はお互いに一心同体となっております。哲学者は、国民における所有権の欠如、未完成、衰退はそのまま社会の欠如、未完成、衰退の正確な尺度となっていることを認めています。[*4]」

第二節　文豪たちの活躍

バルザック登場

一八四一年三月三日、バルザックは、ラマルチーヌの報告書に先き立って、国会の文学的所有権法改正検討委員会に次のような意見書を提出している。

「諸君は、五〇年間の保護期間を認めることによって、作家の子供たちに父親の仕事の成果を享受できるようにしようと考えておられる。本当は、他に理由があるのではないでしょうか？　諸君は、天才の子供たちは五〇年間しか生きないと決めつけておられる。そして、諸君は、傑作はただちに理解されると考えておられるが、ビコーは、一〇〇年間さなぎのまま眠り続けていて、今になってようやく孵化したことを忘れておられる。ラシーヌの『アタリー』が理解されるようになったのは、ラシーヌの死後半世紀たってからだということを忘れておられる。ラブレーはもっとも偉大な天才の一人ですが、その全部はいまだに理解されておらず、いまだに議論の的になっていることを忘れておられる。『ドン・キホーテ』は、印刷してくれる出版者がいなかったために、第一部と第二部との間に一二年の歳月が経過したことを忘れておられる。

諸君は、こうした不幸の再来を防止する勇気をもっていただきたい。これは諸君の能力の範囲を超えています。諸君がそうすることができるのは、文学的所有権を普通法のなかに含ませることであります。

五〇年間を認めるのであれば、どうして永久に認めることはできないのでしょうか？　土地も宝石も持たずに人が造り出し、土地や宝石と同じように後世に残るかけがえのない所有権の認知をだれが妨げることができるのでしょうか？　この所有権は、社会の厄介物、骨の燃えた煙の黒さと公道に捨てられたぼろ切れによって、天と地の間に誕生したものであります。

ここで、あの忌わしい言葉である『公益』という言葉が立ちはだかってきます。

諸君、用心していただきたい。公益とか人類愛とかいうのは、諸君の仲間たちの間や家庭において所有権の保護期間を永久にすることに反対する人々の論旨であります。彼らは、国家や公益や継続する世代の名において、進歩の名において、正義の名において、所有権のうち用役権だけを残しておけばよいと考えているのです。公益についてよくよく考えるならば、ネオ共和主義者とサン・シモン主義者の十八番（おはこ）となるでしょう。公益の名において著作者の家族から相続権を剝奪するならば、他の所有権も廃墟と化してしまうことになるのではないでしょうか?[*5]」

著作権の保護期間について、上院と下院に提唱する勇気をもっている人物は、バルザックを除いては、当時だれもいなかった。バルザックは元来、文学的所有権は民法典に規定されている不動産のような所有権と同一視されるべきものであるので、保護期間は永久でなければならないという強い信念をもっていた。「文学的所有権を民法典において定義されている所有権と全面的に同一視することを要求します[*5]」。バルザックによれば、アンシャン・レジームの時代には、著作者の権利は永久保証されていたが、フランス革命のときの憲法制定議会が特権認可状を「国王の恩寵」に由来するものであるとして廃止してしまい、一七九一年法と一七九三年法を制定したために、著作者の権利の保護期間は限定されてしまった。このため、文学的所有権は壊滅的な衝撃を受けたということであった。その理由について、バルザックは次のように述べている。

「フランス革命以前は、文学的所有権は一七七七年の裁定によって、他の所有権と同様な世襲の権利でありました。一七七七年の裁定は、著作者とその子孫に著作者の著作物を永久に享受することを保証しました。一五七一年の勅令は、書籍商が特権認可状を請求するときには、著作物に関する権利を有していることを証明することを義務づけており、著作者の同意を得ないで書物を印刷することを禁止しています。一七二三年の規則は偽造者に

バルザック（宮澤五百子・画）

対して体刑を科しています。この三つの法令によって、文学的所有権に不動産および動産に関するすべての条件が付与されたことはまちがいのないところであります。」

「一七七七年の裁定はルイ一六世の英知であります。この時代に、この裁定は二つの存在について明瞭に区別していました。一つは著作者であります。著作者には永久的な権利が与えられていました。著作者がこの権利を保持しようとするならば、自分自身が書籍商になり、先行投資をおこない、小売りをおこなわなければなりません。もう一つは書籍商であり
ます。書籍商は著作者から権利を取得するものであります。法律上および国王の共感は著作者の側にありました。書籍商は、ある期間が到来すると、権利を剝奪

されてしまいました。このような一七七七年の裁定の仕組みはすばらしいものでした。」

「諸君、憲法制定議会は、このような法令を制定した瞬間に、『民族意識』から『人類愛』に移行したのです。憲法制定議会は、フランスを意識しなくなり、人民を抱擁し、俗世間にこびへつらったのです。このため、フランス語を理解せず、本を読もうともしない人民のために、著作者の権利は生け贄にされてしまいました。憲法制定議会は、出版の自由を宣言すると同時に、特権認可状を廃止して首尾一貫したつもりでした。声を大にして申し上げるが、憲法制定議会の議員の大多数は、特権認可状を追放しようがための盲目的なエネルギーに駆り立てられて、書籍業界と普通法にどのような害をもたらしたかについての意識をもたなかったのです。その結果、どのような事態が生じたか？　憲法制定議会は、首尾一貫するために、人文科学について法令を制定し、次のような奇妙な定理を展開したのです。『あらゆる著作者が著作物を公表したときには、著作物は公衆に完全に引き渡されたことになる。公衆は著作物を受け入れることも拒絶することも随意である。著作者と公衆とのあらゆる関係は終了しなければならない。なぜならば、これは贈与の拒絶ないしは決定的な受諾になるからである』。そして、憲法制定議会は、このような野蛮な論理の前で後退してしまい、次のような法令を制定したのです。『著作者がその生存中にその著作物を処分する権利を留保することは望ましいことではあるが、これは特別な場合であり、公表された著作物は元来公衆の所有権であることを無視することはできない。[*5]』」

当時バルザックは、四〇才になったばかりであったが、すでに小説家として名をなしていた。バルザックは若いときに、モリエールとラ・フォンテーヌの全集を企画出版したが、失敗して一万五〇〇〇フランの負債、さらに印刷業にも手を出すがこれにも失敗して七万二〇〇〇フランの負債を抱え、金利だけで年に六〇〇〇フランを支払わなければならなかった。当時の六人家族の田舎貴族の平均支出は年間三〇〇〇フラン、パリの学生の下宿代は部屋代と食費を含めて月に四五フランであったことからみると、バルザックの借財がいかに巨大であったかがわかる。彼は、負債を返済するために、一日六時間の睡眠の他はペンを動かしづめであった。バルザックは、真夜中の一二時に召使に叩き起こされると、「それ、行くぞ」とかけ声をかけるや、後は一瀉千里の勢いで書き出し、指がしびれ背中が痛くなるまで休むことがなかった。バルザックの机はパリのバルザック記念館にいまでも保存されているが、ペンの動きによってこすれてへこんでいる。バルザックは酒が飲めなかったために、砂糖もミルクも入れないコーヒーを浴びるほど飲んで、執筆のエネルギーにしていた。なお、バルザックが倒産して手放した印刷所ドゥベルニー&ペイニョ社は、その後みごとに再建され、パリでもっとも優秀な活字工場として活躍した。一八三一年、スタンダールの「赤と黒」の初版を印刷したのも同社であった。

バルザックが文壇にデビューした当時、著作者の権利は法的には認められていたが、実際には著作者が自由に行使できる状態ではなかった。新聞屋や印刷業者は、勝手に小説を印刷したり出版したりしながら、著作者に印税を支払わないのは日常茶飯事であった。そればかりではなく、著作者の氏名を削除したり、別の著作者の名前を表記することもしばしばであった。バルザックは、こうした現状について愛人のハンスカ夫人への手紙の中で、次のようにめんめんと訴えている。

「ユーロップ・リテレール誌は、『田舎医者』のなかのもっとも重要な箇所である『ナポレオンの生涯』を掲載しています。彼らはこの一週間というもの、私に無断で印刷し、私の権利を不当に略奪して、これまでに何千部も販売しています。しかも、私の名前も作品名も記載せず、私を苦しめ、沈黙したきりで、貧しい私から名誉と金銭を奪っています。[*6]」

数カ月後、バルザックは今度は、レビュ・ド・パリ誌に「一九世紀のフランスの作家への書簡」を発表して同じ問題を取り上げている。今度は、バルザックは、作家が犠牲になっている忌わしい慣行を嘆くだけでなく、対抗するために作家が団結することが肝要であると述べている。

「われわれの救いはわれわれ自身にある。われわれは権利に目覚め、われわれの力をおたがいに認識しなければならない。したがって、われわれが一堂に会して、演劇の著作者たちと同じように、われわれの協会をすでに設立していることは、われわれの権益にとって至高のことである。[*6]」

文芸家協会

バルザックのいう協会は、一八〇二年にフランソワ・ド・ヌシャトーによって創設された「学者文学者協会」Société en faveur des Savants et des Hommes de Lettres のことであった。フランソワ・ド・ヌシャトーは、一六才のときに処女詩集を出版して、ボルテールに絶賛された。フランソワ・ド・ヌシャトーは、フランス革命のときの総裁政府の内務大臣をつとめ、一七九八年に開催された第一回内国博覧会の提唱者として知られている。学者文学者協会の規則は、現在の「文芸家協会」Société des Gens de Lettres の定款を予示するものであった。学者文学者協会は文芸家協会の先駆者であることは周知の事実である。学者文学者協会の存続期間はあまりながくなかった。この種の協会は、ジャーナリズムや出版業界が隆盛にならないかぎり、存続しえないものだからである。協会が誕生したころの情勢はそうではなかった。

フランソワ・ド・ヌシャトーが学者文学者協会を創設してから三〇年後に、文学界に直接関与していた二人の人物がフランソワ・ド・ヌシャトーの精神を継承することになる。一人はバルザックであり、一人はルイ・デノワイエであった。デノワイエは当時、新聞「ル・シエクル」の編集発行人であり、ベスト・セラーの作家でもあった。デノワイエは、バルザックからフランソワ・ド・ヌシャトーが設立した協会の組織を改革するようにとの示唆を受けて、一八三七年一二月一〇日にナブラン街一四番地の彼の家にジャーナリスト、文学者など五四名を集めて、文芸家協会の設立を呼びかけた。このアイデアは、ボーマルシェの趣旨を受けて、スクリブが一八二九年に創設したSACDにならったものであった。協会は、一八三八年四月一六日に創設された。

バルザックは、デノワイエたちが協会を創設する以前に、「パリ通信」の一八三六年一〇月三〇日号に発表された「文学的所有権」と題する文章の中で、著作権を擁護するためには著者たちが自分たちの組織を造って結集する必要があると述べている。バルザックの関心は著作者の物質的権益にとどまらず、著作者の相互間における精神的援助を強調している。バルザックは、みずから提唱した文芸家協会が設立されると、率先してその活動に飛び込んでいった。

「われわれ文学者のファミリーは、これまでジャーナリズムの巷の小道に散在してきた。これまで、われわれは、強固かつ分別をもってこのファミリーを堂々たる一つの組織にして、結集しようとしてきた。一つのセンターを創設し、その中では、強者は弱者に手を差しのべ、組織の資力によって孤立の悲惨を援助しなければならない。[*6]」

一九世紀前半には、本や新聞の発行部数は少なく、他の物価と比較して高価であった。単行本の価格は七フランから一〇フラン、新聞の購読料は年八〇フラン(後に四〇フラン)であった。当時の労働者たとえば馬車の御者の日当は一日三フランであり、四フランに値上げするためにストライキをしなければならなかったので、庶民にとって本や新聞は買える代物ではなく、借りて読むものであった。前世紀の半ばにすでに貸本屋が誕生しており、一九世紀になって全盛期を迎えていた。人気のある本は一冊をばらばらに分けて、複数の客に一時間いくらの料金で貸し出されていた。ルソーの「新エロイーズ」もそうであった。パリや地方の盛り場には多くの貸本屋があって、新聞を閲覧したり、貸し出しを受けることもできた。金持ちたちも貸本屋の会員になって、高い会費を支払っていた。出版者にとって主要な販売先は貸本屋であった。出版者は、貸本屋を儲けさせるために、本の値段を意識的に高くしたり、分冊にしたりした。人気の高かったデュマの「モンテ・クリスト伯」（一八四四―四五）は一〇巻に分冊され、全巻で一三五フランという高価なものであった。最盛期には、四万冊の蔵書をもつ貸本屋もあったといわれている。頻繁に貸し出されて大勢の人々の手あかに汚れているかどうかが、人気のバロメーターであった。

一八三六年になって、状況は一変した。同年に創刊された新聞「ラ・プレス」が新聞に広告を導入したことによって年間購読料は八〇フランから四〇フランの半額になり、発行部数を大きく伸ばした。さらに、バルザックの長編小説「老嬢」を連載したところ、人気が人気を呼んで、多くの読者を獲得した。これに刺激されて、どの新聞社にも連載小説が掲載されるようになったので、小説家のマーケットが拡大された。デュマの「三銃士」（一八四四）や「モンテ・クリスト伯」、ウージェーヌ・シューの「さまよえるユダヤ人」（一八四四）などを連載した新聞は発行部数を桁ちがいに伸ばした。貸本屋では、連載小説を切り抜いて、仮綴じ本にして閲覧させた。バルザックの「セザール・ビロトー」（一八三七）は、いくつかの新聞社が値段をせりあげたために、契約金は二万フランになった。「村の司祭」（一八三九）は、四〇回連載分で八〇〇〇フランであった。「農民」（一八四四）は二万四〇〇〇行で、新聞社から一万四〇〇〇フラン、出版者から一万二〇〇〇フランの支払いを受けた。デュマの「三銃士」の原稿料は一行につき一・五フランであった。デュマの原稿料の計算基礎は行単位であったので、デュマは、原稿料をかせぐために簡単な会話を多用したり、やたらと行替えをしたりして、出版者を悩ませた。「さまよえるユダヤ人」の契約金は、一年間で一〇万フランであった。

新聞社は売れっ子の小説家と争って契約するようになったので、小説家はいままでとは比較にならぬような巨額な支度金や契約金あるいは原稿料を手にするようになった。作家は新聞社から掲載料を受け取った後で、本が出版されるとあらためて、出版者から報酬をもらうことができた。文芸家協会は、かつてフランソワ・ド・ヌシャトーが創設した学者文学者協会にはみられなかった存在価値をもつようになってきた。文芸家協会は、劇場から高額な上演使用料を徴収しているSACDには及ばなかったが、既刊の作品が新聞や雑誌に転載されると、使用料を徴収するようになった。

バルザックは、一八三九年八月一六日に文芸家協会の会長に満場一致で選出された。バルザックは会長に就任すると早速、「村の司祭」の掲載権を譲渡しているラ・プレス新聞社の編集長あての手紙で、レスタフェット紙が「村の司祭」を無断で連載したことについて著作権侵害者として訴追するよう要請している。

「レスタフェット紙の違反行為は、公道上での追剝ぎに匹敵し、駅逓会社が、預託された貴重品の賠償に応ぜぬため申し立てる不可抗力のケースを構成しています。[*7]」

バルザックは、多くの新聞社が小説を無断で使用していること、ベルギーでフランスの小説の海賊版が出版されて、ヨーロッパ各地に出回っているにもかかわらず、法廷も政府も関心を示さないことを嘆いている。文学者には、「振子時計の型造りとか、ドレスのデザインを創り出した更紗の製造業者に与えられている保護[*7]」、いまでいう工業所有権に相当するものが与えられていない、というのがバルザックの主張であった。

「不満をもらすには誇りのありすぎる多くの作家たちが、念入りに隠された貧窮にあえいでいるのです。また、あるものは衆人環視のもとでまさしく飢え死にしていき、彼らの肩に乗って成り上がった者たちから、さも自分たちの造り出した貧窮がすべての文学的精力の溶解剤ではないかのように、怠惰を非難され、悪罵をあびせられるのです。これらの成り上り者たちが、政府の高い領域に共犯者をもっていることを思うとき、心痛むものがあります。[*7]」

そして、バルザックは、ベルギーにおける海賊行為をやめさせる効果的な方法として、著作物を「私有物」から「公有物」に移転させ、国庫が著作権を侵害されている作家たちに補償することを提案している。国は、五六〇〇万フランの金で作家たちに補償して、作家たちの新作が二年たつごとに公有物に転化するようにすればよい。産業の見本を収容するのに数百万フラン、絵画や彫刻の注文に二三〇〇万フラン、鱈の漁の報償金として一八〇万フラン、農業の救済に一〇〇〇万フラン、製糖工場の買収と建築に二〇〇〇万フランを投入していることに比べれば、栄光につつまれてはいるが、内情は火の車の何人かの人たちの、一、二年の労作を買い取るために、五、六〇〇万フランを提供することはたやすいことである。しかも、国庫は、あらゆる製品について一〇パーセントの税金を天引きしているのだから、ベルギーで製造される書物に課税すれば、十分採算があうはずであると述べている。

「なにゆえに、公共の利益のための補償が、知的産物に適用されてはおかしいのでしょうか。それは万人の必要物であり、補償は交通路整備の場合、厳密に適用されておりますのに。とりわけ、公共事業の経費に比べれば、とるにたらぬ割合であり、私的利益の侵害はまったく存在しなくなりますのに。独裁者だったら明日にも実行するかもしれませんのに。[*7]」

バルザックのアイデアは奇想天外であるとして批評家たちに冷笑されたが、ベルヌ条約が制定される何十年も以前に、外国における海賊版退治についてのアイデアを提案しているのは、さすがというべきではないだろうか。一八四〇年一月九日、バルザックは文芸家協会の会長をしりぞいた。次の会長にはユゴーが就任した。一八四一年一月二五日、バルザックは文芸家協会の名誉会長となったが、九月五日には文芸家協会を退会している。一八四二年一月一日、バルザックは各新聞社に回状を出して、文芸家協会を退会した以上は、バルザック自身が著作権を管理するので、バルザックに無断で作品の全部または一部を転載した場合には、著作権侵害者として告訴すると警告している。バルザックがふたたび文芸家協会と関係をもつようになったのは一八四八年の二月革命のときになってからであった。しかし、二年後に、バルザックは負債や困窮から逃れることができぬまま、過労のために力尽きて五一才の短い生涯を終える。葬儀に出席したユゴーは「民衆の喪、それは才能ある人の死であります。国民的な喪、それは天才の死であります。皆さん、バルザックの名前はわれわれの時代が後世に残す輝かしい印象に加えられるでありましょう」[*8]と追悼の辞を述べた。

ラマルチーヌ法案

さて、ラマルチーヌが下院に提出した法案では、保護期間は著作者の死後三〇年間から五〇年間に延長されていた。その理由は次のとおりであった。

「著作者が三〇年間書きつづけたとしても、著作者の家族が実際にうるおうのは二〇年間にすぎない。五〇年間書きつづけたとしても、家族がうるおうのは四〇年間にすぎない。企業はそれを望んでいる。企業は、著作物の所有権が公有財産に帰属するまでの宿命的な期間が法律に定められたならば、仕事を停止して待つだろう。家族の所有権が満了する八年ないしは一〇年前には、所有権はもはや存在しないのと同じになり、出版者は顔を出さなくなり、自由に使用できるまで待つだろう。知的所有権は自由の名のもとに衝撃を受けることになる。[*1]」

一部の国会議員は、一定の期間が経過した後に相続人を拘束する規定を設定し、調停によって算定された報酬を出版者から家族に支払うことにして、著作物を印刷できるようにすることを要求した。これらの国会議員は、怠慢な相続人によって人類に必要な著作物が流通されなくなってしまうと、「光明と思想の欠乏によって、国家と社会を数年間苦しめる[*1]」ことになると非難した。公用のための土地収用に関する法律の概念が援用された。このことについて、ラマルチーヌは次のように反論している。「金銭的代償のために、父親の名前を傷つけることになる暴露を息子に強要するという破廉恥な結果を生む[*1]」。実際には、相続人は有益な著作物の公表に反対はしないだろうというのが委員会の大多数の意見であった。

法案は演劇の台本の所有権について言及しているが、保護期間を五〇年間に延長したことを除けば、一七九一年法と比較して変わった点はなかった。しかし、ラマルチーヌ法案もそれまでの法案と同じように、成果をみることができなかった。

このように、いくつかの法案が起草されている間に、演劇の著作者の著作物の多くが死後一〇年の期間を経過して、公有財産に帰属してしまった。日々、事態は深刻になっていった。ボイエルデユ、エロール、ピカール、アンドリユーらの著作物は死後においても人気があったが、保護期間が満了する寸前であった。著作者、作曲者、美術家の未亡人や子供たちは、せめて一八一〇年二月五日法を適用をしてもらいたいと要求した。

一八四四年に、著作権の保護期間の延長に関して著作者の相続人の団体から下院に提出された請願書の抜粋を次に引用する。

「血族相続人を失墜させることによって、公衆はなにを獲得するのでしょうか？

著作物を無償で取得した劇場の支配人は、観客に無償で劇場を開放するのでしょうか？観客は、現代劇よりも安い入場料で、モリエールの『ミザントロープ』を見ることができるのでしょうか？

観客は、ラシーヌを見るために、コメディ・フランセーズの入口でチップをはずまなくても、入場することができるのでしょうか？

演劇の上演に関して、公有財産をもち出してはいただきたくありません。ふれていただきたいのは、特権をもっている劇場の支配人の財産についてであります。なぜならば、劇場の支配人は、法律によって保証されている著作者の生存中とその死後一〇年間は、著作者とその子供たちのつつましやかな財産を使用するかどうかについて絶対的な権力をもっているからです。著作者の取分は、著作物が上演されたときに、初めて発生します。使用者たちは、使用料の支払いを止めるためには、レパートリーから著作者の著作物を除外してしまえばよいのです。使用者たちは著作者の死後一〇年間、このように決定的な活動停止、この種の没収、このような無言で手続きを必要としない収用を行使しておきながら、その後になって、著作者の寡婦と孤児たちに支払わなくてもよくなってから、放置しておいた傑作を自分たちの利益のために、はなばなしく舞台に復帰させるのです。[*9]」

保護期間の延長

一八四四年八月三日法が制定されて、「演劇の著作物の著作者の寡婦と子供は、複製権に関する一八一〇年二月五日法の第三九条と四〇条を適用して、二〇年間、上演を許諾する権利を有する」ことが認められた。

一九世紀の半ばになると、ヨーロッパ各地に経済恐慌と凶作が襲って、深刻な社会問題となった。社会主義思想が台頭して、一八四八年には各国に革命が次々と勃発した。「共産党宣言」が発表されたのは一八四八年二月であった。「一つの妖怪がヨーロッパをさまよっている」（マルクス）[*10]。一八四八年二月、普通選挙を要求する市民集会に対する弾圧がきっかけとなって、市民が蜂起して、二月革命が勃発した。ルイ・フィリップはイギリスに亡命した。しかし、革命がおさまると、一般大衆は革新派の進出をきらい、その結果、革新派は四月の普通選挙に惨敗してしまった。一二月になると、ナポレオン一世の甥のルイ・ナポレオンが大統領に就任して、第二共和政が成立した。この間、国民から「人民の代表者」と呼ばれて敬愛されていたユゴーは、著作権の擁護のためにはなばなしく活躍した。コンセーユ・デタにおける一八四九年九月三〇日のユゴーの演説の一部を引用する。

「わが国の法令においては、これまで文芸に関連する問題はすべて、奇妙なふうに理解されてきました。諸君は、この三〇年間というもの、己が真面目であると信じ込んでいる人々が、議会において、この問題がとるにたりないものであると言い続けてきたのを聞いておられます。

私の考えでは、これ以上重大な問題はありません。私は、この問題を一つの完全な総合体のなかに組み込んで、知性と思考の事柄のために特別な法典が制定されることを期待しています。

この法典はなによりもまず、文学的所有権を規制すべきです。なぜならば、文筆家を普通法の圏外においているのはフランスだけであり、特定の期間が経過したら、彼らの著作物の所有権は一般社会から否定され、彼らの子孫から没収されると考えるのは途方もないことだからであります。

諸君は、今日所有権を擁護する重要性と必要性を感じておられます。したがって、創作によって取得した所有権である文学的所有権は、譲渡や売買によって取得したものではなく、すべての所有権のうちで第一義的なものであり、もっとも神聖なものであることをまず認識していただきたい。

作家を村八分にすることはやめていただきたい。諸君が公有財産と呼んでおられる古い共産制は放棄していただきたい。国家の名において詩人と芸術家から詐取するのはやめていただきたい。所有権によって、詩人と芸術家を社会と融合させていただきたい。[*11]」

ユゴーの活躍に感謝する文書が残っている。この感謝状は、ユゴーが二月革命の後、劇場の再開に関する法令の採択に努力したことについて感謝し、文学と芸術の効果的な保護を確保するために引き続き努力してもらうことを期待したものである。この書簡の署名者には、各界の大立者である作曲家ベルリオーズ、画家アングル、彫刻家プラディエ、作曲家オベール、スポンチニ、アレビ、俳優フレデリック・ルメートル、作曲家クロイツァーなど各界の名士が名を連ねている。しかし、ユゴーは、その後一八五一年に、ナポレオン三世のクーデターに反対したため国外追放となり、以後一九年間、ブラッセル、ジャージー島、ガーンジー島、ルクセンブルグなどで亡命生活を送ることになる。この間、ユゴーは、構想から三〇年をかけて準備してきた「レ・ミゼラブル」を完成させる。ユゴーは、亡命先のジャージー島の邸宅の最上階にあったガラス張りの温室のような部屋で、椅子に座らず立ったまま執筆したといわれている。「レ・ミゼラブル」は、三〇万フランの契約金によってラクロワというベルギーの出版者と八年間の独占契約を結んで出版されると、全ヨーロッパで争って読まれた。ラクロワは銀行から二〇万フランの融資を受けて契約金を支払ったが、五一万七〇〇〇フランの純益を上げることができた。

一八五四年四月八―一九日法が制定され、保護期間が一〇年間延長されて、著作者の死後三〇年になった。

（全文1条） 著作者、作曲者、美術家の寡婦は、その生存期間中、一七九一年一月一三日法、一七九三年七月一九日法、一八一〇年二月五日法および一八四四年八月三日法その他本件に関する法令によって保証されている権利を享有する。これらの法令によって子孫たちに付与される享有の期間は、著作者、作曲者、美術家の死後あるいは寡婦の権利の消滅以後三〇年間に延長する。

ワレウスキー委員会

一八六一年になって、新しい委員会が任命された。委員会はこれまでの委員会の議事録を取り出して、参照すべきさまざまな制度を比較検討した。委員会は出版者、著作者、音楽出版者、版画の出版者、文芸家協会、ＳＡＣＤ、美術家、画家、彫刻家、版画家らの代表の意見を聴取した。大変な時間と労力をかけて関係者の意見を聴取した後に、法案が起草された。ワレウスキーによれば、この法案は「文学的所有権の法典化」[*1]というべきものであった。一八六一年の法案は、著作権の存続期間の永久性と譲渡可能性を確立した点において、著作者にとって十分満足すべきものであった。ワレウスキーは、報告書のなかで次のように述べている。

「これまで半世紀にわたって改正されてきた法律は、保護期間を徐々に延長してきているが、その期間はあいかわらず限定されている。本委員会の法案は、既存の法律が寛大な報酬として認めてきた期間に新しい恩寵として数年を追加するだけにはとどまらず、著作権の永久性を認めることにする。さもないと、真の所有権とはいえないからである。」「委員会は、知性の仕事の結果に適用される所有権の観念を拒絶する高尚な意見を聴し、大いなる関心をもって考慮したが、著作者、学者、美術家にその徹夜の仕事の法的果実を保証することによって、その自立性を増幅し、その社会的境遇に光輝とはいえないまでも少なくとも可能性を与える措置をとったとしても、文学の尊厳と芸術の栄光が減少したり、損われたりはしないことを確信している。」[*1]

法案は、文学的所有権の永久性を明確に認めた上で、著作者と相続人に五〇年間の完全享受を認め、その後については、期間を限定せず、知的著作物の複製価格の五パーセントを使用料とすることを規定した。しかし、コンセーユ・デタは、ワレウスキー委員会の法案に代えて、あまり急進的でない中庸の制度を提案した。あらためて、著作権の保護期間の永久性について議論された。三人の委員は特別な法制度による永久性を主張し、二人の委員は普通法における永久性を主張し、四人の委員は保護期間を限定することを主張した。ながい議論の末、委員会は「『ベター』を追及する危険の代償として、『グット』の確実性を犠牲にすることは遺憾である」[1]と表明した。このような議論をへて、サント・ブーブの報告書が上院に提出された。その結果、一八六六年七月一四日法が制定され、保護期間は著作者の死後五〇年間に延長された。

第1条　著作者、作曲者、美術家の相続人、不規則相続人、受贈者、受遺者に対して、従前の法律によって与えられてきた権利の期間を著作者の死後五〇年間とする。

ゾラの主張

保護期間が五〇年間に延長されたことによって、著作者たちの長年の願望は一応実現されたが、著作権は、動産や不動産のような所有権と同じように、永久に存続すべきものであるという考えは依然として根強く残っていた。

小説家ゾラもその一人であった。ゾラは、三〇年後の一八九七年に発表した小論文「文学的所有権」[12]のなかで、概略次のように述べている。

文学や美術の著作物が実質的な所有権として法律によって認められるようになるまでには、何世紀もかかっている。現在では、文学や美術の著作物の所有権が認められているが、保護期間が制限されており、著作者の死後五〇年間が経過すれば、公有財産に帰属し、著作者の直系相続人がいたとしても、その権利は剝奪されてしまう。

私が家を建て、家具を作り、宝石を彫琢したとする。その場合、所有権が発生し、その権利は私に帰属し、私がいなくなれば私の遺族に帰属し、何人も侵すことができない。しかし、私が小説を書き、演劇の台本を書き、楽譜を作曲したとする。その場合の所有権は期間が制限され、その期間が満了すれば、私の権利は法的に剝奪されてしまう。私は単に手作業をおこなっただけではない。頭脳を使ったのであり、心を傾けたのであり、命を磨り減らしたのである。人々が私たち著作者を褒めたたえてくれるのはこのためであるが、その代わり、私たちの権利は、公益の名のもとに、全人類を大義名分として収用されてしまう。

その理由とするところは、次のように、天才はその家族だけのものではなく、人類全体のものであるということである。まず、天才といえども、その時代の教育と文化の結果にすぎず、したがって、天才は選ばれた人とみなすことはできるが、その表現するものは、空中に散在する共同体の思想や感情を集約したものである。次に、天才の遺産は、その小さな家族をこえて、将来の世代に関与するものである。その思想、真理、美は分割することのできない人類の所有権である。天才の遺産は、その直系相続人の手に委ねておくと、衰退してしまいその流通経路は疎外されてしまう。

その論拠とするところは、文学や美術の著作物は畑や城や剣や鋤のような所有権とは異なっているという単純なものである。印刷された書物、版刻された楽譜の実在性は姿を消してしまい、残っているのは、光り輝く思想、人を恍惚とさせる虚構、歌われるメロディーだけにすぎない。これでは、路傍に咲く野生の花、茂みで歌う鳥のようなもので、通行人によって自由に摘んだり、聞いたりすることができるものと同じである。これはまさしく、他の人が創造した思想、画像、音楽を白昼堂々と盗む泥棒のようなものではないだろうか? 風のまにまに、もしくはゆきずりの出会いによっておこなわれる交換のようなものである。

これがゾラの主張の骨子である。

以上のように、一九世紀をとおして、著作権に関する法改正は、立法委員会あるいは議会において、さまざまに議論されてきた。しかし、総合的な著作権法を制定するにはいたらず、一九世紀における成果としては、著作権の保護期間が著作者の死後五〇年間に延長されたにすぎなかった。

第8章　SACEM

SACEM誕生前夜

フランス革命が始まる前の一八世紀後半、フランスの音楽界は下降線をたどっていた。作曲家ラモーとルクレールはすでに亡くなっており、フランス古典主義音楽の面影は消え去ってしまっていた。オペラはラモーによってすべて語りつくされ、バイオリンのための楽曲はルクレールによって完成されていた。一九世紀中期までの一世紀は、フランスの音楽界にはこれという作品もなく、古典音楽と近代音楽とのはざかい期であった。一八世紀後半の音楽の主流は、演劇とともに歌われるものであった。当時パリには大小とりまぜて劇場が二〇軒以上あり、ブルバール大通りに集中していた。演劇の質は高く、ヨーロッパ中の人々の憧れの的であったが、音楽そのものの評判は芳しくなかった。ゴルドーニは「すべては美しく規模は雄大ですばらしい。ただし、音楽は別だ」とか「目には天国、耳には地獄」とフランスのオペラを酷評している。モーツァルトやルソーによれば、「男の歌手も女の歌手も、歌っているというよりは、叫んだり吠えたりしているようだ」「フランス人はヨーロッパ中で音楽的素養にもっとも欠けた国民である」とフランス音楽も形無しであった。[*1]

しかし、パリはヨーロッパの文化の中心地であり、各国の芸術家にとってあこがれの都であった。フランス革命以前から、外国の作曲家や演奏家はしばしばパリを訪れ、なかには住みついてしまうものも多かった。パリは音楽の消費量のもっとも高い都であった。一九世紀初め、パリでおこなわれる演奏会は五倍にふくれあがり、ロンドンをしのいでいた。外国の作曲家や演奏家たちは仕事の場を求めて、続々とパリに押しかけてきた。劇場、教会、音楽会などあらゆる場所に外国人が進出し、フランスの音楽界は外国の音楽家に完全に牛耳られていた。宮廷では、オーストリア人の作曲家グルックを支持するマリー・アントワネット派とイタリア人の作曲家ピッチーニを支持するデュ・バリ夫人派が対立して、いずれの音楽がすぐれているか論争していた。いわゆる「グルック＝ピッチーニ論争」である。宮廷においても、フランス人の作曲家の出番はなかった。

ドイツ人のバッハはパリに滞在したことがあり、オーストリア人のモーツァルトはパリを二回訪問している。イタリア人のグレトリーはパリに居をかまえて、オペラ・コミックの様式を完成させた。ドイツ人のメンデルスゾーンはいくどかヴェルサイユを訪問している。その他にも、オーストリア人のハイドンはパリで交響曲を出版しているし、イタリア人のケルビーニはパリ音楽院を牛耳っていた。ベルギー人のゴセック、イタリア人のパガニーニ、ロッシーニ、ドニゼッティ、オーストリア人のシューベルト、ポーランド人のショパン、ハンガリー人のリストはいずれもフランスを舞台にして活躍し、フランスの作曲家を凌駕していた。ナポレオンはイタリア音楽に心酔していたので、スポンチニやパッジェロのようなイタリアの作曲家を招いて、戴冠式のミサ曲を作曲させた。ＳＡＣＥＭが創設されたとき、イタリアやドイツなどの多くの外国人の作曲家が会員になったのはこのためである。ＳＡＣＥＭには現在でも、一万人近い外国人の会員がいるのはこの伝統によるものであると思われる。フランスが外国人による音楽のくびきから解放されるのは、ベルリオーズ（一八〇三―六九）の登場を待たなければならなかった。

フランス革命以後、大衆は次第に民衆的なシャンソンである「ロマンス」に心を奪われるようになった。だれが作ったかわからない革命を謳歌する即興的な賛歌や軍隊行進曲が巷に溢れるようになっていく。劇場で上演されるたびに、観客が愛国的な賛歌や革命歌を歌うようになった。「貴族を街灯に吊るすべし」という狂暴な歌詞の「サ・イラ！」や「カルマニョル」などの歌が民衆の間のみならず軍隊のなかでも爆発的に歌われていた。当時のシャンソンは、古くから知られているメロディーに歌詞をつけた「替え歌」が主流であった。文字の読めない庶民にとって、聞き慣れたメロディーにあわせてシャンソンを歌うということはなによりの娯楽であった。労働者たちの溜り場や「ゴゲット」と呼ばれる居酒屋で新しいシャンソンが発表され、歌われた。一八一八年、パリにはゴゲットが三〇〇軒、一八三六年には五〇〇軒もあり、ゴゲットのない通りはなかったといわれるくらい盛況であった。革命歌は国民公会においても合唱され、会議はしばしば歌の会に変わってしまった。革命家ダントンは、国民公会が「芝居小屋」になってしまったと慨嘆したといわれている。劇場でも、歌手と一緒に聴衆も合唱したり、保守派の聴衆と革新派の聴衆がそれぞれの賛歌を応酬しあって、喧嘩になってしまうこともあった。また、監獄でも、囚人たちは不安を紛わすために合唱する始末であった。

「ラ・マルセイエーズ」

一七九二年四月二六日、ストラスブールの若き工兵大尉クロード・ジョゼフ＝ルジェ・ド・リールは、オーストリアとプロシャに宣戦布告したフランス軍を鼓舞するために、「ライン軍のための軍歌」を作った。この歌は八月一〇日、チュイルリー宮殿を襲撃するためにパリに遠征してきたマルセイユ義勇軍によって歌われたために、「ラ・マルセイエーズ」と呼ばれるようになった。この歌はゴセックによって編曲され、「サ・イラ！」や「カルマニョル」に代わって、人々の間で熱狂的に歌われるようになった。軍務大臣セルバンは軍隊に配布するためにこの歌を一〇万部印刷した。この歌は、一七九五年七月一四日から第一帝政までの間フランスの国歌となり、一八七九年二月一四日法によってふたたび国歌に指定されている。[*2] 作曲家のベルリオーズは、「ベルリオーズ回想録」のなかで、当時のフランス人たちがいかにこの歌に熱狂していたかの事例として、一八三〇年の七月革命が勃発してから数日たったころ、「奇妙なはげしさをおびたというよりも衝撃的な音楽体験」をしたことを証言している。

「彼がリードをとり、皆がすぐに合唱し、次々と歌はつづいていった。この即興的なコンサートで曲と曲との切れ目ができると、群衆からわれわれを守ってくれていた三人の国民衛兵が、軍帽を手に持って聴衆のなかへ入っていき、この三日間に負傷した者のための募金を集めるのだった。

聴衆はますます多くなってゆく。その勢いで愛国的合唱団の席はどんどん追いやられて縮まってゆく。われわれ合唱団を守ってくれていた軍隊も、これには手のほどこしようもなく、野次馬も交えて群衆は上げ潮の勢いで迫ってきた。合唱団はかろうじてこの大波から逃れるが、群衆の波はどんどん追ってくる。（中略）さいわいなことにそこの女主人が二階へ昇るようにすすめてくれた。二階のベランダからならば、窒息する心配もなく、われわれは熱烈なる賛美者に向かって歌の洪水を注ぐこともできるだろう。この申し出は受け入れられ、われわれは『ラ・マルセイエーズ』を歌い出した。ところが、最初の節を歌いだすと、建物の下で沸きたっていた群衆がぴたりと動作を止め沈黙した。そのときの沈黙は、荘厳そのもの、たいそう深みのある沈黙で、あのサン・ピエトロ広場に向かってバルコンから教皇が祝福を授ける瞬間の沈黙にくらべても優るとも劣らないくらいであった。[*3]」

音楽著作権の管理

音楽の著作物の上演権ないしは演奏権は、一七九一年一月一三―一九日法によって初めて認められたことになっているが、シャンソンなどの小曲を含めたすべての音楽の著作物にただちに適用されたわけではなかった。同法は、冒頭の第1条において劇場の建設と演劇の上演の自由を宣言していることから分かるように、基本的にはなによりもまず演劇法であった。同法は、第3条において上演権を認めているが、「公開の劇場」における「上演」を前提としているので、劇場以外の場所たとえばカフェやレストランなどは除外されていると解釈される余地があった。さらに、保護の対象となる著作物についても、劇場において上演される劇やその伴奏音楽、バレエやオペラに限定されると解釈されていた。宗教音楽や純粋な音楽の著作物、たとえばミサ曲、レクイエム曲、シンフォニー、室内楽などは保護の対象から除外されるとみなされていた。一八二二年パリの裁判所は、一七九一年法はすべての著作物に無差別に適用されるのではなく、適用されるのは劇場で上演される著作物の全体であって、演劇の著作物から切り離されて使用される楽曲には及ばないという判決を下した。この判決から判断すると、個別に使用される歌曲、変奏曲、混成曲は保護の対象にはならないことになる。この考え方は、一八五三年になって、パリ控訴院によって判例の方向が転換されるまで継続した。控訴院は、個別に使用される歌曲の作曲者に対しても、無断で著作物を使用するものを告訴する権利を有していることを認めた。したがって、一七九一年法にもかかわらず、シャンソンなどの短い音楽の著作物がカフェやレストランやサロンなどで演奏されても、長い間著作者に報酬が支払われてはいなかった。

音楽というものは、かげろうのようなものであって、書物や絵画や彫刻とは本質的に異なっており、演奏されてもその痕跡は残らない。オペラのような大作はともかくとして、シャンソンのような短い著作物が演奏されても、プログラムなどで使用の実態を把握することはほとんど不可能であり、作曲者や作詞者はすぐに忘れ去られてしまう。音楽は、同日同時刻にいたるところで演奏されるが、演奏されると同時に消え去ってしまうので、作曲者や作詞者が演奏された行方を突き止めて、著作権使用料を請求することは物理的に不可能である。このためには、著作権使用料を徴収するための組織を結成する必要があった。しかし、一九世紀中頃まで、そのような組織がなかったので、音楽の著作物が演奏されても、著作権の管理は事実上野放しにされていた。レストランやサロンなどでシャンソンを利用していた興行主は、著作権使用料を支払わずに、作詞者や作曲者の著作物を使用しつづけていた。

ルジェ・ド・リールは「ラ・マルセイエーズ」を作詞、作曲したにもかかわらず、楽譜の印税を受けたことはあっても、演奏使用料を受け取ることがないまま生涯を終えている。ルジェ・ド・リールはその後、反革命主義者として投獄され、あやうくギロチン台で処刑されそうになったり、「ラ・マルセイエーズ」の楽譜の印刷のための手形が不渡りになったために投獄されたりして、波乱の一生を送ることになる。ルジェ・ド・リールは、一八三〇年の七月革命によって政権がシャルル一〇世からルイ・フィリップ一世に交替したとき、友人の奔走によってレジオン・ド・ヌール勲章を授与され、一五〇〇フランの年金を受けることができた。その後、年金の金額は三五〇〇フランに増額された。しかし、国王の恩寵に由来する年金は所詮、アンシャン・レジームの時代における特権認可状の精神と変わっておらず、著作権使用料とは次元が異なっている。ルジェ・ド・リールは、著作権の効用を知らないまま、一八三六年に「わたしは世界を歌わせた。そして今、死んでいく」[*2]といって、亡くなっている。

フランス音楽を再興したベルリオーズも著作権の恩恵を十分受けたとはいえなかった。ベルリオーズは一八四六年一〇月、オペラ・コミック座で「ファウストの劫罰」を自費で上演して失敗し、破産する。外国で一旗あげようとしてロンドンに行き、一八四七年一二月から四八年三月まで、ロンドン市とドルリー・レーン劇場のオーケストラを指揮し、劇場のためにシンフォニーを作曲する専属契約を結ぶ。しかし、契約金の三分の一しか払ってもらえずに、一八四八年四月に契約を破棄している。帰国したときには、一九四八年の二月革命でパリは一変していた。

「ついに、私は帰国した。パリは死者たちを埋葬したばかりだ。バリケードのために掘りとった舗道の敷石も、もう一度うめられた。だが再び、たちまちにして掘りだされるかもしれない。到着してすぐに、サン・タントワーヌ街へいってみた。なんたる光景か。ひどい残骸だ。バスチーユ広場の円柱の上を飾る『自由の守り』の像は砲弾でうちぬかれていた。街路樹はひき倒され、ばらばらに切断されている。家は傾斜して崩れかけ、その辺りの街路も広場も河岸も、殺戮の喧騒の悲鳴で今もなおふるえているようだ。猛りたつ狂気と流血の大饗宴に直面して芸術ははたしてどうなっていたのか？　劇場は全部閉鎖され、芸術家はすべて根こそぎになって生活は破壊され、教師は仕事を奪われ、学生は逃亡していた。哀れなピアニストは街の広場で小曲を弾いて施しをうける。歴史画を描いていた画家も街から街をわたり歩く。建築家は国立作業場で漆喰を水で練っていた。[*3]」

ブールジェの抗議

このような時期に、SACEMが誕生した。SACEMは世界で最初に創設された音楽著作権協会である。SACEMの創設については、次のようなエピソードがあった。一八四七年三月、パリの新聞は次のように報道した。

「アレクサンドル・ブールジェ、ポール・アンリヨン、ビクトル・パリゾ、これらの有名な作曲家と作詞家たちは、きのう、シャンゼリゼのカフェ・コンセール『アンバサドール』の店主が彼らの著作になるシャンソンを演奏して利益をあげているにもかかわらず、彼らの権利を無視して使用料を支払っていないことに抗議して、飲食代金の支払いを拒否した。いずれ、この事件は訴訟になるものと思われる。[*4]」

これがSACEMの誕生にいたる事件であった。カフェ・コンセールというのは、シャンソンを聞かせたり軽業を見せたりするカフェで、いまでいうミュージック・ホールであった。最初は、カフェの外に並べられたテーブルのお客に大道芸人の歌手、踊り子、軽業師らが芸をみせていた。一七七〇年代にタンプル大通りのカフェ「アポロン」の経営者が彼らを店のなかに入れて演技させるようになったのが、カフェ・コンセールの始まりであった。カフェ・コンセ

太田出版

出版人・知的所有権叢書

出版人・知的所有権叢書刊行のご挨拶

二〇一七年四月より、太田出版は出版人・知的所有権叢書の刊行を開始します。

「出版人」という言葉と「知的所有権」という言葉の組み合わせに違和感を抱かれた方も多いかもしれません。確実に関係はするものの、そのまま重なり合うわけではないこの二つの言葉の間の距離感にこそ、本叢書刊行の意図があります。

「出版」は本来必ずしも組織としての出版社が行うものではなく、創造物である著作物に意義を見出し、その媒介者として財産的、批評的リスクを引き受けて人に伝えようとする個人がいることで成立します。

「出版人」という言葉には、紙の本の企画・編集にとどまらない、リスクを負って著作物を読者のもとに届ける流通的使命を負う個人という含みがあり、その周辺に使命を支える組織、業界があると位置づけられます。

その「出版人」が日々向き合うのは著作者、著作物を中心とした「知的所有権」の世界であり、著作物を流通させるうえで「知的所有権」は、作品内部だけではなく、その流通の方法、読者の利用を含めた出版後にまで密接に関わり合いが生じます。

いま出版の世界は紙の出版が登場して以来の転換期を迎えています。著作物が配信などを通

〈裏面に続く〉

して一瞬にして伝達されるようになり、紙以外の媒体で情報を得ることも当たり前のこととなりました。利用形態の変化は権利、義務など法的な側面にも揺さぶりを与えています。

現在起きている様々な変化は、その様相がまったく異なる場合でも、すべて先人の苦心や試みの蓄積の延長線上にあり、その歴史を踏まえることにより、問題解決のヒントに気づくことが少なからずあります。歴史は繰り返すということは出版人・知的所有権の世界にも言え、異なる時代の先人の悩みが現在のわれわれの問題を先取りしていることには驚かされます。このことは同一時代の別のジャンルの間でも起きており、少し前まではまったく別のジャンル、別の業界と思われていた領域が技術の発展によって相互関連し、一方のジャンルで起きていたことがほかのジャンルにとっての他山の石となることが頻繁に起こるようになりました。様々な国の間の情勢比較も急務となってくるでしょう。

環境が変化しても、著作物、著作権の本質はかわらないと言われます。しかし現実として起きる現象が異なることで本質が見えにくくなるということもあります。

いまや技術の発達により個人が自らの意思で作品を世に問うことも可能になりました。それでも著作物の伝達がある限り、評価、企画、編集、流通という段階が無くなることはありません。「出版人」と「知的所有権」とを対置させ、この重なり、間にある、出版の本質を伝えることを意図しこの叢書を開始します。

国内外を問わず、「出版」、「知的所有権」をめぐる歴史、知的所有権をめぐる新概念の提示、出版人として生きた個人の足跡など、新たな視点を提示できる読み物をお届けする予定です。

ご期待ください。

株式会社太田出版代表取締役社長　岡　聡

ールは、あっという間にパリ中に広まっていった。最盛期には、一〇〇軒に及ぶカフェ・コンセールが営業していた。カフェ・コンセールには歴史に残るシャンソン歌手が大勢登場している。

「アンバサドールの事件」をきっかけにしてSACEMが創設されることになるが、この快挙の最大の貢献者は、作詞者のアレクサンドル・ブールジェであった。「フランボワジー殿下」「女魚売り」「モンマルトル通信」「農夫の娘」「霧の騎士」などのヒット曲の作詞者であったが、その作品はいまではまったく忘れられている。ラルースの音楽百科事典にもブールジェの名前は載っていない。

一八四七年七月、ブールジェはまず、カフェ・コンセール「モレル」と「アンバサドール」の経営者であるモレルとバラン未亡人に対して彼の著作物を無許諾で使用することを禁止することを通告した。彼はこのデモンストレーションだけに満足することなく、セーヌ商事裁判所に提訴した。九月八日、セーヌ商事裁判所で第一審の判決が下りた。裁判所はモレルに関して、ブールジェの主張を全面的に認め、ブールジェの著作物を演奏することを禁止した。バラン未亡人については、演奏の事実を立証することができなかった。バラン未亡人は著作物を歌った歌手と出版者に賠償責任を転嫁したので、一八四八年五月、ブールジェは二人をあらためて告訴しなければならなかった。八月三日、セーヌ商事裁判所は二度目の判決によって、モレルとバラン未亡人に対してそれぞれ三〇〇フランの損害賠償金をブールジェに支払うよう申し渡した。また、ブールジェの著作物をブールジェの許諾を得ずに演奏または演奏させることを禁止した。モレルとバラン未亡人は控訴したが、その後バラン未亡人は告訴を取り下げた。モレルはあいかわらず、裁判所の判決を無視して演奏を継続していたので、あらたに五〇〇フランの損害賠償金が宣告された。この間、ブールジェは苦しい戦いを続けてきた。さいわいにも、一八四九年四月二八日のパリ控訴院の判決によって、著作権の原則の正当性が保証された。この結果、ブールジェは、いくつかの施設と個人的な契約を結ぶことができ、徴収した金額は年間二四〇〇フランに達した。ブールジェの著作物を使用していながら契約を拒否している興行主に対し、ブールジェはあらためて攻撃を開始した。これらの興行主のうちパリのカフェ・コンセールの六人の経営者は、一二月一四日の判決によってそれぞれ損害賠償金の支払いを命じられた。

アンリッシュとの出会い

ポール・アンリッシュが、友人であったビクトル・パリゾによってブールジェに紹介されたのはこのころのことであった。ポール・アンリッシュは海軍省を退官した役人で、レジオン・ド・ヌール勲章騎士章の受勲者であった。アンリッシュはブールジェのところに来て、「ランテルメード」というシャンソンの専門紙の発刊計画について相談した。この新聞は流行歌を掲載して、歌詞と楽曲の著作者に使用料を支払うことになっているとのことであった。ブールジェは、アンリッシュがこの企画が成功するかどうかについて、確実な見通しをもっていないことが分った。ブールジェはアンリッシュにこういった。

「あなたがお考えになっておられる仕事よりも、もっとよい話がありますよ。」

そして、ブールジェは、これまでの経緯を説明して、一緒に仕事をすれば、多大な利益が得られること、これまでに獲得してきた法的成果にもとづけば、そのことは容易であることを説明した。

「たとえば、私一人だったら、私の許諾を得ずに演奏したことに対して一月に一〇〇フラン、一日に五フラン、一興行について一〇〇フランの損害賠償金しか得られないでしょうが、全国の作詞者や作曲者が団結して一つの組織を作って、フランス全国くまなく著作権の管理をすれば、どのくらいの金額が得られるか分りませんよ。この事業を一緒にやりましょう。私がこれまでに築き上げてきた訴訟の成果を活かしてみませんか。一緒に演奏使用料を徴収する協会を作りましょう。SACDは、オペラなどの大作は管理できても、シャンソンの著作権を管理するようなきめ細かいことはできないでしょうから、そのできないことをやってみましょう。きっとすばらしい事業になることがお分りいただけますよ。」

このエピソードは、別に私が創作したものではない。この提案にはパリゾが立ち会っており、彼は後に、一八六二年六月八日のSACEMの総会でこのことを証言したことが議事録に記録されている。[*4]

アンリッシュは、会社を経営した経験はあったが、著作権が事業の種になるとは考えたことがなかったので、ブールジェの申し出は新鮮だった。彼は才覚のある人物だったので、ブールジェが獲得してきた状況から得ることができる利点についてすぐ理解することができた。翌日、彼はブールジェに会って、喜んで参加することを伝えた。ブールジェは、アンリッシュをフレデリック・ド・クルシー、シャルル・プランタード、ローラン・ド・リエなどの仲間やジュール・フランソワ・コロンビエに紹介した。コロンビエは、最初の訴訟事件のとき、商事裁判所においてブールジェの保証人になった出版者である。これを契機として、パリゾ、ブールジェとアンリヨンの三人は、出版者コロンビエの援助を得て、音楽の演奏権を管理する機構を設立することになった。こうして、一八五〇年三月一八日、演奏使用料を徴収するための一種の共済組合が誕生した。その名称は、「音楽作詞者作曲者使用料徴収本部」Agence centrale pour la Perceptions Droits des Auteurs et Compositeurs de Musique で、本部の所在地はパリのサントアンヌ通り六三番地であった。

会員として参加したのは、ブールジェ、アンリヨン、パリゾ、コロンビエの他に、シャルル・プランタード、アドルフ・アダム、イッポリート・ゲラン、フランソワ・マッシーニ、フレデリック・ド・クルシー、シャルル・ドランジュ、ジュール・ムワノーらの作詞者と作曲者、ジュール・コロンビエ、レオポルド・ウジェル、メッソニエ、メイヨ、A・ブリュル、フランソワ・ボナルディらの出版者であった。数カ月後、加盟者は二二一名に達していた。加盟者の名簿が作成され、本部から劇場の支配人や施設や音楽会の主催者に送付された。

しかし、この徴収本部の誕生は一般大衆から歓迎されたわけではない。業界誌「ラ・フランス・ミュジカル」は一八五〇年三月一〇日号で、徴収本部の誕生を辛辣に批判している。

「とんでもない事態が発生した。作詞者、作曲者、音楽出版者の著作権使用料を徴収する団体が創設されようとしている。この新しい発想を考えついた人はアンリッシュ氏である。その目的はきわめて明瞭であって、ロマンス、小アリア、シャンソネット（筆者注、「シャンソン」の後に「小」の意味の「ネット」という接尾語をつけて、「小唄」と称してシャンソンを蔑視している）、混成曲がサロンや音楽会で使用された場合に著作権使用料を徴収しようというものである。こうなってしまうと、今後は、所有権の侵害の罪によって逮捕されることを覚悟しなければ、ロマンスを使用することはもはやできなくなってしまうだろう。まじめな紳士がこのようなくだらないことにかかずらわることができるだろうか？　あきれた話ではないか。いまや、思想の自由について声高く宣言しなければならない時期だというのに、ロマンスの歌手に使用料を課すなどという幼稚で滑稽な問題を提起するとは！　芸術というものは、献身と無私無欲な精神にもとづいて大衆の心に入っていくものでなければならない。このような常識に反することがおこなわれてきたことはこれまでにはなかった。

このようなもくろみが実現するようであれば、われわれは断固戦いを挑み、叩きつぶさなければならない。オペラやシンフォニーのような大作ならともかく、シャンソンやロマンスに使用料を支払うなどということは、不条理のきわみである。[*5]」

このように書いた新聞記者は、著作権使用料を徴収する団体の誕生を報じると同時に、徴収本部に対して堂々と宣戦布告している。しかし、彼は当時の一般大衆の世論を代弁していたということもできる。

SACEMの前身である徴収本部が一九世紀半ばに創設されたことは、別に狂気のさたでもなく、偶然でもなかった。徴収本部が創設された二年後の一八五二年に、ルイ・ナポレオンはみずからクーデターを起こして、第二帝政を開き、ナポレオン三世になっている。第二帝政の一九年間は、産業革命が完成して長期間にわたって経済成長が著しかった。それまでの五〇年間に総生産と農業生産は三倍、工業生産は五倍となり、フランスは、ヨーロッパ大陸における資本主義の先進国になっていった。セーヌ県知事オスマンによる都市計画によってパリは大改造された。古い町並みは壊されて、オペラ座が建設され、新しい橋がセーヌ川に渡され、シャンゼリゼ大通りが出現した。産業革命の浸透によって音楽の消費形態が大きく変動し、音楽を取り巻く社会環境も変化した時代であったので、徴収本部の誕生はいわば必然であったといえる。古い田園的なフランスは消滅しつつあった。産業革命によって都市の工場は膨脹し、農村の人口を吸収していった。パリといくつかの地方の大都市の人口は増えつづけ、爆発寸前であった。パリの人口は、ナポレオン三世の在位一九年間に、一二九万人から一八五万人にふくれあがった。一八五五年と六七年にはパリで万国博覧会が開催され、はなやかな時代であった。音楽が創作されるのは都会においてであったが、地方の人々も、だんだん都会人が好んで聞くような音楽に慣れ親しんできた。第二帝政の治下では、カフェ・コンセールの数が急速に増え出してきた。シャンゼリゼ通りには、アンバサドール、オルロージュ、カドラン、カフェ・モカのような店が営業を開始していた。大通りのいたるところに大道芸人の歌手がたむろし、キャバレー、酒場、ダンスホールも隆盛を極めていた。歌劇はオッフェンバックが全盛で、ワルツが流行していていた。

一八六四年一月六日法によって劇場の自由が復活したのも、第二帝政のときのことであった。劇場の自由というのは、公認の舞台でなくても、オペラを上演することができるということである。盛り場では、オッフェンバックが座主であるブッフ・パリジャン、フォーリー・ヌベル、マリニィ、バリエテなどの劇場が盛況であった。音楽のレパートリーが多様化し、それまで公認の劇場では仕事場をみつけることができなかった作詞者や作曲者にも活躍の場が与えられるようになってきた。このように音楽のマーケットが飛躍的に発展する時代がSACEMの前身の揺籠期であった。

SACEMの誕生

徴収本部は、一八五〇年五月から使用料の徴収を開始した。一八五一年一月までの九カ月間に徴収した金額は、パリだけで七四五四フランに達した。

一八五〇年

一八五〇年	五月	一四七フラン
	六月	二八八
	七月	八二九
	八月	一一〇八
	九月	一〇二六
	一〇月	九七七
	一一月	一〇二一
	一二月	一〇四一
一八五一年	一月	一〇一七

一八五一年二月、徴収した使用料が会員に分配された。使用料の分配によって著作者と出版者は元気づけられ、徴収本部を発展的に解消して、「作詞者作曲者音楽出版者協会」Société des Auteurs, Compositeurs et Editeurs de Musique が創設されることになった。これが現在のＳＡＣＥＭである。定款には、協会は、出版者の協力を得て作詞者と作曲者の権利を保護することを目的とするとうたわれていた。協会の存続機関は一八五一年三月一日から五年間であった。これは、当時としては妥当な期間であった。初代の理事会は「サンディカ」Syndicat と呼ばれていたが、次の人々によって構成されていた。サンディカというのは、「サンディック」Syndic（理事）すなわち会の共通権益を擁護することを担当するものによって構成される会合

を意味している。

作詞者として、アレクサンドル・ブールジェ、イッポリート・ゲラン、シャルル・ドランジュ、ジュール・ムワノー。作曲者として、ルイ・クラピソン、ポール・アンリヨン、シャルル・プランタード、ビクトル・パリゾ。出版者として、A・ブリュル、フランソワ・ボナルディ、エドアール・メッソニエ、しばらく遅れて、カミーユ・プリリップ。

シャルル・プランタードが会長に選出され、副会長としてコロンビエが補佐した。フランス学士院の会員であったアドルフ・アダムが名誉会長に選出された。レオポルド・ウジェルとコロンビエが名誉会員に選出された。こうして、SACEMが誕生した。SACEMのスタートはつつましやかなものであった。しかし、一八五一年三月一日から翌年三月一日までの徴収額はわずかに一万四四〇七フランにしかすぎなかったが、その後、急速に増加して、一〇年後には一一万五〇〇〇フランを超えた。会員の数も急速に増加していった。一八五二年三月一日には三五〇人にしかすぎなかったが、一八五八年には七六〇人が参加していた。

一八五二年六月二四日の破棄院の判決

一八五二年六月二四日の破棄院の判決によって、作詞者と作曲者の権利に関する判例が確立された。この事件は、ジュール・コンヌボなるものが、リヨン控訴院において、二〇フランの罰金とSACEMに対する六〇フランの損害賠償の判決を宣告されたことを不満として上告したものであった。

原告の主張は次の二点であった。第一点は、作詞者と作曲者は、無断で演奏されたとして告訴の対象となっている著作物について、一七九三年七月一九―二四日法第六条によって要求されている事前登録をおこなっていないということであった。この点に関する破棄院の判断は、音楽の著作物または演劇の著作物を含むあらゆる種類の文書の著作物の所有権の保全のために、一七九三年法によって必要とされる事前登録は印刷の場合に限定され、著作物の劇場における上演には必要ではないというものであった。第二点は、音楽の著作物が歌詞または演技をともなわずに使用され、入場料を支払わずに公衆が出入りすることができるカフェは劇場とはみなされないということであった。破棄院の判決は、著作者に無断で演劇の著作物を劇場で上演する興行者に罰金を科している刑法典第四二八条は、カフェの経営者がその施設において、作曲者の許諾を得ずに音楽の著作物を歌わせた場合にも適用される。その場合、演技をともなわない場合であっても、公衆が入場料を支払わずに出入りできる場合であっても適用される。破棄院の判決によって、作詞者と作曲者の権利に関する判例が確立され、以後、この判決はSACEMの活動のよりどころとなった。

SACEMには、フランス人の作曲家ばかりでなく、イタリアやドイツの著名なシンフォニーの作曲家も加盟した。イタリア人のロッシーニ、ベルディやドイツ人のワーグナーもSACEMの会員であった。他の国にはまだ音楽の著作権を管理する団体は誕生していなかったからである。イタリアのSIAEは一八八三年、オーストリアのAKMは一八九七年、スペインの

SGAEは一八九九年に創設されることになる。ドイツのGEMAが創設されたのは一九〇三年で、二〇世紀になってからであった。アメリカではASCAPが一九一四年に創設され、一九四〇年にはASCAPの対抗馬としてBMIが誕生している。日本では、JASRACが創設されたのは一九三九年である。

これらの三人の作曲家はいずれもSACEMの会員ではあったが、その生涯はさまざまであった。ロッシーニは、「セミラーミデ」が成功しなかったので、イタリアの聴衆に見切りをつけて、一八二四年、パリのイタリア・オペラ劇場の音楽監督となり、「オリー伯爵」「ウイリアム・テル」を発表して絶賛を博した。とくに、「ウイリアム・テル」は、フランスのオペラ史の流れを変えた傑作といわれており、いまでもグランド・オペラの手本といわれている。ロッシーニは、一八五五年にパリに戻り、以後死ぬまで愛する猫とともにパリに定住した。死後、遺産はペーザロの音楽院に寄贈された。ベルディはパリに定住はしなかったが、いくどかパリを訪れ、一八六四年にはフランスのアカデミー・デ・ボザールの会員に推薦されている。イタリアの国民的英雄として幸せな晩年を過ごし、億万長者になり、ミラノに音楽家の養老院を建設した。ベルディが使用料の分配を受領した書簡がSACEMの資料室に保管されている。

「一九〇〇年末までの著作権使用料として二六九一・八〇リラの小切手を受け取りました。どうもありがとうございました。」(一九〇一年一月一七日、中央代理人のV・スションあてのフランス語の書簡[*4])

ワーグナーは、二度にわたってパリに滞在しているが、その音楽はフランス人の感性にあわず、共感を得ることができなかった。ワーグナーはドイツ人であったために、その作品の上演はしばしばやじりたおされたり、禁止されたりした。フランス人のなかには、普仏戦争（一八七〇—七一）の敗北によって塗炭の苦しみを味わされたことを根にもって、ドイツ人を恨んでいるものが多かったためである。ワーグナー自身も終世、フランスを憎悪していたといわれている。それでも、ワーグナーはＳＡＣＥＭの会員であった。ワーグナーは、ＳＡＣＥＭとは別に、ヨーロッパ各地の劇場で「ローエングリーン」や「タンホイザー」が上演される度に、入場料の一〇パーセントの上演使用料を受け取っていたので、金銭的には十分恵まれていた。

　一八七八年、内部機構を整備してきたＳＡＣＥＭは、外国にまで業務地域を拡大しようとした。まず、ＳＡＣＥＭはベルギーに代理店を設置し、たくみに運動してベルギーの国会を動かし、一八八五年一二月一日、「美術的文学的所有権法」を採択させた。つづいて、ＳＡＣＥＭは、オランダ、スイス、スペイン、ギリシャ、モナコ、ルーマニア、シリアにも支店を創設した。ＳＡＣＥＭは、これらの国において著作権使用料の徴収の主導権を握り、著作権保護について判例を作っていった。フランス周辺国におけるこれらの代理店や支店は、その後発展して独立して、それぞれの国の権利者によって運営される著作権協会になっていく。ヨーロッパ諸国とりわけドイツ、英国、オーストリア、ベルギー、イタリア、ポーランドの著作権協会はＳＡＣＥＭをモデルにして作られたものである。

二〇世紀になると、SACEMの業績は飛躍的に伸びていった。一九九〇年の徴収額は二三億四三〇〇万、九一年は二六億七〇〇〇万フラン、九二年は二六億七〇〇〇万フランであった。一九三三年の徴収額は二八億六八〇〇万フラン（対前年比七・四一パーセントの伸び）、分配額は二三億一四〇〇万フラン（対前年比七・一三パーセントの伸び）になった。管理経費は一六・九二パーセントであった。分配の対象となった著作物は五〇万曲以上であった。分配を受けた会員は三万二三六人、そのうち生存している著作者は二万二二八七人、出版社は三三三七社であった。生存している著作者のうち六万フラン以上の分配を受けた会員は一五六九人であった。高額の分配を受けた著作者一〇〇人の内訳はシャンソンとバラエティー関係が五八人で、そのうちシンガーソング・ライターが三九人であった。シンフォニーの作曲者が一〇人、オーディオ・ビジュアルの作曲者が二八人、子供向けの音楽関係が三人、ジャズの作曲者が一人であった。一九九三年に入会した著作者は二四九二人、出版者が一三九社であった。

宿命の対決、ディスコとの係争

SACEMの歴史を述べるにあたっては、つい最近まで、SACEMとディスコ業界との間で十数年間にわたって展開されてきた係争事件についてふれないわけにはいかない。SACEMの歴史は、いわば著作権の判例の積み重ねの歴史であった。SACEMは創立以来、つねに著作権者に有利な判例を勝ち取ってきたが、ディスコ業界との訴訟において初めて苦渋の経験をすることになる。

一九七八年、ＳＡＣＥＭは数十のディスコのグループの挑戦を受けて、創立以来最大の危機にみまわれることになった。同年四月、ディスコ店側は、ＳＡＣＥＭがディスコに適用している演奏使用料は、欧州経済共同体（ＥＥＣ）の他の諸国の著作権協会の使用料に比較して異常に高額であるとして、引き下げを要求してきた。両者の主張が衝突したために、当然のことながら、訴訟事件に突入し、以後両者は、一五年間にも及ぶながい間、それぞれの存立をかけた法廷闘争を続けることになった。

ＳＡＣＥＭがディスコに適用する使用料を定めた最初の協定は一九六三年に遡る。その後、この協定は定期的に改訂され、当時、使用料はディスコの税金とサービス料を含む総収入の八・二五パーセントであった。ディスコ側によれば、ＳＡＣＥＭの使用料は店の存立を損なうほど法外に高いということであった。ディスコで使用される楽曲はアメリカやイギリスのレパートリーがほとんどで、フランスの楽曲はあまり使用されないので、外国協会のレパートリーだけでプログラムを編成すれば、ＳＡＣＥＭのレパートリーを使用しないですませることが可能である。そのため、外国協会のレパートリーの使用に限定した許諾の取得を希望する。そうすれば、はるかに安い使用料ですませることができる。

ディスコ側が主張の拠り所としたのは次の三点であった。まず、ＳＡＣＥＭが外国のレパートリーを管理するために外国の協会と締結している相互代表契約は、ＥＥＣ条約（ローマ条約）第八五条一項において禁止されている「競争」を制限する慣行を構成し、不当なカルテルに該当する。二番目に、SACEMがディスコに許諾を与えている包括使用契約には、ディスコで演奏されることのないレパートリーが含まれており、ディスコが必要とするアメリカやイギリスのレパートリーに限定した許諾を受ける可能性を閉ざしており、公正とはいえない。三番目に、フランスにおける唯一の著作権協会として世界中のレパートリーを管理しているSACEMが他のEEC諸国の著作権協会よりも異常に高額な使用料を適用しているのは「支配的地位の濫用」である。総じて、SACEMがおこなっている著作権管理業務は、著作権法に規定されている著作権協会の権利に関する条項に違反しており、フランスの国内法と欧州共同体法における競争権に抵触している。

SACEMの反論は次のとおりであった。SACEMが適用している使用料率は外国の協会と比較して正当であり、濫用とはいえない。包括使用許諾は、ディスコが個々の楽曲について一々面倒な許諾を得なくても、フランスと外国のレパートリーを使用することを可能にしている。SACEMが外国協会との間で締結している相互代表契約は「不法合議」を構成していない。当初、SACEMの主張は法廷において全面的に認められた。SACEMに挑戦してきたディスコ側は、SACEMと協定を締結している大きな組合に加盟している数千のディスコとは異なり、小規模の二三の組合を介してSACEMを攻撃し、一五年間以上も、民事と刑事にわたってくりかえし、裁判所、控訴院、破棄院に訴訟を提起してきた。破棄院は、数十に及ぶ判決を下してきた。

このような法廷闘争は、係争の期間が長期にわたっただけではなく、SACEMは、一八五一年に創立されてから数多くの訴訟事件に関与してきたにもかかわらず、いまだかつて経験したことのないものであった。この係争の過程で、ＳＡＣＥＭの存在と業務活動のよりどころとなっている法行為のすべてが論争の対象となった。たとえば、著作権者がＳＡＣＥＭに入会する場合の入会契約書の内容と合法性、ＳＡＣＥＭの定款の妥当性、会員の権利の委託の特徴である排他性などが問題にされた。また、ディスコ側は、ＳＡＣＥＭが使用許諾を与えている契約書の内容、ＳＡＣＥＭが大手のディスコ業者の組合に認めている優遇措置の協定などについても、攻撃の材料にしてきた。国内法やＥＥＣ法に関連して、あらゆる経済関係の法令がＳＡＣＥＭを攻撃するために援用された。

ＳＡＣＥＭ攻撃の先頭に立ったのは、並の使用者ではなかった。一人はプランセス社のオーナーであるジャン・カステルで、彼は自分の名前を冠した「カステル」というディスコをいくつも経営していた。もう一人はモーリス・モリナで、パリのレジャー施設の経営者組合のボスであった。彼は、一九九三年三月の総選挙に立候補したが、どこの党派にも所属しておらず、「ＳＡＣＥＭを国有化せよ」というのが選挙スローガンであった。フランス国内では、この係争は破棄院までいって争われたが、結局のところ、ディスコ側の主張は認められなかった。フランスの法廷は、ほとんどの事例において、競争委員会の意見を参考にして、ＳＡＣＥＭが競争に関する国内法、ＥＥＣ法に抵触しているかどうかについて、若干のためらいをみせたものの、競合権に照らしてＳＡＣＥＭの業務は正当であり、八・二五パーセントの使用料は妥当な金額であって、ＥＥＣの他の国よりも高額であっても、ローマ条約第八六条にいう支配的地位の濫用には該当しないと判断した。

国内の法廷の判決に不満をもったディスコ側は、係争が始まってから一〇年後に、ブラッセルにあるＥＥＣの司法裁判所に提訴した。司法裁判所は一九八九年七月一三日、ＳＡＣＥＭの使用料がＥＥＣの他の国における著作権協会の使用料と比較してはるかに高額であるのは、経済的に優位な支配的地位の濫用を禁止しているローマ条約第八六条一項に違反する可能性があると判決した。しかし、ＳＡＣＥＭが外国協会と締結している相互代表契約書とディスコに対する包括使用契約書については不当であるとは認めなかった。司法裁判所の判決は、フランスにおける事件に直接断を下すものではなかった。しかし、司法裁判所の判決によって事件は振り出しに戻り、あらためてフランス国内の法廷において争われることになった。

一九九〇年五月一六日、控訴院は下級裁判所の判決を支持し、使用料支払いを拒否していたパリ地区の七つの大手のディスコに対して、ＳＡＣＥＭへ使用料を支払いを命令し、その他のディスコに対しても、いままで支払っていた使用料をＳＡＣＥＭが最近適用している料率にまで引き上げるよう命令した。ＳＡＣＥＭの使用料率は、その後引き下げられて、五・五パーセントから六パーセントの間になっていた。しかし、控訴院は、ＳＡＣＥＭの使用料率が他のＥＣ諸国の著作権協会の水準と比較して相当に高額であるのは、ローマ条約第八六条一項に違反する可能性があるというＥＥＣ司法裁判所の判決に対する態度は留保して、フランスの反トラスト競争委員会に見解を求めることになった。

係争は再度舞台をＥＥＣに移したが、一九九二年一月二〇日、ＥＥＣの委員会はＳＡＣＥＭ

の使用料は高すぎるというディスコ店側の主張をしりぞける評決をおこなった。このころのSACEMの使用料は、ディスコ店の総収入の四・六パーセントから五・九パーセントの間になっていた。フランスには約三五〇〇のディスコがあり、それらの総収入は年間六〇億フラン(約一二〇〇億円)であった。フランスではSACEMに対して未払いになっていた使用料は三億フランに達していた。係争によってSACEMに対して未払いになっていた使用料は三億フランに達していた。

SACEMとディスコ側との係争は一五年間に及んだが、一九九四年の夏に文化大臣に就任したジャック・トゥーボンの調停によって、ようやく決着した。トゥーボンによれば、この係争はながい年月と莫大な訴訟費を費やした「不毛な争い」であるとして、調停に乗り出したのであった。その結果、SACEMもディスコ店の組合も調停の提案を受け入れることになった。急転直下係争が解決をみたのは、両者とも、あまりにもながすぎた係争にくたびれはて、飽きてきたためであった。一五年間に、北西部フィンステール県のカンベールという小さな村の地方裁判所からルクセンブルグのヨーロッパ共同体高等法院にいたるまで、両者は数百の裁判所において争ってきた。前判決を破棄する判決は八〇を超えた。調停によって提示された使用料率は、ディスコの総収入の四・三九パーセントで、それまでの使用料の八〇パーセントであった。未払いのディスコは、一九九〇年一月一日に遡及して支払いをおこなうことになった。何百にも及んだ訴訟はすべて取り下げられ、一九九四年一月一日から新しい使用料率が適用されることになった。

一九七八年から八八年までの一〇年間は、SACEMの連戦連勝であったが、一九八九年E

ECの司法裁判所によって、SACEMはEECの他の諸国に比較して高い使用料率を適用して、強力な権利を濫用している疑いがあるという判断が下ったころからSACEMにとって雲行きはおかしくなってくる。フランスの公正取引委員会からも、SACEMの使用料率は他の国よりも高いという見解が表明された。今回の調停にあたって最大の問題点は、使用料の遡及支払いについてであった。最終的には、過去分について三〇パーセントの割り戻しが認められ、これまでSACEMに使用料を支払ってきた店は、今後三年間にわたって、割り戻しを受けることになった。SACEMがこの係争に費やした費用は約一億二〇〇〇万フラン（約二〇億四〇〇〇万円）といわれている。しかし、一九九六年から両者の交渉が再開されることになっているので、いぜんとして問題は波乱含みである。

SACEMとディスコとの係争は、著作権協会が使用者から告訴されて被告の立場に立たされたことのみならず、使用料の金額の問題から発展して、著作権協会の業務が公正な取引といえるかどうかについて争われたことからみて、著作権協会の将来を予見する事件であったといえよう。

第9章　ベルヌ条約

フランス語の国際性

一九世紀のフランスは、ナポレオン帝政崩壊の後を受けて、王政、共和制、帝政、共和制と政治形態が目まぐるしく変遷していった。しかし、その間に、フランスは、他のヨーロッパ諸国にさきがけていち早く中央集権国家を実現していったので、政治、経済のみならず文化においても、ヨーロッパの中心であった。とくに、文学の分野においては、ユゴー、バルザック、ジョルジュ・サンド、デュマなどそうそうたる顔ぶれが輩出した絢爛豪華な時代であった。

当時フランス語は、ヨーロッパにおいてもっとも使用頻度の高い言語であり、遠くロシアも含めたヨーロッパ各地の社交界における共通語であった。ヨーロッパ中の知識人はみなフランス語を話すことを誇りにしていた。たとえば、ゲーテは文筆活動を始めるにあたって、ドイツ語にしようかフランス語にしようかと迷ったといわれている。フリードリッヒ大王は、オーストリア継承戦争と一〇年戦争に勝利を得て、プロシャの存在を列強に認識させた名君であったが、母国語のドイツ語を軽蔑して、フランス語を話すことを誇りにしていた。フランス語の著作物はヨーロッパ中にいきわたっていたので、フランス語はいまやラテン語に代わる国際語になっていた。フランス語が話せれば、通訳がいなくてもヨーロッパ中を旅行することができた。このため、フランス語の著作物は、原文のままでも外国で多くの読者をもっていた。フランスで新しい著作物が出版されると、ただちにヨーロッパ諸国で無断で翻訳され出版された。

フローベールの「ボバリー夫人」は、雑誌「レビュー・ド・パリ」に発表される以前に、フランスの出版者ミッシェル・レビーによってドイツで単行本が出版された。バルザックの「田舎司祭」とメリメの「コロンバ」も本の形式で最初に発表されたのはベルギーにおいてであった。著作権に関する二国間条約やベルヌ条約が制定される以前には、フランスの著作物の海賊版が外国で製作され、フランスに逆輸入されてきた。一八一五年ごろから、ベルギーの出版者はフランスの著作物の廉価版を出版していた。たとえば、フランスでは二、三巻に分冊され、一巻あたり七・五フランする本を一巻にまとめて三フランで出版し、著作者には印税を支払わなかった。一九世紀の前半には、著作権を保護するための法律をもたない国もあり、たとえ法律があっても、十分な保護を与えているとはいえない国が多かった。この被害をもっとも大きく受けていたのは、フランスの著作者であり出版者であった。彼らは、外国でフランスの著作物が侵害されるのを防ぐためには、著作権を国際的に保護する必要があることを痛感していた。

「新エロイーズ」の海賊版

ジュネーブ人のジャン・ジャック・ルソーは、「新エロイーズ」（一七五九）をオランダで出版したとき、その海賊版がパリで出版されるのではないかという不安を親友のマルゼルブにもらしている。マルゼルブは、出版統制局長として出版の検閲の最高責任者の地位にいたが、ルソーの著作物が穏便に出版できるようさまざまな便宜をはかってきた。マルゼルブは、フランスとオランダに条約がない以上は、オランダで印刷された著作物の海賊版がフランスで出版されても、禁止することはできない、とルソーを慰めている。

「恐れていられるように見受けられる偽版に関して申しますと、この点について規則となるべき規則に関しては、貴殿と同意見ではありません。外国で印刷された書物の偽版を作ることは、どの国でも禁じられてはおりません。書籍商の利益と著作者の利益というまったく相異なる二つのことを考慮しなければなりません。書籍商の利益が、オランダで印刷された書物をフランスで再版することを阻止する動機となりうるのは、ただ、フランスですでに公刊された書物をオランダで印刷するのを禁止する場合のみです。そのためには、二国間に一種の条約が必要でありましょう。しかし、こうした条約が存在するどころか、外国人ことにオランダ人は、フランスで公刊された書物をすべて再版しております。したがって、フランスの政府が報復行為をなすのをさし控えるというのは馬鹿げたことでありましょう。

著作者の利益についていえば、世界中のすべての国で、著作者がその著作からできるかぎりの利益をひきだすのが正当です。そして、そのために、著作者にはその著作物の特権認可状が与えられているのですし、また、同じことになるかと思いますが、著作者が選び指定する書籍商にその特権認可状が与えられているのです。

これらの二つの原則に従えば、オランダでレイが印刷した著作物をフランスの書籍商が再版するのを禁止することはできません。貴殿が選ぶフランスの書籍商に優先権を与えるのが適切です。もちろん、このフランス人が実際に刊行することが条件であり、他のフランス人がレイと競合するのを阻止するためにのみこの与えられた認可を用いたりはしないということが大切です。

貴殿は、オランダの書籍商と交わした約束に拘束されていると考えてはなりません。なぜなら、貴殿は自分が持っていなかったものを彼に与えることはできないからです。ところで、貴殿は、パリの書籍商が彼の版を模倣したり偽造したりするのを阻止する権利を持ってはおりませんでした。[*1]」

ルソーは次のように反駁している。フランスでは、書物の製造費が高い上に、検閲制度で出版の自由が制限されている。オランダで出版の自由が認められている以上、オランダで出版されることが多いのは避けがたいことである。オランダは、書物の生産国であるが、フランスに比して書物の消費量は格段に少ない。したがって、フランスで出版された書物の海賊版がオランダで出回っても、フランスの出版元はさして打撃を受けないが、オランダで出版された書物の海賊版がフランスで出版された場合にはオランダの出版元は甚大な被害を受ける結果になる。ちなみに、「新エロイーズ」は、マルゼルブの斡旋によってフランスでも一〇〇〇部出版され、ルソーは一〇〇〇フランの報酬を受け取ることで決着がついた。

「ベルリオーズの回想録」

フランスでも外国人の著作物の保護は完全に無視され、野放しにされていた。一八〇一年八月二三日、オペラ座の支配人はモーツァルトの「魔笛」を上演するにあたって、「イシスの神秘」という題名に変えてしまった。支配人の委嘱によって、台本はだれにも見分けがつかないように換骨奪胎されてしまい、モーツァルトの音楽はラクニットというドイツ人によって組み変えられてしまった。「イシスの神秘」のスコアが出版されたが、モーツァルトの名前の横にラクニットの名前が印刷されていた。モーツァルトの場合は死後一〇年を経過していたが、「魔弾の射手」が一八二四年一二月七日にオデオン座で上演されたときは、作曲家のウェーバーはまだ生存中であった。「魔弾の射手」は「森のロビン」という題名にされ、カスティル・ブラーズによって原曲はずたずたに切断され、改竄されてしまった。この上演は客の入りがよかったので、カスティル・ブラーズは一〇万フランを荒稼ぎしたが、原作曲家のウェーバーには一銭の収入もなかった。ウェーバーは新聞紙上で抗議した。カスティル・ブラーズは、「森のロビン」が成功を収めたのは、もっぱらカスティル・ブラーズが変更を加えたことによるものであって、ウェーバーはフランスにおいて彼を有名にした人を非難する恩知らずであると回答している。創作の現場にたずさわっていた当時の人々の認識はこの程度にすぎなかった。

「カスティル・ブラーズとラクニットは、二〇年という間をおいてであるが、この二人の乞食王が、調和の世界の王とも称すべき巨匠の美しい衣服の上に汚れたマントを無理やりにかぶせて走り回ったのである。モーツァルトとウェーバーという二人の天才が、猿まわしの猿の安ピカの滑稽な衣裳を着せられて、眼をえぐられ手足を折られて、そんな姿でフランスの聴衆の面前に立たされたのだ。[*2]」

一八三〇年代から四〇年代にかけて、ベルギーではフランスの出版物の海賊版の製造が盛んであった。バルザックは、愛人のハンスカ夫人あての手紙のなかで、ベルギーの海賊版業者の無秩序ぶりを嘆いている。

「ベルギーはフランスの文学を破滅させています。私たちの本を盗み読むなんというずうずうしさ。みんなでベルギーの出版物をボイコットし、あなたのようにフランスの出版物を買って下さる人がヨーロッパ大陸に二〇〇〇人おれば、私たちは救われます。ベルギーは私たちの本を二〇〇〇部も三〇〇〇部も売っているのです。[*3]」

その後、ベルギー政府が海賊版の摘発に同意するという噂が広がったとき、楽天的なバルザックは、借金の山を返済できると狂喜した。

「ベルギーの海賊版が絶滅すれば、私は二年間で自由の身になります。そうすれば、一〇万フランが入ってくるでしょう。[*3]」

しかし、バルザックの期待が実現するのは、彼の死後二年後の一八五二年に、フランスとベルギーとの間で条約が締結されてからのことであった。

二国間条約

フランスは、自国の著作者の権利を保護するために、諸外国と著作権の保護に関する二国間条約を締結していった。サルジニア（一八四三）、英国（一八五一）、ポルトガル（一八五一、六六）、ハノーバー（一八五一）、ベルギー（一八五二、六一、八〇）、スペイン（一八五三、八〇）、オランダ（一八五五、五八）、ドイツ（一八八三）、スイス（一八六四）、オーストリア（一八六六、八五）、デンマーク（一八五八、六六）、イタリア（一八六二、六九）の諸国と二国間条約が締結された。一八四三年から一八五八年にかけて、二五カ国と二八個の条約が締結された。一八七八年には、その数は四六カ国、五五個になっており、「迷路」のように複雑であった。当時、外国人の著作者の取り扱いは、国によってまちまちであった。フランスとベルギーは、きわめて寛大な思想によって、すべての外国人を内国民と同一に取り扱っていた。もっとも、その後のフランスの判例はこの解釈を狭めて、フランスの著作物を保護している国の国民についてのみ保護を適用するようになっていた。ドイツ、スウェーデン、スイス、ハンガリーは属地主義ないしは属人主義の原則を採用し、イタリアは相互主義の原則を採用してきた。スペイン、ギリシャ、ノルウェー、ポルトガルも、同じく相互主義の原則を採用していた。ドイツとスウェーデンは、自国民が外国で著作物を発行しても保護していたが、オーストリア、デンマーク、英国、イタリア、オランダは、自国民が外国で著作物を発行すると、内国民としての保護を排除していた。米国は、後に一八九一年三月三日法によって、「製造条項」（米国において著作物が複製された事実）とワシントンの国会図書館著作権局に著作物を登録した事実にもとづいて、米国人の著作物を保護している国の著作物にかぎって保護するようになる。

一九世紀の中ごろから、著作者たちは、ＳＡＣＤやＳＡＣＥＭの活躍に刺激されて、外国で出版される海賊版に対する著作権の保護について政府に支援を求めるようになってきた。その結果、とくに偽造に関連して、通商条約や航海条約に文学的所有権に関する条項が挿入されるようになった。しかし、実際には著作権を保護するために必要とする方式や義務の数があまりに多く、多種多様であったために、条約は死文化してしまうことが多かった。国によって、著作権の法制度が千差万別であり、著作者の権利を十分に保護する体制が整備されているとはいえなかった。

まず、著作権の保護を享受するためには、著作物を公の登録簿に登記したり、所轄の官庁に納本したりするなどの方式の履行を求める国があった。スペイン、フランス、英国、ギリシャ、イタリア、ルクセンブルグ、オランダ、ポルトガルなどにおいては、法律に規定された方式を履行しないかぎり、著作権の発生が認められなかったり、訴訟をおこなったりすることができなかった。たとえば、一八六五年五月一〇日のフランスとプロシャとの条約では、フランスの劇作家は、劇の初演から三カ月以内に、ベルリンの宗務省またはパリのプロシャ公使館に登録して、登録から三カ月以内にその翻訳の上演を保証しなければならなかった。著作者は、期間内に登録費用を支払い、上演してくれる劇場をみつけなければならなかった。一八五二年一月二二日の英国との条約の場合は、「フランスと英国のそれぞれの舞台において、演劇の著作物を善意によって模倣したりあるいは翻案したりすること」が認められていた。著作者にとって外国における方式の履行は繁瑣で経済的にも大きな負担となっていた。

次に、原著作者の翻訳権あるいは小説を劇化する翻案権をまったく認めていない国があり、たとえ認めていても、登録などの方式の履行が条件になっていたりして、実際的な効果は制限されていた。また、翻訳権の保護期間はきわめて短く、登録の日からわずか三カ月間ということもあった。このため、フランスの著作物は無断で翻訳されてしまい多大な被害を受けていた。また、上演権や演奏権にも制限が加えられていた。たとえば、著作物は出版された以上は、上演や演奏の許諾は必要とせず自由に上演したり演奏したりすることができる国もあった。ドイツ、英国、ルクセンブルグ、オランダは、発行物に上演権と演奏権を留保する旨の表示がある場合にかぎって、上演や演奏を禁止することが認められていた。デンマークやノルウェーのように、新聞記事を自由に複製することを認めたり、保護するにあたって条件をつけている国もあった。最後に、著作権の保護期間は国によってまちまちであったので、国際的に統一する必要があった。

二国間条約は保護基準の低い国の法律にあわせて適用されていた。文化の輸入国は他国の著作者に自国の著作者よりも有利な待遇を認めたがらなかった。ほとんどの場合、フランスは、外国においてフランス法による保護よりもはるかに低い保護しか認めてもらえなかった。二国間条約の締結はヨーロッパ諸国が国境を越えて著作権を保護するために努力してきたことのあらわれであるが、条約の内容がまちまちで国によって保護の基準が相違していたために、裁判官や関係者は条約の適用にあたって判断に迷うことが多かった。SACDは、こうした状況に対応するために、台本を出版する時期を遅らせて、外国で上演をおこなってくれる代理人の仲介によって外国の劇場にその著作権を買い上げてもらうよう勧告した。SACDの外国委員会は既存の条約を改良するために努力した。一八六七年のローマ教皇庁との条約がモデルになった。この条約では、登録義務はすべて省略されていた。著作物に「翻訳権留保」と表示されておれば、十分であった。後にベルヌ条約に盛り込まれる条文がすこしずつ二国間条約に挿入されるようになってきた。

パリ・コンミューン

一八六四年九月二八日ロンドンで「国際労働者同盟」後の「インターナショナル」が結成された。一八六五年、第一インターのフランス支部が開設され、一八六八年に労働団結権が承認された。一八七〇年九月二日、フランスは普仏戦争に敗れ、ナポレオン三世は戦わずしてスダンで降伏し捕虜となった。翌日、パリで共和制が宣言され、パリ市庁で共和派議員によって国防政府が設立された。しかし、パリ市民は、プロシャ（ドイツ）の軍隊に包囲されたときの困苦や犠牲に耐えてきたにもかかわらず、国防政府がプロシャと屈辱的な平和協定を締結したことを「パリ市民に対する重大な裏切り」として、一斉に蜂起して、政府機関と軍隊をベルサイユに追放した。一八七一年三月二八日、パリ・コンミューンが宣言され、世界初のプロレタリア民主主義政権が確立された。コンミューンの指導者たちは無名の労働者、市民、文化人によって構成された。しかし、政府軍はドイツ軍の支援の下にパリを攻撃したので、パリ・コンミューンは五月二八日に陥落し、わずか七二日間で消滅してしまった。五月二一日から二八日までの最後の一週間は「血の週間」と呼ばれ、パリ市内の各地に市街戦が展開され、パリは猛火に襲われ惨澹たる状態となった。政府軍によって一万七〇〇〇人から二万五〇〇〇人の市民が女子供まで含めて捕えられ、無差別に処刑された。この数は、フランス革命の一〇年間にフランス全土における犠牲者の数よりもはるかに多かったといわれている。

コンミューンの生き残りの人々の多くは、ベルギー、スイス、イギリスなどの周辺国に亡命した。いまでも歌われているシャンソンの「桜んぼの実るころ」（一八六六年か六七年）の作詞者であるジャン・バプティスト・クレマンもベルギーに亡命した一人であった。クレマンは、詩人であると同時にコンミューンの議員でもあった。彼は「桜んぼの実るころ」の権利を作曲者のアントワーヌ・ルナールに譲渡してしまった。代償は一着の外套であった。後に、クレマンはこの外套を一四フラン、一説には四〇フランで古着屋に売ってしまった。パリ・コンミューンの悲惨な結末によって、パリは市街戦によって破壊され、市庁舎も焼失してしまい、町中が廃墟と化してしまった。フランスは、ドイツとの講和条約によって、アルザスとロレーヌ地方を割譲し、五〇億フランの賠償金を負ったために、ナポレオン三世のよき時代は終焉し、以後フランスはながい不況に直面することになる。

労働歌「インターナショナル」

ちょうどこの頃、いまでもメーデーなどで歌われている労働歌「インターナショナル」が誕生した。パリ・コンミューンの議員で革命家であったウジェヌ・ポティエは、「血の週間」に続く虐殺を逃れて身を隠した屋根裏部屋でこの歌を作詞した。ポティエは、その後英国や米国で亡命生活を送ったので、「インターナショナル」の詞も日の目をみることがなかった。一八八八年に、ベルギー人の旋盤工ピエール・ドジュテールがこの詞に曲をつけた。かつて赤旗とともに歌われたのは「ラ・マルセイエーズ」であったが、やがて、この歌がとって代わり世界中に広まっていき、一九一七年のロシア革命の結果、ソビエトの国歌となる。その後、ソビエト連邦は新しい国歌を制定したが、いまでは世界中の共産党の党歌となっている。

フランスはやがて復興していった。一八七四年四月に、パリの写真スタジオでモネやルノワール、セザンヌ、ドガたちによって第一回の印象派展が開催され、サクレ・クール寺院のプロジェクトが公募され、パンテオンが建設され、ピラミッド広場にジャンヌ・ダルクの騎馬像が建てられ、復興のエネルギーが爆発していった。

パリ・コンミューンの後一八七五年に、共和国の憲法が制定されたものの、第三共和政は安定したものとはいえなかった。フランスは、それまでの過去一世紀の間に三度の革命、多くの戦争、クーデターがくりかえされ、ほぼ二〇年ごとに、革命政府、帝政、王政、共和制、帝政とめまぐるしく政体が変化してきた。当時の平均寿命が五〇才とすると、人々は生涯のうち少なくとも三回は政体の変化に遭遇したことになる。そして、普仏戦争による敗北、ナポレオン三世の捕虜、ドイツ軍によるパリ占領、パリ・コンミューンがつづき、この間、政治のトップはたえず更迭され、殺されたり、国外に亡命したりした。著作権法を改正するための委員会が設置されたり、ＳＡＣＥＭが誕生したり、ベルヌ条約が制定されたりしたのがこのような動乱の時期の最中であったことを忘れるわけにはいかない。

国際文学会議

著作権を国際的に保護するための多数国間条約を制定する最初の試みがなされたのは、一八五八年九月二九—三〇日にブラッセルにおいて開催された「文学的美術的所有権会議」においてであった。この会議は、各国の学者や出版者の集会で、各国政府が委員を派遣する公式の国際会議ではなかった。会議には、フランス、ドイツ、英国、カナダ、デンマーク、スペイン、米国、スイス、ベルギー、オランダ、イタリア、ロシア、ポルトガル、スウェーデン、ノルウェーの一五カ国から八一の学会、総数四四一人の委員が参加して盛会であった。三年後の一八六一年にベルギーのアントワープで美術家の国際会議が開催され、美術の著作物を国際的に保護するための条約の草案の起草を国際法学会に委嘱することが決議された。国際法学会はこの委嘱を引き受けたものの、結局草案は起草されなかった。

国際文学会議は、一八六一年にブラッセル、一八七七年にアントワープで、著作権に関する国際条約を制定するための会議を開催した。この会議では、モデル法を作成して、これにならって統一的な国内法を制定して、同じ基盤に立った著作権の保護制度を各国に確立したいという希望が表明された。この段階ではまだ、多数国間条約は想定されていなかった。一八七七年、同じアントワープで、フランドル地方の大画家ルーベンスの生誕三〇〇年祭がおこなわれたことを記念して美術家の国際会議が開催され、「美術の著作物の国際保護ならびに偽造禁止に関する国際法の制定の必要」について審議検討された。

「国際文芸協会」の誕生

普仏戦争の敗北、パリ・コンミューンの混乱が続いていたパリにもようやく平和な日々が戻ってきた。一八七八年、パリで万国博覧会が開催された機会に、フランス政府が提唱者となって、各国の学者、美術家、文学者、出版者の団体の代表者の会議が開催された。美術家のグループはメイソニエの議長の下に、学者、文学者、出版者のグループはユゴーの議長の下に、会議を開催し、外国の著作物を内国著作物と同一に保護する必要性を提唱し、そのための国際同盟を組織して画一的な法律を制定することを決議した。その結果、フランス文芸家協会（会長ユゴー）の発意によって、「国際文芸協会」Association littéraire internationale（後に、Association littéraire et artistique internationale　略称ＡＬＡＩ）が設立され、ユゴーが名誉会長に選出された。ユゴーは、就任の挨拶で次のように述べた。

「諸君は、文学的所有権の基礎工事をおこなおうとしておられる。文学的所有権は法律に由来するものでなければならない。諸君は、文学的所有権を法典に組み込もうとしておられる。われわれは、諸君の考えと意見が採用されることを確信している。諸君は、文学を単なる一地方の行為に縮小しようと考えたがっている立法家に対して、文学が全世界的な行為であり、人間の精神による人類の統治であることを理解させようとされておられるのだ。[*4]」

外国の代表者は、ユゴーの演説に興奮して次々に発言し、フランス政府を「人民の代弁者」と誉めたたえた。この会議の席上で、文学的美術的所有権に関する多国間条約を起草するための各国の代表による外交会議を招集することをフランス政府に要請する決議が採択された。

国際文芸協会は各国に委員会を設けて、毎年のようにヨーロッパの各地において会議を開き、著作権保護同盟の成立に関する検討をおこなった。一八七九年にはロンドン、一八八〇年にはリスボン、一八八一年にはウィーン、一八八二年にはローマで会議が開催された。一八八二年の会議で、著作権を保護するための国際同盟を創設しようという提案が三人の委員から表明された。ライプチッヒの出版者協会の代表のポール・シュミット、国際文芸協会の事務局長のジュール・レルミナ、ノルウェー人のフレデリック・ボーツマンの三人であった。レルミナは、三人の提案には次のようなエピソードがあったことを証言している。

「一八八二年のある朝、協会の三人の会員が、キャピトルの下にある飲食店でささやかに会合した。それは、ノルウェー人フレデリック・ボーツマン、ドイツ人ポール・シュミットとこの記事の署名者であった。談話のなかで次のようなアイデアが述べられた。著作権を国際的に承認するための国際条約の締結を既存の貨幣や郵便に関する条約のようにして進めることは不可能ではないのではないか。そして、当時、三〇才になるかならない人の性急さもあって、すぐに実行に着手することを決めた。この重要な外交文書が一喫茶店や飲食店における談話から始まったとはなん人も気がつかぬであろう。だが、まったくそのとおりであったのだ。私はそこにいたのだ。[*5]」

この提案は、著作権の国際的保護を実現するには二国間条約では十分とはいえないので、既存の万国郵便連合の方式にならって、著作権を保護するための国際同盟を組織しようというものであった。この提案はあらかじめ根回しがなされていたので、全面的に採択された。シュミットは提案が承認されたことを喜んで、「これは私の生涯における最大の記念碑であり、もっともすばらしいことである」[*6]と述べている。将来の会議の場所としてベルヌが指定された。ベルヌには、設立されたばかりの万国工業所有権保護同盟の事務所が設置され、万国郵便連合と国際電気通信連合の事務所もあったからである。

ベルヌ条約の誕生

国際文芸協会の実施委員会は条約制定のための会議の準備作業をおこない、スイス政府に会議を主宰してくれるよう呼びかけた。スイス政府は、この活動を率先しておこなうことを約束した。フランスの委員会は五カ条からなる条約の草案を起草した。この草案はかなり大胆なものであった。その基本原則は、次のとおりであった。条約の締約国の一つにおいて発行または公演されたすべての著作物の著作者は、国籍のいかんにかかわらず、他の締約国において、なんらの方式の履行を必要とせずに、内国民待遇を受ける。この草案にもとづいて、一八八三年九月一〇日から一三日までの間、ベルヌで会議が開催され、一〇カ条から構成される同盟条約案が採択された。会議では、著作権の保護に関する万国同盟を組織すること、著作者はその国籍を問わず、同盟国においてその国民と同一の保護を受けることとの大原則が承認された。もっとも熱心な討議がおこなわれたのは、翻訳権と遡及効の問題についてであった。翻訳権の保護期間を原著作物の保護期間と同一にすること、著作物の本国において公有財産に帰属していない著作物は、条約発効以前の著作物であってもすべて遡及して、条約によって保護することが決議された。ヌマ・ドロッツ議長（スイス）は、閉会式の演説で、次のような現実的な見解を述べた。

「条約のための外交交渉においては、多数の国またはもっとも重要な国の加盟を妨げることはすべて、とりあえずは捨てておくことが必要ではないだろうか？」[*6]

会議で採択された法案は、スイス政府に送付された。スイス政府は、一八八三年一二月三日の公式文書によって、各国政府に条約案と国際文芸協会の会議の議事録を送付して、著作権の国際保護に関する外交会議の開催を呼びかけた。スイス政府が送付した文書には、次のように記されていた。

「(条約案はこれまでに締結されている二国間条約とは異なっている点が多かったので)条約案の発案者たちは、草案の全面的な実現については困難があることを隠そうとはしなかった。」

「文学および美術の著作物の著作者が国籍および複製地のいかんにかかわらず、各国の国民と同様にどこでも保護を享受すべきであるという原則を宣言する一般的な協定の成立をいまにして到達することはまことに一大利益である。[*6]」

一八八三年までの会議は、学者、美術家、文学者、出版者の協会、アカデミー、各種団体、サークルの代表者による私的な会議にすぎなかったが、その後は各国政府による公式の外交会議となっていった。著作権を保護するための必要性を提唱し国際同盟の基礎を作ったのは、法律家の応援を受けたフランスの著作者の力によるものであったが、これを完成して成立させたのはスイス政府によるものであった。一八八四年九月八日から一八日にかけて、スイス政府の招聘によって、条約の公式法案を起草するための最初の外交会議がベルヌで開催された。フランス、ドイツ、英国、イタリア、ルクセンブルグ、エルサルバドル共和国、スウェーデン、ノルウェー、オーストリア、ハンガリー、ベルギー、コスタリカ、ハイチ、パラグアイ、オランダが代表を送った。会議では、一八八三年の国際文芸協会の会議によって定められた草案をもとにしてスイス連邦参事院によって条約草案が作成された。会議は、この草案にもとづいて討議がおこなわれた結果、二一カ条から構成される草案が採択された。

一八八五年九月に、二回目のベルヌ会議が開催された。会議には、第一回の会議に出席した国のうちオーストリア、ハンガリー、エルサルバドルを除いた諸国が参加した。他に、スペイン、米国、ホンジュラス、チュニジアも参加した。会議は、前年に作成された条項について詳細に検討した後に、九月一八日に最終的な条文案を採択した。条約案は追加議定書と最終議定書とともに、一八八六年九月六日から九日にかけて、同じくベルヌで開催された外交会議において審議された。会議には、フランス、ドイツ、ベルギー、スペイン、英国、アイルランド、ハイチ、イタリア、リベリア、スイス、チュニジアの他に、米国と日本も傍聴者として代表を派遣した。アフリカ大陸の二カ国とアメリカ大国の小さな国が参加したのは、国の経済的発展度とは関係なく、アフリカとアメリカ大国にも臆病ではあったが、文化に対する開国意識が芽生えていたことを証明するものであった。とくに、リベリアとハイチの参加は、奴隷解放の象徴として人間の権利の一環としての著作権に対する配慮を示すものであった。

会議は、「文学的美術的著作物保護国際同盟」Union internationale pour la protection des oeuvres littéraires et artistiques（通称「ベルヌ同盟」）を創設することを決議し、「文学的美術的著作物保護国際条約」Convention internationale pour la protection des oeuvres littéraires et artistiques（通称「ベルヌ条約」）を採択して、作業を終えた。条約は二一カ条から構成され、追加条項一条と終局議定書が添付されていた。条約の基本原則は、外国人の著作物に内国民と同じ待遇を与えること（内国民待遇）、著作権の保護には登録などの方式を必要としないこと（無方式主義）、条約発行以前の著作物にも適用すること（遡及効）などであった。九月九日、条約は、日本、米国、アイルランドを除く一〇カ国によって調印された。条約は、ハイチとリベリアを除く調印国の間で批准交換された後に、一八八七年一二月七日に発効した。ベルヌ同盟の創設は、次のような表現によって歓迎された。

「このような予期せざる結果を前にして、同盟設立の推進者たちは、大喜びで感動のあま

り、夢の時代はすでに終了したのかどうか信じられないでいる。」（エドアール・クリュネ[*6]）

ベルヌ同盟が創設された一九世紀は、国際交流が盛んになったことを受けて、国際協調を歓迎する風が吹いた時代であった。当時の風潮は、文化の交流のために多大な犠牲を受けることをいとわなかった。ベルヌ同盟の創設は、こうした時代の空気を象徴する快挙であった。しかし、条約に調印した国はとりあえずはヨーロッパの諸国に限られ、他の大陸の諸国にまで及ばなかった。とくに、米国とロシアが加盟しなかったことは残念であった。三年前の一八八三年三月二〇日には、工業所有権の保護のためのパリ同盟が創設され、一八八四年七月七日に条約が発効しており、ベルヌ条約に加盟していない米国も加盟している。ベルヌ条約は、赤十字条約や万国郵便連合のようなすべての国を結びつけるものではなかったが、「著作者の利益を国際的に認識する目覚めの輝かしい確証[*6]」であったということができる。

ベルヌ条約のその後

条約は、その後、パリ（一八九六）、ベルリン（一九〇八）、ベルヌ（一九一四）、ローマ（一九二八）、ブラッセル（一九四八）、ストックホルム（一九六七）、パリ（一九七一）などで改正されているが、これらの作業は、完全に政府主導型によっておこなわれている。

エミール・ゾラは、一八九六年のパリにおける条約改正会議に関連して、一八九七年に発表した小論文「文学的所有権」[*7]のなかで、条約の改正作業は非常にデリケートで複雑な仕事であって、政府が選んだ官僚、外交官、弁護士、法律家によって確実に遂行されるであろうが、作家や芸術家やジャーナリストが参加していないのは残念であると述べている。

「このような会議には正確な情報を提供できる人々を招聘する必要がある。これらの人々とは、外国の出版者、新聞社、劇場と恒常的な関係をもっていて、その著作物を保護する必要性を有している著作者であり、芸術家のことである。[*7]」

さらに、ゾラは、小国が数多く条約に参加しているにもかかわらず、米国とロシアの二つの大国が条約に参加していないことを嘆いている。ゾラによれば、小国とは「フランスの著作物の販路が小さな国」のことであり、大国とは「販路が大きな国」のことである。

「われわれの権利が米国で保護されるようになれば、われわれは大きな取り引きをすることができ、その効果ははかりしれない。[*7]」

米国では、外国の著作者を保護することができるようになっているが、その条件はきわめて複雑で手続きが繁瑣であるために、実行がほとんど困難である。ロシアの場合は、文学的所有権に関するすべての条約を排除しており、文化国家の仲間から完全に離脱している。

「フランスと敵対関係にあるドイツがフランスの著作者や芸術家の権利を認めているにもかかわらず、フランスと友好関係にあるロシアが正義にもとづくすべての関係を拒否して、われわれの著作物を侵害しているとは！　これはとんでもないことであり悲しむべきことである。[*7]」

ロシアをベルヌ条約に加盟させようという試みが何回かおこなわれたが、その結果は惨憺たるものであった。ド・ケラトリが出版社の団体と文芸家協会から派遣されてペテルブルグに行って交渉したこともあったし、ゾラ自身も文芸家協会の会長として、ロシアの新聞社に手紙を送ったこともあった。トルストイの翻訳者であるアルペリーヌ・カミンスキーは何回もフランスとロシアを往復して、両国の関係者に仲介の労をとった。エクトール・マロもペテルブルグに行って、ド・モンテベロ大使から問題の重要性を認識しているという約束を得たこともある。しかし、ロシアが条約に加盟する見込みはなかった。ゾラによれば、ロシアが条約に加盟したがらないのは、外貨が流出すると思い込んでいるからである。計算はきわめて単純である。翻訳されたロシアの著作物がフランスに入るよりも十倍ものフランスの著作物がロシアに入っているからである。ロシアの著作者が一〇〇〇フランを得ても、フランスの著作者は一万フランを得ることになってしまうからである。

「ロシアの名誉のためにいうならば、私はロシア人たちに正義とロシアの誇りのために早急に結論を出すべきであると説得を続けてきたが、ロシア人たちは文学的所有権について明確な考えをもっていないものと思われる。工業製品がフランスからロシアに輸入された場合、その製品を奪い取ってしまうとすれば、それは憎むべき窃盗行為になるであろう。しかるに、書物を勝手に翻訳して出版してしまうのは、小鳥のさえずっているのを聞いたり、空気が運んでくれる野生の花の香りを嗅ぐのとは異なった行為である。[*7]」

そして、ゾラは、著作権使用料を支払わないですむので、フランスの著作物のロシア語の翻訳が文学市場に氾濫するままにしているのをロシア政府が放置しておいてなんら不都合を感じないでいるのは、理解することができないと述べている。

「たとえば、私の小説『崩壊』は、ロシアにおいて別々の出版社によって四つの版が出版されている。この小説が掲載された新聞がパリで発売されると、午前中に翻訳され、夕方の便で発送されてしまう。[*7]」

ロシアのある出版社の話によると、外国の小説の翻訳が氾濫しているために、ペテルブルグでは、もはや自国の小説を出版することはできなくなってしまっている。結果はきわめて遺憾であって、つまらない小説だけが翻訳されて出版される結果になっている。著作権使用料の分だけ出版物の価格を下げるので、ロシアの著作者に打撃を与える結果になってしまい、この結果もっとも苦しむのはロシアの著作者であるというのがゾラの主張である。ロシアの著作者は、フランスやドイツや英国の著作物と対抗することができない。ロシアが国際条約に加盟すれば、このような不規則な輸入は減少し、状況は正常化され、優秀な作品だけが選別されて出版されるので、ロシア人の著作者の著作物のレベルが高くなり、いままで以上に売れ行きはよくなるであろう。たとえば、ロシアの音楽家はペテルブルグで出版してくれる出版社をみつけるのに苦労しているが、フランスの音楽家たとえばグノーの楽譜は他では競争できないくらい安い値段で販売されている。

「必要なものは支払うというのはきわめて律義なことであり、同時に正常な取り引きであり、物事を正常化し、繁栄をもたらす唯一の方法である。[*7]」

そして、ゾラは、パリの会議によってロシアの条約加盟が促進されることを期待すると同時に、ロシアが行政と外交の性格上、意見を表明しないことを危惧している。

「会議が条約の修正だけに終始し、いくつかの小国の加盟だけにとどまり、ロシアやアメリカのような大国が加盟しないのであれば、その効果は微小なものになるであろう。われわれの勝利は、われわれの著作物が、ドイツ、英国、イタリア、スペインにおけるように、アメリカとロシアで保護されるようになったときにだけ得られるものである。[*7]」

このようなゾラの熱望にもかかわらず、米国とロシアもベルヌ条約になかなか加盟しなかった。米国（一九八九）、ロシア（一九九五）がベルヌ条約を締結するのは、条約創設から一〇〇年以上も後のことである。

第10章　作家の生活

一九世紀も終りに近づいてくると、著作者を取り巻く環境は目に見えて改善されていった。この背景には、SACDやSACEMなどの著作権協会の活躍、ベルヌ同盟の創設などがあったが、著作物のマーケットが拡大されていったことが最大の原因であった。教育の普及によって一般大衆も本を読むようになり、新聞や出版物に対する言論統制や劇場に対する監督が緩和され、新聞小説によって読者層が飛躍的に広がっていった。作家は、前世紀においては想像もできなかったような収入を得ることができるようになった。ここにいたるまで、アンシャン・レジームの時代からフランス革命を経て、作家の生活がどのように変化していったであろうか？　この点について、主として文学の部門に焦点をおいて述べてみたい。

アンシャン・レジームの時代の作家の生活

アンシャン・レジームの時代には、一般大衆は読書の習慣をもっていなかった。ブルジョワジーもそうであった。本はいぜんとして高価な貴重品であり、普及されていなかった。当時、文学に関心をもっていたのは「サロン」であった。サロンは、一七世紀の初めに世の中が平和になるにつれて、王侯貴族の邸宅を舞台にして次々に開かれていった社交の場であった。サロンの常連は貴族や聖職者などの上流社会の人々であったが、主役は貴婦人であった。サロンには作家も招待されて、作品を発表する機会が与えられた。ラシーヌも、サロンで「フェードル」（一六七七）を読み上げたといわれている。サロンにおける評価によって、作品の人気が決定された。サロンのなかから、人気のある作家が誕生していった。サロンでは、作家は王侯貴族や貴婦人の周りにはべり、彼らに気に入られることが最大の関心事であった。

一八世紀中頃に文筆にたずさわっていたものは、貴族が一七パーセント、聖職者が一二パーセントで、残りの約七〇パーセントが第三身分の出身者であった。貴族や聖職者は、税金を免除されていたし、別に収入もあったので、生活の糧を得るために文筆活動をおこなっていたわけではない。モンテーニュのように、父親から莫大な遺産を相続していたおかげで、パトロンに依存せずに、「エセー」の執筆に打ち込むことができた幸運な作家もいた。しかし、これは例外であって、特別な資産を持たない第三身分の出身者が、ボルテールやルソーやディドロにあこがれて文筆で身を立てようとするにあたってまずしなければならないことは、有力なパトロンを獲得して、役所に職を得るか富裕な家庭の家庭教師や秘書あるいは司書官のようなポストにつくことであった。彼らは、パトロンの庇護を受けながら、「メルキュール・ド・フランス」誌の書評に取り上げてもらうように運動したり、コメディィ・フランセーズの俳優にへつらって台本を上演してもらい、あわよくば、アカデミー・フランセーズの会員になることを夢見ていた。彼らは、王侯貴族のみならず、その愛人にも取り入って、パトロンをほめたたえる詩や献辞を書き、パトロンの虚栄心を満足させることを競い、卑屈であった。サロンで人気を得た作家は、有力なパトロンを獲得することができた。パトロンを獲得するための競争は熾烈であった。仲間と張り合ってすこしでも有力なパトロンの庇護にありつくために、作家は「ねずみ競争」と呼ばれる生存競争に打ち勝たなければならなかった。ちなみに、「ねずみ」というのは「裏切り者」とか「卑劣漢」と同義語である。

王侯貴族に気に入られた作家には、巨額な年金が支給されることもあった。ルイ一六世から八万リーブルから一〇万リーブルの年金をもらう作家がいたことは事実である。しかし、これはあくまでも例外中の例外であった。ボルテールは、「哲学書簡[*1]」(一七三四)の中の「文筆家に払わるべき尊敬について」で、「イギリスを見ても世界のどこの国を見ても、フランスほどに学芸を助成する施設のあるところは見出せない[*1]」と述べ、どこの国にも大学はあるが、天文学、数学、医学、古代研究、絵画、彫刻、建築について有益な奨励を行っている国は、フランスをおいて他にないと断言している。しかし、国王の政策に満足していたわけではなく、次のように皮肉っている。

「ルイ一四世はこれらすべての機関の創設によってその名を不朽にした。しかも、この不朽の名を得るのに、彼は年に二〇万フランも懐をいためていないのである[*1]。」

パトロン獲得競争に敗れたものは惨めであった。生活に窮してくると、発禁の書物を輸入したり、代筆をしたり、政治的な誹謗文書を執筆したりせざるをえなかった。偽の富くじを売って検挙されたもの、警察やパトロンのスパイとして仲間を密告するもの、危険人物としてバスチーユに投獄され、出獄してからも前科者として極貧のうちに生涯を終えるものも数多かった。鞭打ちの刑を受けたり、ガリー船の漕ぎ手としての終身刑を受けたものもいた。首尾よくパトロンに恵まれても、いったんパトロンの不興を買うと、奴隷のように叩かれたり、弊履のように捨てられたりするのはよくある話であった。あのボルテールも、一七二六年にロアン勲功爵から市民階級の出身であることをからかわれて、機知に富んだしっぺ返しをしたために、ロアンの家来によって殴打され、あげくの果てはバスチーユに九日間投獄された。釈放はされたもののの、パリから一五〇マイルの所払いの宣告を受けて、イギリスに逐電せざるをえなかった。パトロンの下では、作家の自由は拘束されていた。モーツァルトは、パトロンであったザルツブルグの大司教のために創作したり演奏したりするだけの一介の召使にすぎなかった。一七八一年二五才のとき、モーツアルトは、パトロンの大司教と喧嘩して生まれ故郷のザルツブルグを離れ、一七九一年に亡くなるまで戻ることはなかった。作家たちは、いよいよ金に困ってくると、笑い話ではないが、資産家の女性と持参金目当ての結婚をするのが残された手段であった。作家たちは、さぞかし必死になって得意の美辞麗句を使ったり、手練手管を用いたことであろう。

文学作品の報酬としてお金を支払うことは、作家の品位を下げる野卑なものであると考えられていた。これは別に意外なことでもなく、作家自身も貧乏を誇りに思い、王侯貴族の慈悲によって生活することをよしとしていた。作家は、道化師と同じように、王侯貴族によって養われていたにすぎない。文学は特権階級にこび、特権階級の好みに従わなければならなかった。作家は土地や人民と同じように、王侯貴族に従属していたにすぎない。国王や貴族が作家と親しく接触していたにしても、対等な関係ではなかった。ルイ一四世とモリエールの関係が完全な平等に立脚しているとはだれも考えていなかった。作家は当時の時世の華美の象徴の一つにすぎなかった。一七世紀のコルネーユ、ラシーヌ、モリエールは、古典主義の三大劇詩人といわれているが、作家である以前に宮廷の庇護を受けた「王室御用達の職人」にすぎなかった。

「文学は芸術のうちで最高のものである。しかし、職業としては最低だ。」（ボルテール[*1]）

「作家が文章を作るのは人のためであり、小鳥が宙返りをしてみせるようなものであった。鶯がさえずってもお金を支払わないように、作家には支払いをする必要はなかった。作家は飼育されていたにすぎない。」（ゾラ[*2]）

詩人マレルブ（一五五五—一六二五）は、国王の財政が逼迫してしまったために、年金を貰えなくなった。アンリ四世は、侍従のド・ベルガルドにしばらくの間マレルブの面倒をみてくれるよう頼んだ。ベルガルドはマレルブに食事付きで一〇〇〇エキュの給与を与え、従僕と馬を使えるようにした。アンリ四世の死後、マレルブは、マリ・ド・メディシス王妃から五〇〇エキュの年金を支給され、ベルガルドのお抱えではなくなった。カーン出身の貴族モランは、同郷出身のマレルブに四〇〇〇リーブルを与える約束をして、夕食に招待した。マレルブは、幌付き馬車で迎えにこなければ招待に応じないと条件をつけた。結局、モランはマレルブに馬を差し回し、食事の後で、お金を払ってくれた。マレルブの場合は、作家は貴族にとって一種の贅沢品であったことの証明である。国王にお金がなくなると、作家は金持ちの廷臣に譲り渡された。作家は、高価な愛玩動物や珍鳥のようなもので、おたがいに見せびらかしあったり、交換しあったりするものであった。このような状況にありながら、マレルブがプライドを保持していたのは、当時の風潮としては見上げたものであり、異例のことであった。詩人シャプラン（一五九五―一六七四）は、パトロンのノアーユから虐待されたので、ロングビル侯爵の下に走った。侯爵はシャプランを引き取り、二〇〇〇リーブルの年金を与えた。ロングビルは、シャプランがノアーユによって虐待された機会に、当時としては非常に高い金額でシャプランという贅沢品を買ったことになる。シャプランの場合は、作家がパトロンから冷たい仕打ちをされると、パトロンを代えることがあった例であった。　年金は、貧しい作家に与えられる施し物であったばかりでなく、パトロンの名誉を高めたことに対してパトロンから作家に与えられる満足の証しでもあった。年金は、当時の作家にとって、文学によってもたらされる地位の象徴であったといえる。年金は、一時的で不安定なものではあったが、年金を受けるということは当時の作家にとって大変名誉なことでもあった。資産家の作家であっても、年金を貰うことに腐心していた。この傾向は一九世紀になっても残っていた。バルザックは、すでに十分な名声と富を得ていたにもかかわらず、いろいろと運動して五〇〇エキュの年金を貰うことに成功している。一六五五年に亡くなったトリスタンの墓碑銘には次のように記されている。

「私は、
社交界の燦然たる輝きに魅惑され、

いつも空しい期待を抱き、
高貴ある人々におもねってきたが、
つねに貧しく、世に出ようと身を焦がしてきた。
私は、幸福を願いながら、苦しみの中で生涯を過ごし、
パトロンが現れるのを待ちながら、長持の上で死んでいく。[*2]」

しかし、当時の作家の名誉のためにいっておくが、すべての作家がパトロンの庇護に甘んじていたわけはない。例外的であったが、作家としての誇りを失うことなく、パトロンの庇護に頼らずに、自分の作品の売り上げだけで生活していくことに誇りをもっていた作家がいた。フランス革命を生き抜いた風俗小説家レチフ・ド・ラ・ブルトンヌもその一人であった。

「私は宮廷や高官や、いかなる流儀であるにせよ人々を支配する側の者たちと関係をもったことは、一度たりともない。勤勉にただひとりで生きることこそ、私の唯一の変わらぬ願いだった。(中略)一五年もの間、私は、書籍商はともかくとして、彫版師、挿絵画家、印刷工、製本工などといった一五人もの一家の父親に仕事を与えてきた。作品によって、ロシアからお金を得たことさえある。私の作品は英国やドイツで翻訳された。これこそ、同時代人や後代の人々にたいして求めうる私の権利である。ド氏とちがって、私は人に恵みを乞うたことはない。破産のみか、革命が文学にもたらした衝撃によっても破滅させら

れたが、私は健気にも貧しく生きてゆくすべを心得ている。病弱の身でありながら、私は働く。[*3]」

「作家たちが自分より偉いと思う人たち（パトロン）とどうして毎日暮すことができるのか、私には分らない。私は自尊心が強すぎる。[*4]」

「ついに今年（一七九六年）、私は完全に破産した。とはいえ、この動乱の時代にあって、私は文学に専念するただ一人の作家である。[*5]」

一七七〇年、フヌヨ・ド・ファルベールは、「作家は金のために本を書くのか？」という問いに次のように反論しているが、相当な勇気がいったものと思われる。

「国王の家は国民の金によって維持されている。国王の下で政治を行っている大臣たちは、それぞれの部署の職を全うするために金を受け取っている。大貴族たちは、宮廷で恩寵を得るためにこびへつらい、策略を弄して、日々をおくっているが、この恩寵は結局のところお金である。外交官は数字あわせをし、軍隊は戦い、裁判官は判決を下し、弁護士は弁護し、銀行家は計算をし、説教師は説教し、歌手は歌い、商人は物を売り、職人は働き、農民は畑を耕し、医者は病気を治しあるいは殺し、司祭は洗礼を与え葬儀をおこなうが、これらはすべてお金のためである。みんなお金のために動き回り、その労力の代償、仕事の報酬として金を受け取っている。文学者だけが、この一般的で必然的な秩序から除外すべきであると考えなければならないのだろうか？[6]」

作家は、作品を出版した場合、どのくらいの収入を得ることができたであろうか？　当時は、海賊版が横行していたので、書籍商の経営はきわめて不安的であった。出版業は他の職業のように、利潤を得ることが保証された職業とはいえず、危険をともなった賭けであった。書籍商は、危険を承知の上で出版に投資しなければならなかった。作家に対する報酬は、原稿を一括金で買い上げる方式が通常であったが、原稿の値段の評価はきわめて困難であった。原稿は、一フランにもならないのか、一万フランになるのか分からなかった。書籍商は、嗅覚に頼って原稿に値段をつけ、結果は、書籍商か著作者のどちらかが損をしていた。

一八世紀は、ルソーやディドロらによる啓蒙文学が花開いた時期であったが、文学を含めた著述業はまだ一つの職業としては確立されておらず、作家としての独立した資格は認められていなかった。印税制度はなかったので、いくら本が売れても、作家は大金を得ることはできなかった。アンシャン・レジームの時代に、文筆を専門にして、生計を立てることができた作家は数えるくらいしかいなかった。ルソーはベストセラーになった「エミール」で六〇〇〇リーブルの報酬を得ることができたが、これらはきわめてまれな事例であった。トゥサンは「風俗論」がベストセラーになって、出版者のドレピーヌが一万リーブル以上の収益を得たにもかかわらず、五〇〇リーブルしか受け取ることができなかった。トゥサンは一一人の子供がいたために、書籍商の奴隷として終世酷使されなければならなかった。

当時の書籍商の取り引きの実態やこれこれの書物がこれこれの作家にどのくらいの金額をもたらしたかについては、くわしいデータは残っていない。作品そのものによって大きな収入を得た作家はきわめて限られていたといってよい。コルネーユは生涯貧困であったとはいえないが、いずれにしろ、不安定な財産状態で亡くなっている。ラシーヌは結局は、小ブルジョワとして生涯を送らざるをえなかった。モリエールは必要最小限度の生活費を得ていたが、詩人であると同時に劇団の経営者でもあった。演劇の著作者がそれなりの収入を得ることができるようになったのは、ボーマルシェ以降のことである。

一九世紀の作家の生活

フランス革命が終り、一九世紀になると、世の中は一時旧に復したように思われた。しかし、すべてはゆるやかに変化していき、生活様式は同じではなくなった。社会環境の変化によって文学にも新しい息吹きが吹き込まれていった。書物はかつては高価な贅沢品であったが、比較的安い価格で手に入れることができるようになった。書物の販売数の増加によって、作家の活躍の場が増え、作家は王侯貴族の慈悲に頼ることはできなくなったが、大衆を相手にして生活の糧を得ることができるようになった。

ベルヌ同盟が結成されたことによって、ベルギーやスイスなどの周辺国から輸入され、フランスの出版業者や作家たちを悩ましてきた海賊版が目に見えて少なくなっていった。第三共和政になって、出版業者は検閲制度から解放され、新聞に課せられていた印紙税が廃止され、印刷業者や書籍販売業者に対する許認可制度も撤廃された。このため、出版業者の経営状況がいちじるしく改善されていった。印刷される書籍の数は、一八八九年から九九年の一〇年間にピークに達した。国立図書館などに納入される本の数からみて、この数字はその後一九六〇年以降になるまで破られることはなかった。一九世紀末になると、作家は自力で勝負することができる世の中になってきた。

「自分自身しか頼るもののない人間である自由市民は、かつては宮廷の道化役者あるいは控えの間の幇間にされていたが、彼らがこうした屈辱的なパトロンの庇護から解放されたのは、彼らの作品から合法的に生み出される収入としてのお金の力によるものである。お金さえあれば、彼らはパンの糧を失うことはなく、なんでもいうことができるし、王様であっても神様であっても、糾明することができる。お金の力によって作家は解放され、新しい文学が作られていくのだ。」(ゾラ)*2

ジャーナリズムの革新

一八三六年になって、新聞に連載小説が掲載されるようになってから、新聞の発行部数が爆発的に伸び、新聞は作家に多くの収入をもたらすようになっていった。もっとも、最初から高額の原稿料が作家に支払われていたわけではない。最初はごく少ない金額であったが、新聞の発行部数が増えるにつれてだんだん大きくなっていった。一九世紀中頃には、小説家は新聞社から月に二〇〇フランもらえばよい方であったが、一九世紀末になると、小説家は一〇〇〇フランいやそれ以上も手にすることができるようになった。ちなみに、当時の平役人の平均年収は一五〇〇フランから二〇〇〇フランであった。流行作家になると、文学は結構な収入をもたらす職業になっていった。地方から出てきたばかりのすべての新人作家に門戸が開かれているわけではなかったが、新聞の隅っこに文章を書くと、月に二〇〇か三〇〇フランを得ることができるようになり、飢え死にしなくてもすむようになった。本の出版は、正当な利潤を生み出す事業になりつつあった。かつて、パリには読み書きもろくにできないような印刷業者や出版者がえらい学者や作家の著作物を出版していた。彼らは著作物の題名だけで原稿の値段を値踏みしていた。第一次王政復古（一八一四）以降、教養ある人々が出版業に参加するようになってきた。

一九世紀前半に、印刷部数に応じて作家に一定の使用料が支払われる一種の印税制度が誕生した。一八三三年、ジョルジュ・サンドは、小説「レリア」一六〇〇部を出版する権利と引き替えに、出版者から五〇〇〇フランを受け取る契約を締結した。一部につき約三フランの印税であった。出版する前に四〇〇〇フランが支払われ、残金は二週間以内に支払われた。ジョルジュ・サンドは、著作権を出版者に売り渡したわけではなく、限定された期間に規定の部数を印刷する許諾を出版者に与えたにすぎなかった。この期間はきわめて短く、出版の日からわずか九カ月にすぎなかった。この期間が終了すると、作家は別の出版者と交渉することができた。一九世紀中期になると、あらたに「期間限定契約」が登場した。この場合、出版者は著作物を出版して販売することが認められるが、この期間はおよそ数年間であった。定められた期間中に、出版者は任意の部数をさまざまな形で印刷することが自由であった。契約期間はかなり長期にわたっていたが、著作者は著作権を留保していたので、人気のある著作者は相当な金額を受け取るようになった。

当時の小説家が受け取っていた金額には大きな開きがあった。ユゴーと比較すると、フローベールの「ボバリー夫人」はきわめて不運であった。フローベールは、「ボバリー夫人」を本の形式で発表する前に雑誌に発表し、掲載料として二〇〇〇フランを受け取った。この金額は悪くなかったが、単行本にするにあたって出版者ミッシェル・レビーと交わした契約は期間が五年間で、印税は八〇〇フランにすぎなかった。「ボバリー夫人」は一八五七年に二回印刷され、一八五八年と六二年に一冊の廉価本として二回出版されている。レビーは、五年間に「ボバリー夫人」を三万二〇〇〇部印刷したが、一八六二年までに、フローベールは合計三三〇〇フランを受け取ったにすぎなかった。一八六二年、フローベールが「サランボー」について一〇年間の出版権をレビーに売ったとき、「ボバリー夫人」も含まれていた。彼が受け取った金額は一万フランであった。しかし、「ボバリー夫人」の分がいくらであったかは明らかではない。一八六九年に「感情教育」が発表されたとき、フローベールは契約書に規定された一万フランだけでなく、二巻物として出版されたとき、六〇〇〇フランの追加使用料を受け取った。レビーとの契約は一八七三年一月一日に終了したので、「ボバリー夫人」を他の出版者に再版させることが自由になった。しかし、フローベールが再版によって高額の支払いを受けたという記録はない。ゾラによれば、一八八〇年ごろには、作家が出版者に長期間出版権を売る慣行はすたれていた。古いシステムは、近代的な印税制度すなわち出版者が印刷した部数に応じて一定の印税を支払う制度に近いものにかわりつつあった。

「まだそんなに前ではないが、出版者は本当の賭けをしていた。出版者は一定の金額で原稿の所有権を一〇年間買い取る。そして、その作品をさまざまに利用して回収をはかり、できるだけ沢山稼ごうとする。出版者はほとんどの場合、賭けに失敗してしまう。たまに出版者が成功すると、作家はしてやられたとわめく。作品が売れないと、出版者は愚者の駄作で破産したという。」

「古い方式を続ける出版者がいたが、ほとんどが印刷部数について一定の使用料を支払っている。たとえば、印税が五〇サンチームの場合、一〇〇〇部出版されたとすると、作家には五〇〇フランが支払われる。[*7]」

本の出版は賭けではなくなり、作家は作品の成功に応じてそれなりの収入を得ることができるようになった。しかし、単行本だけで大きな収入を得ることはむずかしかった。本は三〇〇〇部か四〇〇〇部売れれば、よく売れたほうであったが、一部につき五〇サンチームの印税とすると、二〇〇〇フランにしかならない。五〇サンチームというのはかなり高額な印税で、通常は三五ないし四〇サンチームであった。本の著作に一年を要するとすると、二〇〇〇フランでは安すぎ、生活するのにやっとの金額であった。

劇場で台本が上演されると、作家は、本とは比較にならないくらいの多額の収入を得ることができた。本には三フランも支払わないような人が劇場の一階正面席に七フランも八フランも支払っていた。たとえば、一つの劇がヒットして一〇〇回上演されるとする。一回の上演の収入の平均が四〇〇〇フランとすれば、劇場には四〇万フランが入り、上演使用料が一〇パーセントとすると、作家には四万フランがもたらされる。同じ金額を小説で得ようとすると、一部五〇サンチームとして、八万部発行しなければならない。これはきわめて例外的なことで、一九世紀においても数えるくらいしか例がなかった。以上の計算には地方や外国における上演、再演は含まれていない。演劇は本の出版よりもはるかに多くの金額をもたらした。本の印税で生活している作家は数えるくらいしかいなかったが、演劇で生活している作家の数は多かった。多くの作家が劇場で成功することを夢見ていた。ゾラも、劇場で上演されることを期待した。しかし、「テレーズ・ラカン」が劇化され一八七三年に初演されたが、観客の反応は冷ややかであった。翌年、ゾラの唯一のオリジナルの劇「ラブルダンの相続人たち」が上演されたが、成功しなかった。ゾラの小説が劇場で成功したのは、他の劇作家によって翻案された「居酒屋」だけであった。「居酒屋」は、一八七九年にアンビギュ座で三〇〇回上演された。しかし、ゾラの小説は劇化に適していなかったとはいえない。ゾラの小説は数多く映画化されており、いずれも映画史上に残る名作となっている。「獣人」「嘆きのテレーズ」「居酒屋」「奥様に御用心」「ジェルミナール」などがそうである。

一九世紀後半になってくると、文学は巨大な富を作家にもたらすようになった。作家は、新聞に連載小説を掲載すると、まず新聞社から原稿料を受け取り、次に本が出版されると、出版者から印税を受け取る。小説が演劇用に翻案されると、今度は上演使用料を受け取ることができるようになった。ユージェーヌ・シューは、「パリの神秘」が成功した後で、小説が高く売れるようになった。アレクサンドル・デュマは、もっともお金を動かした作家であった。超人的な著述で数百万を稼いだが、常軌を逸した乱脈で使ってしまった。ユゴーは、結婚したばかりのときは財産がなく、夫人のやりくりでつましく暮らしていたが、一八三一年に、「秋の木の葉」と「ノートルダム・ド・パリ」の成功によって名誉と富に恵まれる生涯を送ることができるようになった。バルザックは、事業の失敗による負債を返済するために超人的な執筆活動をおこなって、実業家のように小説をつぎつぎと生産していった。バルザックは財産を築くことはできなかったが、負債は返済した。一七世紀に、ラ・フォンテーヌが貴族の邸宅で寓話を披露し、その代償として夕食をご馳走になったのとは大きな違いであった。

年金

アンシャン・レジームの時代には、国王が小遣いで文学を援助していたが、政府が作家に年金を支給したり、閑職を世話するようになった。ユゴーはルイ一八世とシャルル一〇世から二〇〇〇フランの年金を受け取っていたし、テオフィール・ゴーチエはマチルド公妃の図書館の館長の閑職によって六〇〇〇フランの報酬とルイ・ナポレオンから三〇〇〇フランの年金を受け取っていた。サント・ブーブはマザリーヌの図書館長、ノディエはアルスナルの図書館長であったし、モーパッサンは役所勤めをしていたし、スタンダールやユイスマンも官職についていた。フローベールは、年金生活者で、晩年には、三〇〇〇フランの司書の職についていた。ボードレールはもっと惨めであった。ボードレールは、生活に困って、それまでの意地を捨てて、一八五七年文部大臣に請願して、二〇〇フランの年金を得ざるをえなかった。作家は創作によって収入を得ることができるようになったが、副業ももたず年金も受けずに、著作活動に専念できる作家はごく限られていた。しかし、ゾラにいわせれば、年金は「不如意の状態を示す指標[*2]」のようなものであり、作家は年金の受給を断るべきであるといっている。作家は作品を書いて成功すれば、「お金」を得ることができる世の中になったのだから、執筆に専念すべきである。作品を書いても生活に必要なものを得るのに十分ではないからといって、援助を求める言い訳にはならない。靴屋や洋服屋が三〇年間働いた末に、惨めな晩年を迎えたとき、国に対して「パンを買うことができなくなりました。お金を下さい」といっても、だれにも相手にされないのと同じである。

「多くの若者は、政府が絵や彫刻に対しておこなっているような援助を文学に対してしてくれないと嘆き、非難している。このような要求には危険がある。フランスの文学の名誉は独立独歩だということである。政府がわれわれのためにしてくれることのすべては、われわれに完全な自由を与えてくれることである。現時点においては、われわれが作家についてもっている高邁な思想は、すべての拘束から解放され、なんぴとにもこびず、自分の人生、才能、名誉を自分自身で舵を取り、祖国に身を捧げても、祖国からはなにものも受け取らないという作家である。[*2]」

ブールジェと出版者との係争

本の出版に関して、近代的な印税制度が確立されていったが、古い時代の風習に固執する出版者も残っていたので、作家と出版者との間には、トラブルが絶えなかった。ユゴーやバルザックやジョルジュ・サンドはしばしば出版者を変更した。フローベールもミッシェル・レビーと喧嘩して、出版者をジョルジュ・シャルパンティエに変更している。

小説家ブールジェは、出版者のルメールが印刷部数をごまかしているという疑惑を抱き、明確な数字を明らかにすることを要求した。ルメールはこの要求を拒否したので、ブールジェはルメールを告訴した。ゾラは、一八九一年から九五年まで文芸家協会の会長を務めていたが、「作家と出版者」(一八九七)[*7]を書いて、ブールジェを弁護している。ゾラは「私は、出版者と四分の一世紀にわたってゆるぎのない友好関係を保持しており、計算書の提出を求めたことは一度もない」と断った上で、ルメールは前世紀の遺物のような出版者であると批判している。ルメールは最初、ショワズール街で小さな店を開いて、詩集を出版していた。その後、ルメールがサロンを開いたところ、若い詩人たちが殺到して、詩集を出版してもらうために出版費用を支払った。ルメールのサロンでは、ルメールを囲んでファミリーと親衛隊が出来上がった。ルメールは詩人や作家と君僕で呼びあい、親子や兄弟のように扱ったが、印税の清算はしなかった。詩人や小説家たちを世に送り出すのは自分であり、ルメールが出版しなければ、彼らは世に出ることはできないと考えていた。おたがいにファミリーなのだから、お金について問題にすべきではないと豪語し、本の売れ行きについて聞かれると、紙のすみに鉛筆でおおよその数字を走り書きしてちらりと見せるだけで、印刷や製本の帳簿は見せなかった。ルメールは、帳簿をもたないことを自慢にし、好き勝手に作家に支払いをすることができると信じている古いタイプの出版者であった。

ブールジェとルメールとの関係は、初めはうまくいっていたが、一連の事件とくに「コスモポリス」の出版に関して、ルメールに対するブールジェの信頼は決定的に覆ってしまった。事件は微妙であったので、裁判は長引いた。一八九五年一一月に新しい契約が結ばれ、一八八三年以来の一二年間に出版したブールジェの全集に関する決済を対審方式で作成することが合意された。この作業はきわめて簡単であった。一二年間に出版した部数の正確な数字を反論できないような証拠をつけて明確にして、出版者がブールジェに支払った部数の数字を差し引けば、使用料を支払っていない数字が算出されるだけのことだからである。しかし、ルメールは、対審方式で実際の出版部数を確定することを妨害し、ブールジェが納得できるような資料とくに印刷と製本の帳簿をブールジェの代理人に伝えることを拒否した。ルメールは興奮して、このような調査をおこなうことは侮辱であり、自尊心が許さないと述べた。ルメールの代理人であったユージェーヌ・プイエ弁護士は、法廷で次のように発言した。

「ラ・フォンテーヌは一七世紀の偉大なる作家であったが、お金は持っていなかった。コルネーユは一足の靴しかもたず、修繕が出来るまで裸足でいた。現代の作家となんと違っていたことか？」[*7]

プイエ弁護士は、ブールジェを法廷で嘲笑し、ブールジェはルメールのおかげで世に出してもらったのにもかかわらず、金銭欲に目がくらんで、ルメールの友情を裏切り、他の出版者と有利な契約をしようとしているとののしった。プイエは、弁護士会の会長でもあり、国際文芸美術協会の会長でもあり、「文学的美術的所有権」（一八九四）という著作を発表して著作権に関する専門家とみなされ、ベルヌ条約改正会議にも参加していた。このような人物が法廷でブールジェを侮辱したことについて、ゾラは「ルメールはわれわれ作家の裏切り者である」[*7]と憤慨している。プイエは、法廷の弁論で、作家は出版者の「同僚」ではない、作家は事業の危険負担を負っておらず、出版者が費用を負担している、出版契約は利益分配のための契約ではなく、信頼にもとづく契約であると主張した。作家は出版者との口約束を信頼すべきであって、証明資料の提出を求めるべきではない、出版者の過ちを証明できないときは、沈黙を守るべきであると述べた。結局、裁判所はブールジェの主張を認めて、調停人を指名して、両者が対審方式で決済勘定をおこない、完全な真実を明らかにするために不可欠な資料を伝達しあうことを命じた。

　この事件について、ゾラは次のように述べている。

「作家は、その頭脳、心、魂、全人生を賭けている。作家は賭けられたものであり、出版者は利用者にすぎない。これまでは、出版者は篤志家であり、学芸のパトロンであり、作家が出版者にすべてを負っているという思想が根底にあった。ブールジェは、その才能、業績によって文学において高い地位を獲得したのである。ブールジェは、なにものにも恩義を負っておらず、自分だけに負っている。ルメールが財産を築くことができたのはブールジェのおかげである。作家がいなければ、出版者は存在しえない。しかし、出版者がいなくても、作家を誕生させることはできる。作家は自分で出版することができるからである。しかし、出版者と出版されるものとの間、サービスをするものとされるものとの関係は相互に感謝しあうものであるのは当然である。」

「文学的所有権は所有権であり、文学的労働はすべての労働の利用を規制する法則に従うべきものである。そこには正義と誇りが支配している。大分以前から、パリの大きな出版者はそのことを承知しており、きちんとした営業帳簿をもち、勘定を知りたがる作家にはいつでも提示することができるようになっている。印刷部数について、実際的な監査の手段があれば、多くの衝突は避けられるであろう。われわれは、文芸家協会でこの手段を研究してきたし、いまでもそうしている。最終的には、この目的は達成されるであろうことには疑いがない。実際的なものであれば、大きな出版者は受け入れ、旧態依然とした争いはなくなるであろう。[*7]」

ブールジェの事件によって、作家は、出版契約が利益参与の契約であること、作家には絶対的な監査権があることを裁判所に認めさせることができた。

ゾラのプライド

一九世紀末は、文学市場の拡大によって作家が実力で勝負することができる時代になっていた。ゾラは、「文学におけるお金[*2]」（一八八〇）という論文を書いて、文学によってお金を稼げる時代になったので、後輩の若い作家は勇気をもって著述活動をするよう次のように勧告している。

階級制度は消滅し、知性は高貴なものとなり、労働は神聖なものとなった。同時に、必然的結果として、サロンとアカデミーの影響力は消え去ってしまい、文学の世界に民主主義が到来し、文学の質は変わってしまった。作家に新しい生活手段が生まれた。

「今日、われわれが誇りとし、尊重しなければならないもの、それは『お金』である。お金は重要な社会的力であり、お金を弾劾するのは愚かなことである」[*2]

人は生活していかなければならない。生まれつき財産がないのであれば、財産を造り上げていかなければならない。文学で生活していけないのであれば、他のことをしたまえ、役人になって国民が頭を下げて来るのを待ちたまえ。国は、君になにかしなければならない義務はない。扶養された文学を夢見ることは名誉なことではない。昼間働いて、夜になったならば書きたまえ。君に才能と力があるならば、名誉と富を得ることができるだろう。人生とはそういうものだし、われわれの時代はそういうものである。現代は疑いもなくもっとも偉大な時代であるのに、なにゆえ子供のように反抗しようとするのか？

金儲け主義は、文学に対する新しい需要から生まれたものであり、新聞事業が拡大していったころから生まれたものである。ポンソン・デュ・テラーユは富を得た。彼は、彼を非難した作家よりもはるかに多くの仕事をした。文学的には価値はないかもしれないが、新聞連載小説を沢山書いて、新聞社にお金をもたらしたが、それだけ彼の収入も多くなった。

一〇年間、日々の仕事の合間に、必死に努力して傑作を書いた青年がいたとする。彼は成功し、名誉のみならず、富をも得ることができ、家族を悲惨な貧乏から救い、借財を返済することができた。彼は自由を獲得し、その考えを声高く述べることができるようになる。なんとす

ゾラ（宮澤五百子・画）

ばらしいことではないか？
　作家は本を生産するものである。しかし、本が生産されると、出版者は作家から譲渡を受けた商品によってお金を稼ぐ。作家が契約によって定められた印税を得ることができれば、これ以上自然なことはない。したがって、お金に対して憤慨することは理解できない。
新人作家は、新聞連載小説家が彼らの進路を妨げていると非難している。これは間違いである。私の考えによれば、新聞小説家は才能をもっており、沢山仕事をしたので、合法的にお金を得ているのである。新聞小説においては、文学が遊びでないことは確実である。新聞小説家は、連載小説だけを読んでくれる特殊な大衆を造り上げ、美しい作品を味わうことができなかった新しい読者層を相手にしている。新聞は、新聞小説によって、わずかな購読料で田舎の奥地まで入り込んでいけるようになった。新聞小説家が未開の土地を開墾したことについて、彼らに感謝しなければならない。
現代は、ソネットがサロンで読まれ、作家の名声をつくり、アカデミーの会員の席が与えられる時代ではなくなっている。かつて、アンシャン・レジーム時代に活躍したボワロー、ラ・ブリュエール、ラ・フォンテーヌの作品は一冊か二冊の本に収まるくらいの分量にすぎなかった。現代では、われわれは作品を生産し、さらに生産していかなければならない。これはパンを得るために働き、財産を造り上げないかぎり引退することができない労働者の仕事と同じである。作家は立ち止まると、大衆は作家を忘れてしまう。作家は、職人が次から次と家具を作っていくように、作品を創作していかなければならない。

「現代は偉大な時代である。来るべき世紀を前にして嘆くのは幼稚なことである。人類は、前進するにあたって、背後に廃墟を残す。去るべき土地、残骸が残っている土地を前にして、涙を流し、逆戻りをするのはやめよう。もちろん、過去の世紀にも偉大な文学はあった。しかし、その偉大さのなかで停止し、より優れたものを書くことはできないと言い訳をいうのは、悪いことである。文学は社会の生産物にすぎない。いまや、民主主義の社会によって、すばらしい完全な文学的表現が誕生しようとしている。子供じみた哀惜をもたずにこれを受け入れ、お金の力、正義、威厳を認識しなければならない。科学によって文学的領域を拡大する新しい風潮、文法と修辞学、哲学と宗教を超えて、真実の美に至ろうとする新しい風潮に身を委ねなければならない。[*2]」

文学においては、弱者は利益にあずかれない。弱者でありながら、なにゆえ強者と同じ待遇を求めようとするのか？　敗者は運が悪かったというのは正しい言い方ではない。ペンを持つものは戦いの結果を受け入れるべきである。最初のショックで打ちのめされてしまい、世間でそしられてもそれはやむをえない。このような場合に嘆くのは子供じみており、救いようがない。強者は障害があっても、立ち向かっていく。それが冒険のモラルというものである。

最後に、ゾラは若い作家に次のようによびかけ、新しい時代の到来を予告している。

「仕事をしたまえ。それがすべてだ。自分自身だけを頼りたまえ。君に才能があれば、その才能によって閉じられた門戸を開かれ、君に相応するだけの高みに君を押し上げてくれるだろう。行政の情けは拒否したまえ。国の保護をけっして要求してはならない。雄々しく立ち向かいたまえ。人生の大原則は戦いである。人は君に対する義務を負っていない。君に力があれば、君は必然的に勝利するであろう。負けたとしても、君の失敗は正当なのだから、不平をいってはならない。次に、お金を尊敬したまえ。お金に毒づく詩人になってはならない。お金は、われわれ作家にとって、勇気であり誇りである。われわれはあらゆることを言うために自由である必要がある。お金はわれわれを、今世紀における唯一のエリートとしての知的指揮者にしてくれる。現代を人類にとってもっとも偉大な時代であるとして受け入れたまえ。未来を信じたまえ。宿命的な結果であるジャーナリズムの氾濫、低級な文学の金儲け主義に立ち止まってはならない。最後に、過ぎ去ってしまった社会によって持ち去られてしまった古い文学の精神に涙を流してはならない。いままでとは異なった精神が新しい社会から、真実の探求と肯定において日々拡大されていく精神が誕生している。自然主義の運動が展開され、才能が花開き、仕事が成就するがままにしておきたまえ。君たちは現代に誕生している。二〇世紀は君たちのものだから、社会や文学の発展に逆らってはいけない。」[*2]

ゾラは、なまなましく「お金」という言葉を使っているが、これを「著作権」と言い換えてみると、ゾラの主張の論旨はきわめて明快であり、現代においても十分通用しうると思われる。ゾラが「文学におけるお金」を書いた後、有名な「ドレフュス事件」が起きる。事件の裏にはユダヤ人排斥問題などがからんでおり、問題は複雑であった。ゾラは一八九八年、「我弾劾す」を発表して、ドレフュス大尉を擁護するために軍部を徹底的に糾明した。しかし、逆に告発されて有罪の判決を受けたため、ロンドンに亡命した。ドレフュスの再審が決まったので帰国したが、一九〇二年、自宅の暖炉の不完全燃焼によるガス中毒によって急死してしまう。煙突に沢山の石が詰め込まれていたことから、ゾラを逆恨みしたものによる策謀によるものだという人がいる。

第11章　レコード録音権

第一節　レコード録音権訴訟

蓄音機とレコードの発明

フランスにおいて複製権が初めて認められたのは、フランス革命のさなかに制定された一七九三年七月一九―二四日法によってである。同法第1条は「あらゆる種類の文書の著作者、音楽の作曲者、絵画または図案を版刻せしめる画家および図案家」は、「著作物を販売し販売せしめ頒布する排他的権利およびその所有権の全部または一部を譲渡する排他的権利」を享有することを認めている。しかし、フランス革命のころ、著作物を「販売」または「頒布」するために著作物を有形的に固定する方法としては、印刷と版刻しかなかった。したがって、当時の立法者が複製権として想定していたのは印刷や版刻による出版権であったにすぎない。

印刷や版刻に代わる新しいメディアとして蓄音機とレコードが登場するのは、一九世紀から二〇世紀にかけてであった。一九世紀は「発明の世紀」といわれており、さまざまな発明が実用化された時代であった。電灯、鉄道、自動車、自転車、写真、電話、ミシン、タイプライターなどがそうであった。蓄音機やレコードもそのうちの一つであった。一八五五年、エドアール・レオン・スコット・ド・マルタンビルは、円筒につけた石油ランプの煤に音を記録する方法を考案した。「フォノトグラフ」Phonautographe と呼ばれるものである。しかし、スコットの発明は人間の声を録音する原理を解明したにすぎず、その原理によって録音物を複製する方法は解決されていなかった。一八七七年、シャルル・クロスはスコットが考案したフォノトグラフから音を再生する方法を考案した。クロスは科学者であると同時に詩人でもあり、詩人ベルレーヌの友人であった。クロスは写真食刻法によって金属製の円筒を作り、音を再現した。クロスの発明した機械は「パレオフォン」Paléophone と呼ばれていた。しかし、クロスの発明は図面に描かれたもので、実現にはいたらなかった。クロスは、その資金も技術も持ち合せてはいなかったのである。

蓄音機の発明を完成させ企業化させたのはエジソンであった。蓄音機の第一号は、一八七七年にエジソンによって誕生した。蓄音機に初めて吹き込まれた曲はエジソン自身による「メリーさんの羊」であった。エジソンはヘーズ大統領によってホワイトハウスに招かれて、蓄音機を披露した。世界中がこの「魔法の機械」に驚愕したといわれている。蓄音機は、一八八八年のロンドンの万国博覧会、一八八九年のパリの万国博覧会のハイライトであった。一八八九年ウィーンで、ブラームスは「ハンガリー舞曲」をみずからピアノ演奏して円筒形の蠟管レコードに吹き込んだ。一八九二年にアメリカにコロンビアと一八九八年にドイツ・グラマフォン、一八九八年にビクターが設立され、一九〇七年に日米蓄音機製造株式会社が設立された。一九〇八年にビゼーの「カルメン」、一九一三年にベートーベンの「運命」（アルツール・ニキシュ指揮のベルリン・フィルハーモニー）がそれぞれ完全録音された。一九一九年、ピアニストのビルヘルム・ケンプが最初の録音契約を結び、カルーソの独唱一〇時間分が録音された。日本人のものとしては、一九〇〇年、パリ万国博覧会に出演した川上音二郎一座が「オッペケペー」他を吹き込んだレコードがグラモフォンによって発売されていることが、最近の調査で判明している。

オルゴールに関する特別待遇

蓄音機が発明される以前から、音を機械的に複製する機器としては、オルゴールが存在していた。オルゴールは、一八世紀末にジュネーブの時計職人によって考案されたものである。オルゴールは、一九世紀になってスイスの国家的な産業となり、上流社会のみならず一般庶民の間にも普及していった。オルゴールに関連する法律としては、一八六六年五月一六日法が制定されていた。同法は、たった1条にしかすぎない簡単な法律であった。

（全文1条） 私有財産に属する音楽のメロディーを機械的に複製するための用に供する機器の製造および販売は、一七九三年七月一九日法によって規定され、刑法典第４２４条以下と関連している音楽の偽造を構成しない。

同法は、一七九三年法によって認められた権利をオルゴールに適用することを制限している。これはフランス政府がオルゴールの生産国であったスイス政府の圧力に屈した結果であった。一八六四年、フランスはスイスと通商協定を締結したが、この交渉において最後まで難航したのはフランスへのオルゴールの輸出についてであった。フランス政府はスイスがオルゴールをフランスに輸出しても、著作権の侵害には該当しないことを認めた。一方、スイス政府は、交換条件として、フランスのリヨンから絹製品を輸入することについて最恵国待遇を与えることに同意した。一八八六年九月九日に、ベルヌ条約のベルヌ規定が採択されたとき、条約の終局議定書第3号に次のような条項が挿入された。

第3号　私有財産に属する音楽のメロディーを機械的に複製するための用に供する機器の製造および販売は、音楽の偽造を構成するものとはみなさないことについて了解する。

この条文も、フランス政府がスイス政府に譲歩したのと同じ次元のものであり、一八六六年法の趣旨をそのまま踏襲している。条約会議に先立って、スイス政府はベルヌの連邦広場で音楽機器の展示会を開催して、各国の代表を招待した。当時は、まだ蓄音機は発明されておらずオルゴールしかなかったので、スイス政府は、条約の終局議定書に特別な免責条項を挿入させることについて、各国の代表者の賛同を難なく得ることができた。

音楽出版社組合の訴訟

スコットとクロスが発明しエジソンが完成して企業化された蓄音機は、音楽市場に革命をもたらした。二〇世紀初頭には、ドイツ・グラマフォン社は年間数百万枚のレコードを売り上げ、録音された楽曲は数千種類にのぼった。それまで楽譜の出版を主たる営業源にしていた音楽出版社は、蓄音機とレコードによってもたらされた音楽市場の変革に注目するようになった。彼らは、蓄音機による新しい複製方式が楽譜の出版にとって由々しき競争相手となる危険性をもっていることを本能的に悟ったのである。

当時、音楽出版社は、出版契約によって音楽の著作物に関するすべての権利を著作者から譲渡されていた。ただし、オペラの上演権やシャンソンの演奏権については、著作者はそれぞれの権利を管理する著作権協会（ＳＡＣＤとＳＡＣＥＭ）から使用料の分配を受けていた。音楽出版社の業者団体であった「音楽出版社組合」は、蓄音機のために録音される音楽の著作物について権利を主張して、いくつかの蓄音機会社を相手として訴訟を提起した。この訴訟は、俗に「機械的機器訴訟」といわれていたが、このネーミングは適当ではなかった。一八六六年法において使用されていた「機械的機器」という用語がそのまま使用されていたので、蓄音機もオルゴールと同じ機器とみなされて、著作権は免責されるという印象を与えたからである。この事件は、破棄院までいって争われたにもかかわらず、レコードは一八六六年法によって、オルゴールと同じように著作権は免責されると判断されて、出版社側の完全な敗北に終わってしまった。音楽出版社組合がこの訴訟をおこなったころは、蓄音機が市場に出回っていたといっても、ローラーやシリンダーの時代で、円盤レコードはまだ登場していなかった。裁判官がローラーつきの蓄音機をオルゴールと同一視して、一八六六年法にもとづいて著作権は免責されると判断したのはこのためであった。訴訟するには時期尚早であったといえるかもしれない。いずれにせよ、音楽出版社はこの裁判の敗北によって意気消沈し、蓄音機のための複製に関して権利を主張することをあきらめてしまった。

ビベスの訴訟

一九〇一年のある日、ビベスという退職官吏がグラン・ブルバールのショーウインドーを見て歩いていた。彼はとある楽器店の前で立ち止まり、考え込んだ。ショーウインドーには、蓄音機とさまざまな種類のサファイア針のレコードが展示されてあった。そこにはクラシック音楽からシャンソンにいたるまで、あらゆるレパートリーがそろっていた。ビベスは、著作権のある音楽の著作物を使用してレコードを製作しておきながら、一銭の使用料も支払わずにいるのは不当であると考えた。生来好奇心の強かった彼は事件の経緯を調査し、音楽出版社の訴訟が敗訴に終わっていることを知った。彼はすぐに、訴訟のやり方がまちがっていたことに気がついた。ビベスは、レコードは、メロディーだけしか収録できないオルゴールのような「無声」

の機器とは異なり、シャンソンの歌唱やシンフォニーの演奏をそのまま復元できる「有声」の機器であることに着目した。したがって、レコードは、一八六六年法によって著作権が免責されているオルゴールのような「無声」の機器と同一視すべきものではないこと、なぜならば、レコードはメロディーだけでなく、歌詞をも有声的に複製しているからであることを直感的に悟ったからである。

ビベスは、早速この考えを伝えるために音楽出版社を訪問してまわった。しかし、音楽出版社は、訴訟に敗れた直後であったので、ビベスの考えに理解をしめさず、冷たい対応をした。しかし、ビベスは、そんなささいなことで失望するような人物ではなかった。ビベスを知る人によれば、彼はエネルギッシュで、あらゆることに挑戦することをいとわない人物であった。ビベスは豊富な訴訟経験をもっており、実際の事件から学んだすぐれた「訴訟センス」をかねそなえていた。彼は、最後にセルスタン・ジュベールと会い、説得することに成功した。ジュベールは出版社仲間を説得して、ビベスの考えを受け入れることにした。ビベスは出版社から委任を受けて、レコード会社に対して訴訟を提起することが認められた。しかし、その危険負担はすべてビベスが引き受けることになった。その代わり、レコードに関する複製権が認められたときには、出版社はその権利の管理をビベスに委託し、徴収した金額の四〇パーセントを手数料としてビベスに支払うことを約束した。この四〇パーセントという高い料率は、ビベスの事務所が発足したときに採用され、後にレコード録音権使用料を徴収する最初の団体となるＥＤＩＦＯに引き継がれることになる。

ビベスは、最大手の蓄音機会社であったパテ社に対して訴訟を提起した。担当弁護士はレイモン・ポアンカレであった。ポアンカレは後にフランスの大統領となる人物であり、SACDのよき理解者でもあった。パテ社は弁護士会の会長のデュビュイに事件を依頼した。ポアンカレはこの訴訟に自信をもっていたので、熱心に事件に打ち込んでいった。ビベスはポアンカレに対する謝礼を惜しまず、三〇〇〇フランという当時としては破格の金額を支払った。ポアンカレは、レコードがオルゴールのような「無声」の機械的機器ではなく、音楽のメロディーのみならず歌詞をも機械的に複製する「有声」の機器であることを証明しようとした。彼は、科学が進歩すれば、五線譜によって音符を判読できるのと同じくらい容易にレコードの溝の中に音楽を判読できるようになるであろうとまで断言した。一方、デュビュイは、レコードはオルゴールと同じ「機械的機器」の範囲に含まれるものであり、一八六六年法によって著作権は免責されると主張した。

一九〇三年三月六日の第一審で、ビベスは敗訴した。セーヌ民事裁判所は、蓄音機用のローラーおよびレコードは著作者の思考の具現者ではないと判断した。その理由は、蓄音機用のローラーやレコードは一七九三年法によって保護される「刊行」を構成しておらず、一八六六年法が適用され、音楽のメロディーと歌詞の音声的複製は適法であるということであった。ビベスはただちに控訴した。一九〇五年二月一日にパリ控訴院が下した判決は、ビベスの主張を認めるものであった。

一九〇五年二月一日パリ控訴院の判決

パリ控訴院の判決は、レコードには一八六六年法を適用することはできず、著作権は免責されないと述べている。判決はレコード録音権を初めて認めた判例であった。控訴院は、(一)「楽曲をともなわない歌詞」を録音する場合と(二)「楽曲をともなう歌詞」を録音する場合については、出版社の主張を認めたが、(三)「楽曲のみ」を録音する場合については、レコード会社を「偽造者」とみなすことはできないと述べている。パリ控訴院の判決の理由は次のとおりであった。[*1]

(一)「楽曲をともなわない歌詞」の場合

一七九三年七月一九—二四日法第一条は、著作者に対して「共和国の領土内において、著作物を販売し販売せしめ頒布しおよびその所有権を譲渡する排他的権利」を認めている。同条はこれまでつねに、著作者の排他的権利にとって有利なように解釈され適用されてきた。同条はさまざまな刊行または発行の方式の間に差別を設けていない。同法第3条、5条および刑法典第425条は「印刷または版刻」による刊行を明示している。この表現は、簡単な例示をおこなっているにすぎないが、知的著作物の発行および刊行のあらゆる方式に適用されるものである。「刊行」という用語は、法の精神、旧法例、刑法典第425条において使用されている用語の語源的かつ法律的意味において幅広く解釈されるべきものであって、業界において受け入れられている意味においてではない。判例では、この用語は一七九三年法以降に発明された数多くの発行形式に適用されている。科学の進歩によって誕生したレコードまたはシリンダーによる新しい方法にも拡大して適用することに反対するものはなにもない。

レコードまたはシリンダーは、それらを製作する機器を用いて印刻され発音された言葉の楽譜を収容し、著作者の思考を視覚的なものから音声的なものに転換する特別な方式によって、レコードまたはシリンダーの無数の溝に具象化するものであり、次いで数多くの部数が増製され、頒布されるものである。この録音された歌詞の反復のおかげで、文学の著作物が聴覚によって聴取者の知性にしみこむことになる。これはあたかも書物が視覚により、点字が触覚によるのと同様である。したがって、これは、演奏によって完成される刊行方式であり、偽造の規則が適用される。レコード製作者が主張していることをそのまま受け入れるとするならば、印刻されたレコードを蒐集することによって、大規模なライブラリーを作り上げることができる。共和国の領土および全世界においてこのカタログの一部を購買者に販売するものは、その販売によって、権利者の同意を得ずに他人の著作物を頒布したことになる。彼らは、このことによって著作権者の権益を侵害しており、その修復が必要である。

一八六六年五月一六日法から反論を引き出すことはできない。同法第1条は次のとおり述べている。「私有財産に属する音楽のメロディーを機械的に複製するための用に供する機器の製造および販売は、一七九三年七月一九日法によって規定され、刑法典第425条以下と関連している音楽の偽造の事実を構成しない」。同条は「音楽のメロディー」のみを対象とし、「歌詞」は対象としていないことを明確に表現しているのは明らかである。同条が想定しているのは「音楽のメロディー」の偽造のみであって、一七九三年法によって認められた権利を制限するものと解釈することはできない。

(二)「楽曲をともなう歌詞」の場合

楽曲をともなう歌詞の著作者が楽曲の著作者と同一人である場合は、(一)の理由が適用される。そうでない場合には、歌詞は作曲者の楽曲的概念から切り離された個人的創作物であるので、歌詞の著作者は、楽曲とともに歌詞を複製することを禁止する権能を有する。

(三)「楽曲のみ」の場合

この場合は、(一)(二)と異なり、蓄音機のための複製は一八六六年法にもとづき、音楽の偽造の事実を構成しない。この場合の蓄音機は、その構造および効果について控訴院が研究したところによれば、ローラーまたはシリンダー、スタイル、反復膜、時計的運動、音を増幅するためのラッパからみて、「機械的機器」に属するものである。蓄音機は音楽のメロディーを機械的に複製するための用に供するものであり、したがって、一八六六年法の立法者によって限定された範疇に入る。

この事件の「生き証人」によると、ビベスは、裁判官のためらいを打破するために、次のような台詞をレコードに録音して法廷に蓄音機を持ち込み、裁判官に聞かせたということである。

「裁判長および裁判官のみなさん。わたしが『刊行』であることをみなさんに理解していただこうと思って、このようにあつかましいお願いをしなければならないのをお許し下さい。[*1]」

これは、控訴院にとってまさしく天の啓示であった。控訴院は、蓄音機をオルゴールと同一視することができないことを理解した。オルゴールはなにもしゃべらないのに、蓄音機は話をすることができるからである。控訴院の判決は、一八六六年法を適用することができるのは、音楽のメロディーだけを録音して歌詞を録音していない場合であることを証明している。

一九〇四年七月一三日ブラッセル第一審裁判所の判決

控訴院は、判決を下すにあたって、隣国のブラッセル第一審裁判所が類似の事件について下した一九〇四年七月一三日の判決についての情報を得ていたものと思われる。この事件は、作曲者のマスネーとプッチーニがレコード会社のフォノグラフ社とウルマン社を告訴したものであった。原告は、被告の会社がベルギーで販売するために同地に輸入されたレコードとシリンダーに原告の著作物を原告の許諾を得ずに複製したことによって、原告の著作権が侵害されたと主張し、被告に対して損害賠償の判決を求めていた。ブラッセル第一審裁判所は、一九〇四年七月一三日の判決で著作権者の主張を認めて、次のように述べている。

「レコードおよびシリンダーに著作物を記譜する場合は、フランスにおいて要求されているような『刊行』を構成してはいないにしても、商業的目的のもとにおこなわれた有形的複製であり、ベルギー法において有形的複製として著作権に従うべきものである。一八八六年五月一六日法が制定された当時には未知であった蓄音機は、あらゆる種類のはっきりと発音された音声、とくに演説、シャンソン、詩、演劇の著作物などを複製することができる。一方、ベルヌ条約終結議定書第三号は『音楽のメロディー』を複製する機器に適用されるものである。条約の起草者がこのような機器については想定していなかったことはたしかである。それらについて予見することができたとしたら、条約の起草者は、新しい企業の利益と作詞者、作曲者の利益を比較考慮することによって、このような機器に著作権の免責性を認めるのがよいのか拒否するのがよいのかを決定しなければならなかったであろう。被告の会社が利用している発明品は実用的なものではないにしても創意工夫のあるものであり、他人の才能または精髄からその主要な魅力を借用するものであることにはかわりはない。この発明品は、作詞者と作曲者の協力を必要とするので、著作者になにがしかの支払いをすることは合法的なことである。[*1]」

ブラッセル裁判所は、レコードまたはシリンダーは一八八六年のベルギー法にいう「音楽のメロディー」を複製する機器と同一視することはできないと判断して、原告の著作者の著作物を複製したレコードおよびシリンダーのベルギーへの輸入、供給、発売、販売は不法であり、原告らに損害を与えるものであると宣言した。

レコード録音権管理事務所の設立

パテ社や同業のレコード会社は、音楽のメロディーだけを録音した場合には、「偽造者」とみなされないという判決を得たことについては満足した。しかし、この効果はほとんどなかった。というのは、レコードに録音されるレパートリーのほとんどはシャンソンやオペラであったので、歌詞を使用しないことには商売にならなかったからである。被告のパテ社にとってこの判決は致命的であった。パテ社は破棄院に上告した。破棄院は、慎重に判断した結果、この上告を棄却した。パテ会社は上告すると同時に、パリの大手新聞紙上で「思いがけない」キャンペーンを展開した。出版社が貪欲に権利主張をしたためにレコード産業に甚大な影響が生じて、労働者は失業に追い込まれるだろうと新聞紙上で告発した。しかし、まもなくこの問題は一般大衆には関係がないことが明らかになって、キャンペーンは完全に失敗に終わった。

ビベスは成功に酔ってはいなかった。彼は自分の主張に自信をもっていたので、レコード会社がかならず彼を訪ねてくるものと確信していた。彼は待っていた。パテ社はすぐに彼と交渉を開始し、協定が締結された。ビベスは、パテ社がレコードに著作物を録音することについて使用料を支払うことを認めさせた。ビベスは、レコード録音使用料を徴収するための事務所を設立した。ビベスの許諾の仕方は、レコード会社と特別な契約はせずに、レコードに貼付するシールを販売しただけである。権利者のスタンプのあるシールをレコードに貼布すれば、レコード会社は録音使用料を支払ったことが証明される仕組みであった。使用料は当初、レコード片面について〇・二五フラン、シリンダーについては〇・一五フランであった。パテ社は一度に数百万フランのシールを購入した。この徴収方式は複雑ではなかった。ビベスの委託者は出版社に限られていた。ビベスに最初に権利を委託した出版社は、ウジェル、シュダンス、ガレ、ラベ、ドロルメル、リコルディ、ソンゾーニョ、サントジャニ、カリッシュ、デュラン、エノックであった。ビベスが徴収した使用料の分配は、きわめて簡単であった。徴収金額から、レコードの場合は四〇パーセント、シリンダーの場合は三三パーセントの手数料を差し引き、残りを権利者に支払った。ところで、当時は、音楽の著作物の権利者は出版社で、作詞者や作曲者は権利者ではなかった。著作者は出版社に権利を全面的に譲渡していたので、使用料は出版社に分配され作詞者や作曲者には分配されなかった。

まもなく、ビベスと出版社の間に不協和音が生じた。ビベスの経営方針は強引だったので、出版社はしばしば不愉快な思いをさせられたのである。彼らは、これまで臆病で将来への見通しをもたなかったばかりに、ビベスにレコード録音権の管理を委託してはみたものの、厳しい条件を押しつけられてしまったことを後悔するようになったのである。一方、ビベスは、録音使用料を徴収する事業がスタートすると同時に、この事業に対する関心を失っていた。ビベスは、新しい事業に挑戦することに興味をもつ性格の人物で、直接的な利益を得ることに性急であった。あらたに彼の野心を刺激したのは暖房装置の事業であった。彼はレコード録音権を管理する事業から撤退することを考えていた。彼は、新しい暖房事業に必要な莫大な資金を提供してくれることを条件として、ウォルカットというアメリカ人と契約を締結して、事務所の権利を引き渡した。しかし、現実には、ウォルカットはたんなる名義人にしかすぎなかった。ビベスの公式な後継者はブリッソという土木工事の請負人で、音楽業界とはなんの関係もない男であった。

事務所は、ほどなく「蓄音機的映画的刊行総合国際協会」Société Générale Internationale de l'Edition Phonographique et Cinématographique（ＥＤＩＦＯ）という名称に代わった。初代の会長はバゼーユであった。協会はテブ街八〇番地に本拠を構えた。一九〇九年、バゼーユはその出資分をジョルジュ・ドラベンヌが率いる団体に売却した。一九〇九年から一九一八年の間、ＥＤＩＦＯの委託者は出版社だけで、それも当初は一四名であった。しかし、これが当時フランスで出版業を営んでいたものの全部であった。この他に、いくつかのイタリアの出版社が加わっていた。

第一次世界大戦（一九一四—一八年）の終了後、レコードは大変なブームになった。最大手のパテ社はサファイア針によるあらゆる種類のレコードを発売し、オデオン、ペルフェクタフォンのような会社は、雑音の少ない針のレコードを発売していた。外国の大きなレコード会社もフランスに子会社を設立した。「マスター・ボイス」はすでにかなりの市場をもっていたが、コロンビア、クリスタル、パルロフォン、ウルトラフォン、ポリドールなどのレーベルが登場してきた。こうして、フランスの楽曲にも大きな販路が誕生した。

ＥＤＩＦＯは、第一次大戦後になって、作詞者と作曲者から委託者を募集するようになった。

募集を容易にするために、フランスにおける手数料が二五パーセントに減額された。イタリアの一部の出版社も、ＥＤＩＦＯに権利を委託していた。ＥＤＩＦＯは、トリノに代理店をもっていた。ＥＤＩＦＯとの契約の期間が満了すると、イタリアの出版社は、一九二六年一〇月一二日、ＳＩＤＥという協会を設立した。ＥＤＩＦＯは、ロンドンにＭＥＣＯＬＩＣＯ、ベルリンにＡＭＭＲＥという代理店を設立した。これらは、後にそれぞれの国において録音権協会として独立していくことになる。ＥＤＩＦＯはブエノス・アイレスとニューヨークにも事務所を創設した。

オルゴール法の廃止

先に述べたように、一八六六年五月一六日法は、スイス政府の要求によって、スイスの国家的産業であったオルゴールを保護するために制定されたものであった。しかし、レコード産業に対するビベスが勝訴したことの影響を受けて、一八六六年法は一九一七年一一月一九日法によって廃止された。また、一九〇八年にベルリンでおこなわれたベルヌ条約改正会議ではすでに、「音楽著作物の著作者は、音楽著作物を機械的に複製する用に供する機器による著作物の録音および公開演奏を許諾する排他的権利を享有する」という新しい条項（第１３条１項）が起草されていた。これは、一八八六年九月九日のベルヌ条約終結議定書第３号によって認められていたオルゴールに関する録音の自由の放棄であった。

第二節　レコード録音権に関する著作者と出版社との係争

「カルメン」「マノン」の訴訟

ビベスの訴訟は、出版社がレコード会社に対して録音権を主張したものであるが、次に、録音権について作曲者が出版社に対して権利主張した訴訟事件について述べてみたい。

一九二二年、ビゼーとマスネーの相続人たちは、「カルメン」と「マノン」の二つのオペラに関して、レコード録音権は出版社との譲渡契約には含まれていないと主張して、出版社を告訴した。彼らの主張は次のとおりであった。著作者は、蓄音機やレコードが存在しなかった時期に出版者と締結した譲渡契約において、著作物をレコードに複製する権利を譲渡することはできなかった。したがって、著作者はその権利を保持しており、出版者は著作者に帰属するはずの収益を不当に搾取してきた。蓄音機の発明以後に創作された著作物についても、レコード録音権の譲渡に関して契約書に明示されていない場合についても同様である。

相続人の主張の弁護を担当したのは、シュトラウス・ビゼー、オーベパンおよびピエール・

マッスの三人の弁護士であった。ビゼー弁護士は「カルメン」の作曲者ビゼーの未亡人の親戚であった。出版社組合は、ボードロ、ローゼンマルグ、ミルランの三人の弁護士を選んだ。また、参考資料の提供者としてフランソワ・エップとポール・ベルトランが委嘱された。エップは当時は、ルノアール・ルロル音楽出版社の支配人であった。ベルトランはビベスの訴訟事件を身近に体験していた。

第一審で、ビゼー弁護士とピエール・マッス弁護士は、シュダンス社が取るに足りない金額で作曲者グノーから「ファウスト」をまるごと買い取ってしまい、大変な財産を築き上げたことを暴露し、裁判所の共感を得ようとした。彼は同じ作曲家の「ザモラの貢物」についてはふれなかった。シュダンス社はこの作品に一二万フランを支払ったものの、その後なんら収入を得ていなかったからである。二人は、譲渡契約書に規定されているのは印刷による楽譜の刊行だけであって、レコードによる音声の刊行はいままでになかった「特殊な」sui generis刊行であって、楽譜による刊行とは関係がないことを証明しようとして一生懸命だった。出版社側のボードロ弁護士はビベスの訴訟事件でポアンカレが弁護した論理を再現し、力強く展開してみせた。ローゼンマルク弁護士は、「出版社に譲渡された複製権は、既知または未知にかかわらず、現在および将来生じることのあるあらゆる複製方式を包含する法律的普遍性を構成している」と主張した。マッス弁護士は次のような質問を提起した。

「オペラの全曲をレコードに録音するための演奏は、観客を前にしておこなわれる実演ではないにしても、『上演』を構成しているのではないだろうか？　出版社との譲渡契約において、『上演権』は著作者によって留保されており、著作者からSACDに管理を委託されているのだから、レコードによる複製に関する権利も同じように著作者に留保されているとみなすべきである。[*1]」

この理論は、録音権を上演権と同じ次元の権利であるとみなしており、奇妙なこじつけであるといわなければならない。しかし、裁判所は意外なことに、このかなりもっともらしい理屈によって一時攪乱されてしまった。ルムワーヌ裁判長は、ボードロ弁護士に対して、「レコードの録音がおこなわれる方法の順序」について文書で明示するよう要請した。出版者側によって提出された文書では、録音をおこなうためにまず必要なことは、即興曲の演奏を録音するというきわめてまれな場合は別として、著作物を印刷ないしは手書きによる楽譜の形式によって固定することであり、これは出版と同一視されるものであることが証明されていた。裁判所は出版社に対する相続人の請求をしりぞけた。

しかし、これは初戦にしかすぎなかった。両者は控訴して、前よりいっそうはげしく争った。ミルラン弁護士は入念かつ熱心に事件について研究した。ミルラン弁護士は、ビベスの訴訟と同じような訴訟がベルギーでおこなわれたことがあり、事件の対象となった「ラ・ボエーム」と「マノン」について、訴訟の申し立てをおこなったのはプッチーニとマスネの二人の作曲者の名においてであって、出版社のリコルディ社とウジェル社の名においてではなかったことに気がついた。この訴訟については、さきに述べたように、ブラッセル第一審裁判所が一九〇四年七月一三日に判決を下している。この判決は「原告の著作物を複製したレコードおよびシリンダーのベルギーへの輸入、供給、発売、販売の事実は不法であり、損害を与えるものである」と宣言している。ミルラン弁護士は、この事件を援用して、控訴院で次のように述べている。

「著作者の相続人は私の依頼主である出版社に対して請求をおこなっているが、そのなかでもっとも有名な二人の作曲者はかつて権利が譲受人の出版社に帰属していることを認めており、その権利の行使から生じる利益を出版社に保証するための裁判に関与したことがある。それなのに、作曲者たちは出版社に対して一体なにを請求しようというのであろうか?」[*1]

控訴院は裁判所の判決を是認した。事件は破棄院に上告された。そうこうするうちに、多くの出版社の気持のなかに不安が生じてきた。彼らは破棄院で下される判断に自信がもてなかったので、著作者に譲歩する気になり、著作者と話し合いを始めた。出版社は録音使用料の一部を著作者に認めることを提案した。出版者は最初二〇パーセント、その後二五パーセント、次に三〇パーセントを無償で放棄して著作者の取分を認めることを提案した。しかし、著作者たちは和解を望まなかった。彼らは、レコード録音権を出版社に譲渡していないと主張して、その一〇〇パーセントを請求した。交渉を続けておれば、著作者はおそらく五〇パーセントの取分を取得することができたであろう。しかし、彼らは事実上理があると信じていたので法律上も理があると考えて、妥協を望まなかった。

破棄院は著作者が間違っていることを指摘せざるをえなかった。過去に著作者が譲渡（当時は、「売却」といわれていた）した著作物に関して、だれを権利者とみなすべきか？　契約するときに予見することができなかった使用方法は「譲渡」に含まれるのか？　裁判所は、レコード録音は楽譜出版の単なる延長にすぎないと判断した。

出版社側は裁判には勝ったものの、その勝利が法律的にみてあまりにも完璧でありすぎたために、著作者の自尊心は傷つけられ、多くの著作者の間に出版社に対する怨恨と敵意が内向していった。その後、多くの出版社はこうした事態になったことを後悔したが、やや遅すぎたきらいがあった。状況は悪化し、溝は深められた。後になって録音権協会としてSDRMが設立され、録音使用料の分配の問題について、著作者と出版社の間に緊張の緩和がもたらされるまでには、その後長い年月が必要であった。

二番目の訴訟

その後、作曲者の相続人アレビ、メラック、バルビエ、カレ、フィリップ・ジルらは、音楽出版社のウジェル、シュダンス、ルノアール・ルロルに対して、レコード録音権の返還を求めるために、同じような訴訟を提起した。彼らの主張によれば、出版社は彼らが出版権を取得した著作物のレコードによる複製について不当な使用料を受け取っているということである。彼らの訴訟の目的は、著作者が出版社に著作物を譲渡した時点においてはレコードは存在していなかったので、レコード録音権は出版社に譲渡することはできなかったという判決を獲得するためであった。しかし、結果は「マノン」と「カルメン」に関する訴訟の結果とほとんど同じであった。一九二五年五月一日のパリ控訴院の判決と一九三〇年一一月一〇日の破棄院の判決はいずれも、レコード録音に関して「刊行」の属性を認めており、著作物のすべての権利を譲り受けている出版社に対してこの権利を認めている。

「レコードの複製は『上演』と同一視することはできず、『刊行』という用語に対して慣行上および判例上付与されている広義における刊行とみなすべきものである。このように用いられる意味においては、著作物を刊行するということは、物質的かつ永続的な固定によって著作物を複製し、公衆に広めることである。」(控訴院の判決理由書[*1])

「この結果、契約時には未知であったレコードの複製は、この使用方式が公開劇場における『上演』と同一視することができるとするならば、著作者がおこなった所有権の総合譲渡から除外されたであろうとみなすことができるかもしれない。(中略)

このレコードに録音するための原初の時点における演奏が上演としての性格を有するためには、この原初の演奏が演奏のおこなわれる場所に通常集合する公衆すなわち、この演奏がおこなわれると同時に演奏家から聴衆へのほとんど瞬間的な伝達によってその演奏を楽しむ公衆を相手として、直接おこなわれることが必要不可欠の条件であると考えるだけで十分である。

録音装置を前にしておこなわれる演奏は、以上のような上演の基本的かつ本質的条件に合致していない。レコードの複製は終始一貫して、私的演奏の音声的刊行と同一視すべきものであり、したがって、著作者によって同意された権利の総合譲渡に包含されていると原判決において判断される結果になった。」(破棄院の判決理由書[*1])

第三節　ＳＤＲＭの誕生

ＢＩＥＭの設立

一九二〇年代の後半になると、世界中のレコード業界は集中化されていった。一九二八年、パテ社は英国のコロンビアに買収された。一九三一年には、グラマフォンとコロンビアが合併してＥＭＩとなり、世界最大のレコード会社となった。全世界に散らばっていた何百というレコード製作者は数百万ポンドにのぼる同一資本のもとに買収されていった。レコード産業のトラストが形成され、著作者や出版社にとって大変な危険をはらんでいた。一九二七年になると、いくつかの国で経済恐慌が広がってきた。著作者や出版社の間には、レコード録音権の管理に関する国際的な組織は存在していなかったので、レコード産業のトラストが突如発揮しだした巨大な資金力は、著作者や出版社がレコード会社に対して一国単位でおこなってきた抵抗を藁のように吹き飛ばすこともできるようになった。

一九二九年一月二一日ＥＤＩＦＯは、レコード産業の攻撃に対抗するために「機械的刊行国際事務局」Bureau International de l'Edition Musico-Mecanique 後に、Bureau International de l'Edition Mécanique（ＢＩＥＭ）を発足させた。ＢＩＥＭは、ヨーロッパの一四カ国の作詞者、作曲者と出版社の委託をまとめて受けると同時に、レコード産業の国際団体であるＩＦＰＩとの間で標準契約書を作成し、録音権の許諾条件を定めた。一九二四年に締結された最初の標準契約書はその後、何回となく改正され修正された。一九五二年の改正によって、録音使用料率は、片面につきレコードの小売価格の三・七五パーセントから四パーセントに引き上げられた。

ＳＤＲＭの誕生

ＥＤＩＦＯにとって、まもなく障害が生じた。著作者や出版者は、ＥＤＩＦＯは巨大なレパートリーを管理してはいるものの、個人的な政策のもとに運営されており、著作者の権益を十分に考慮していないことに気がつくようになった。ＥＤＩＦＯの業務にはもっとも初歩的な配慮が不足していた。とくに、著作者や出版社の心を離反させるような態度がみられ、著作者や出版社の神経を刺激した。たとえば、ＥＤＩＦＯは、管理手数料を引き下げる考えをまったくもっていなかった。外国関係の手数料は四〇パーセントにも達していた。「作詞者作曲者出版者擁護同業組合」（ＵＳＡＣＥ）の内部にＥＤＩＦＯに対する反発の気運が生れてきた。ＵＳＡＣＥの幹部は、録音権使用料を徴収するための部門を作って、一〇パーセントの手数料でも徴収が可能であることを証明しようとした。ＵＳＡＣＥの会員は、ＥＤＩＦＯとの契約が満了しても、契約を更新しないように勧告を受けた。一九三二年から一九三三年の間、ＵＳＡＣＥは二万八三一六・八〇フランの録音権使用料を徴収した。この金額に対して控除された一〇パーセントの手数料、すなわち二八三一・六八フランは実際の経費二七〇七・七〇フランに充当され、一二三・九八フランの余剰金が生じた。

もちろん、ＵＳＡＣＥによる録音権使用料の徴収は一つの試みと示威運動にすぎなかった。ＵＳＡＣＥの理事会は、ＳＡＣＥＭに対して定款上の目的を拡大してレコード録音権使用料の徴収を始めるように説得したが、成功しなかった。そこで、ＵＳＡＣＥの理事会は録音権使用料を徴収するために独立した非営利的な組織を設立することを決定した。定款の研究と草案の作成が小委員会に付託された。小委員会は、アンリヨンのもとでただちにＳＡＣＥＭのような著作者と出版社そのものを主体とする協会設立の準備を始めた。一九三四年六月二九日、「機械的複製権管理作詞者作曲者出版者非営利的協会」Société Civile des Auteurs, Compositeurs et Editeurs pour le Controle des Droits de Reproduction Mécanique（ＡＣＥ）が設立され、サン・ジェルマン・アン・レの公証人に定款が登録された。ＡＣＥは、非営利的な組織であっても、録音権使用料を徴収することができることをアッピールするための示威運動をただちに開始した。

ＥＤＩＦＯが円満な形で清算することに同意せざるをえない状況になっているというニュースがＡＣＥのもとに届いたのは、ＡＣＥが設立された翌年の一九三五年になってからのことであった。ＥＤＩＦＯはどうしてそういう状態に陥ったのであろうか？　簡単にいって、放漫経営によって、破産状態になってしまったのである。このことについては、ＡＣＥも前々から予感していたことであった。しかし、こんなに早くこうした状態になろうとは思ってもいなかった。一九二九年から一九三五年にかけて世界中に猛威をふるった経済恐慌は、レコード業界にも大きな打撃を与えた。そのため、ＥＤＩＦＯの収入はいちじるしく低下した。慎重な運営をすれば、この一過性の困難を乗り越えるのは容易であったろう。しかし、現実はそうではなかった。ＥＤＩＦＯは業務を停止せざるをえない状況になっていた。おかげで、出版者に先見の明がなかったばかりに、四分の一世紀もの間、ＥＤＩＦＯという営利団体に独占されてきた録音権の管理を奪回するチャンスが巡ってきた。ＡＣＥにとって、このニュースは大変価値のあるものであった。

一九三五年四月三〇日、ＡＣＥの理事会は、ＥＤＩＦＯが清算された場合の状況について検討した結果、ＢＩＥＭと提携するために、ＢＩＥＭの会長ルネ・ドマンジュに会見を申し込むことを決定した。ＡＣＥの代表団はドマンジュの事務所を訪問した。代表団がＥＤＩＦＯが近く清算されることに関して巷に流れている噂について話したところ、ドマンジュは全面的にこの噂を確認した。ＡＣＥのクリスティーネ名誉会長は、録音権使用料の徴収業務をおこなう非営利的な協会を組織するためにこの機会を活用したいというＡＣＥの理事会の見解をドマンジュに伝え、ＢＩＥＭの協力を求めた。ドマンジュはこの計画に賛成し、後日あらためて話し合うことを約束した。

著作者と出版社は、ＵＳＡＣＥの理事会とＡＣＥの理事会の合同会議を設立した。この会議で重要な議事日程が採択され、ＳＡＣＤとＳＡＣＥＭに伝達された。ＳＡＣＤはこの伝達に反応を示さなかった。これに反して、ＳＡＣＥＭは、五月二八日の理事会の席上にＡＣＥの代表団を迎え入れた。代表団は、これまでの理事会に先見の明がなかったために捕え損なっていた録音権使用料を徴収する機会が権利者にふたたび戻ってきたことを率直に説明して、ＳＡＣＥＭの理解と協力を求めた。

六月初め、ＥＤＩＦＯの清算人に正式に任命されたフランソワ・エップとＢＩＥＭの理事アンリ・ルムワーヌとの会談がおこなわれた。この会談では、事態について徹底的に検討された。この会談における結論として、ＡＣＥはＢＩＥＭに加盟し、ＢＩＥＭの排他的代表者としてフランスにおいて録音権使用料の徴収と分配をおこなうことになった。ＡＣＥの理事会は、必要があれば、ＡＣＥの定款を改正する用意があると宣言した。ただし、作詞者、作曲者、出版社のための協会を設立するにあたって、「非営利性」を保持すること、管理手数料の最高額を規定することが必要条件であった。

ＡＣＥの理事会は、ＥＤＩＦＯの資産を取得するために、ＳＡＣＤ、ＳＡＣＥＭ、ＢＩＥＭと協定する草案を研究する用意があることを宣言した。ＥＤＩＦＯの清算人にとって一番関心があったのはこの点であった。清算人は、ＥＤＩＦＯが徴収した使用料の支払いをまだ受けていない権利者に弁済するために、ＥＤＩＦＯの資産を売却しなければならないという微妙な使命をもっていた。ＥＤＩＦＯの資産の主なものは、録音権使用料の分配業務のために必要な国際的な作品カード資料であった。ＳＡＣＥＭの副会長ステファヌ・シャプリエは、著作者の権益を守るために、各協会はこの際金銭的な犠牲を払うべきであることをすぐに理解した。彼の説得によって、ＳＡＣＤもこの作業に参加することになった。その結果、ＳＡＣＥＭとＳＡＣＤは、新しくできる協会に必要な基金を提供し、ＥＤＩＦＯの作品カード資料などの資産を取得することについて、ほぼ原則的に合意した。

ＡＣＥと関係団体の代表者とＥＤＩＦＯの清算人との初めての会合が六月一三日と六月一五日にエップの家でおこなわれた。この会合に出席したのは、エップ（ＥＤＩＦＯの清算人）、ドマンジュ、ルモワーヌ、トゥルニエ（ＢＩＥＭ）、メレ（ＳＡＣＤ）、パレス、マルク・エリ、アンリヨン（ＡＣＥ）であった。会合では、もっぱらＥＤＩＦＯの作品カード資料を買上げるための資金の問題が取り上げられた。ＳＡＣＥＭの理事会とＳＡＣＤの理事会が翌日開催されて、新しく設立される協会に資金の貸し出しをおこなうかどうかの問題が審議された。貸し出しの金額はＥＤＩＦＯの清算人によって約二〇〇万フランと評価され、ＳＡＣＥＭとＳＡＣＤによって分担されることになった。ＳＡＣＥＭの負担額のほうが多かった。

アンリヨンとトゥルニエは、六月一五日の会合における討議を明確にするために、議定書を起草した。この草案の大綱は次のとおりである。

一　ＡＣＥは、準会員ないし加盟者としてＢＩＥＭに加盟する。このため、ＢＩＥＭは、これまでＥＤＩＦＯがＢＩＥＭに出資していた分担金一〇口分（一口五〇〇フラン）を提供する。その代わり、ＡＣＥは、ＢＩＥＭの委任を受けて、フランス国内における録音権使用料の徴収業務をおこなう。

二　SACEMとSACDは、ACE、BIEM、出版社のサラベール・グループと協力して、国際的な性格を有する特別な協会を設立する。この協会は、BIEMの委任を受けて録音権使用料の分配業務を担当する「国際センター」になるべきものである。「国際センター」は、SACEMとSACDから二〇〇万フランの貸し出しを受けることになった。これは、EDIFOが保有している業務用具とくに管理と分配のための作品カード資料を取得するためのものであった。

議定書の内容は、会談の結果をよく示しており、採択することが望ましいものであった。しかし、六月一五日にエップがこの議定書を朗読したとき、SACDの代表であるメレは、ACEそのものを録音権協会にしてSACDやSACEMと同じ体制にする考えに強く反対した。この反対はSACEMの代表であるシャプリエによって支持された。メレは、SACDとSACEMは原則として二〇〇万フランの貸し出しに協力する用意はあるものの、ACEないしは議定書に規定されているような国際的性格を有する新しい協会に対して貸し出すことに同意したわけではないことを付け加えた。

ACEの内部においても、出版社のサラベールは、サラベール・グループが議定書の草案で軽視されていると不満を述べた。彼は、録音権使用料を作詞者、作曲者、出版社との三者間で分配する原則について了解した上で、新しい団体に加入する用意があることを表明した。しかし、出版契約を結ぶ場合、録音権に関して自由に協議することを制限することについては留保を示した。ＢＩＥＭはサラベールの留保に同調した。サラベールは分配センターを設立することについては賛成した。サラベールにしても他の出版社にしても、著作者が録音権使用料の分配に関与すべきであることについては原則的に認めていたが、規則によって拘束したり、固定した分配率を定めることをきらったのである。

事態はＡＣＥの代表団の権限の範囲を超えて展開してしまった。代表団は、内部で話し合いをするために会議の中断を要求して、理事会会議室に面している一八四九年にフレデリック・ショパンの寝室であったというテブ街八〇番地の小さい事務室にひきこもった。その結果、代表団はしぶしぶであったが、要求を受け入れることを決定した。

会合が再開されたとき、ＳＡＣＥＭの代表は、ＳＡＣＤの代表の同意のもとに「非営利的」な協会を設立することを提案した。ＡＣＥの代表団と審議した結果、その名称を「機械的権利に関する作詞者作曲者出版者協会連合」Union des Sociétés d'Auteurs, Compositeurs et Editeurspour les Droits Mécaniques（ＵＡＣＥ）とすることが決定された。新しい協会の理事会には、協会の設立に貢献した団体がそれぞれ代表を送り込まれることになっていた。ＵＡＣＥは、ＥＤＩＦＯに代ってＢＩＥＭに加盟し、ＥＤＩＦＯのＢＩＥＭ出資分担金一〇口分を取得する。ＳＡＣＥＭとＳＡＣＤは、ＵＡＣＥに予定どおり貸し付けをおこない、ＵＡＣＥはＥＤＩＦＯの作品カード資料を取得する。

ＡＣＥの代表たちは、この辛かった交渉について理事会に報告するにあたって、ＡＣＥが消滅しても、ＡＣＥがこれまで維持してきた次の基本原則はひきつづき存続することを強調することを忘れなかった。

一　作詞者、作曲者、出版者を集結する協会として「非営利性」を保持する。

二　手数料の最高限度額を定める。

六月一八日、ＡＣＥは最終提案を受託し、関係者の間で議定書が調印された。この議定書のうち次の文章について記憶にとどめる必要がある。

「サラベール・グループは、録音権使用料を作詞者、作曲者、出版社の三者間で分配するという分配の原則を承認した上で、そのレパートリーを委託する。ただし、三者間の分配率を自由に決定することができることを条件とする。」

「ＢＩＥＭの会員であるフランスの出版社は、この点に関してサラベールの見解に同意し、上記の条件によって協会を設立した場合、作詞者、作曲者、出版社の間における基本分配率を規定によって定め、将来の契約書に導入すべきであると認識する。」

新しい協会の名称はそれまでに考えていたＵＡＣＥに代えて、ＳＤＲＭ（Société de Droits de Reproduction Mécanique　機械的複製権協会）とすることになった。ＳＤＲＭは、一九三五年七月に正式に創立された。ＡＣＥとＳＤＲＭとの関係の詳細に関する議定書が調印され、ＡＣＥは、一〇月三日になってようやくＳＤＲＭに合体することになった。ＳＤＲＭが世界で初めての録音権管理協会として誕生したのは、このような難産の結果であった。

第12章　追及権

薄幸の画家モディリアニの一生を描いた映画に「モンパルナスの灯」というのがあった。モディリアニを演じたのは、これも若くして亡くなった名優ジェラール・フィリップである。モディリアニは、生前からある程度の名声を得ており、亡くなる前の年にロンドンでおこなわれた展覧会で、油彩の肖像画が一〇〇〇フランで売れたこともあった。しかし、彼はアルコールと麻薬に冒された生活破綻者で、金銭感覚にうとく、生涯経済的に恵まれなかった。モディリアニには、彼の才能を見込んだ画商がつきまとっていたが、モディリアニが亡くなったら絵の値段が上がると信じて、絵を買おうとはしない。画商は、モディリアニが出先で亡くなったことを確認すると、いちはやくアトリエに駆け付けて夫人には画家の死を告げず、すべての絵を買い占めてしまう。なにも知らない夫人は大喜びする。画商は画家の絵を転売して大儲けするが、夫人には一銭も入らない。夫人は絶望して、モディリアニの死後八日目に、両親の家の六階から身を投げて夫の後を追って自殺してしまう。そのとき、夫人は妊娠九カ月の身重の体であった。モディリアニの絵は彼の死後、彼の生涯が伝説的になるにつれて、生前では考えられもしなかったようなとてつもない値段で取り引きされるようになる。

「モディリアニの油彩画やデッサン、そして彫刻は、後の世代に与えた影響において、また投機の対象として、さらには伝説の創造において、驚くほどの運命を背負っていた。とりわけ投機家の喜びは大きかった。彼が世を去ったとき、その油彩画には平均して一五〇フランの値がついていたが、死後一〇年もするとおよそ五〇万フランに高騰した。そして、彼と会ったことのある人々は、争うように回想録を書いた。彼の作品を嘲笑して壊したりした人々は髪をかきむしって残念がった（簡易食堂の女主人ロザリアは彼の作品を大切に保存していた）。モディリアニのデッサンの多くにはサインが入れられていなかったが、画商たちは、腕の立つ贋作者を使って、デッサンにサインを入れさせた。そうした方が、作品がはるかに高く売れたからである。[*1]」

小説家は、原稿を出版者に手渡した後でも、出版されると印税が入ってくる。小説が映画化されれば、さらに原作料を手にすることができる。作曲家は楽譜を手渡した後であっても、楽譜が出版されれば印税が入ってくるし、演奏されれば演奏使用料が入ってくる。演劇の台本の作家は台本を劇場に渡した後で、その台本が上演されれば上演使用料が入ってくる。しかし、モディリアニが活躍していた時代には、画家や彫刻家は、小説家や台本の作家や作曲家に比べて恵まれていなかった。駆け出しの画家や彫刻家は生活の必要に迫られて、取るに足りない安い金額で絵や彫像を手放してしまうことがしばしばある。その後、画家や彫刻家が有名になっていくにつれて、彼が無名のときに手放した絵や彫像は次々と転売されてしばしば大きく値上がりして、持ち主は思いがけない利潤を得ることがある。しかし、画家や彫刻家には一銭も還元されることはなかった。

風刺画家フォランは一九一二年に、パリの中心部にある世界最古の競売場ドルオーでおこなわれたオークションの様子をデッサンに描いている。一枚の絵がまさに落札されようとしている場面である。競売吏が最終価格の一〇万フランを告げて、小槌を降り下ろそうとしている。絵の前景には、ぼろをまとった二人の子供がいて、そのうちの一人がもう一人にささやいている。

「ほら、パパの絵があんなに高い値段で落札されたよ。」[*2]

フォランのデッサンは、画家の窮乏を政府に訴えて、「追及権」の創設を要求するキャンペーンを促進するために描かれたものであった。フォランのデッサンは、どんな注釈よりもつよく追及権の趣旨を大衆にアッピールした。フォランのデッサンによって世論が喚起され、追及権のキャンペーンが促進された。

キャンペーンの結果偶然にも、モディリアニが亡くなった（一九二〇年一月二四日没）直後に一九二〇年五月二〇日法が制定され、世界で初めて「追及権」が認められた。追及権というのは、画家や彫刻家などの美術の著作者とその相続人は、絵や彫刻を譲渡した後にその著作物が転売された場合、売買価格に応じて一定のシェアを受け取ることができる権利である。

フォランのデッサンから推測することができるように、追及権のアイデアの発端になったものは、人道主義的な思想であった。追及権が認められるまでは、画家が二束三文で手放した絵がどんなに高い値段で売られても、画家は手をこまねいているほかなかった。このような美術の著作者に対する同情の念を述べているのは、フォランばかりではなかった。フォランよりずっと以前に、ルイ一六世は一七八〇年に、ある画家が亡くなった後にその作品が値上がりした

フォランのデッサン
（このデッサンによって世論が喚起され、1920年6月20日法が制定され、
フランスで「追及権」が創設された。）

にもかかわらず、残された家族になんらの見返りもなかったことについて遺憾の意を表明している。このことから、ルイ一六世は「追及権の父[*3]」であるという人もいる。フランス革命のときに画家の複製権を認めた一七九三年七月一九日法の報告者であったラカナルは、コルネーユの子孫が貧困のなかで死んでいることについて義憤の念を述べている。フォランのデッサンもラカナルと同じように、画家が手放した絵が転売されて絵の持ち主が多くの値幅を得ても、画家には一銭の見返りもなく、貧困に苦しみながら死んでいくのを見逃すわけにはいかないという同情の念から描かれたものであった。

　追及権のアイデアを最初に発表したのは弁護士のアルベール・ボノワであった。ボノワは、「パリ年代記」の一八九三年二月一五日号に発表した論文で、美術の著作者が手放した作品が転売されても、美術の著作者にはなんの利益ももたらされないのは不合理である、美術の著作者が有名になってその著作物が転売され高い値段で取り引きされたときには、使用料が追加して支払われるべきであると述べている。ボノワによれば、追及権は、美術の著作物は人手に渡った後でも、著作者の支配下にとどまっており、美術の著作者はその著作物に関する利権を保持しているという思想に由来するものである。このように、美術の著作物が著作者と結合しているという思想は著作権の人格的要素を重視していることの証明である。一八九六年にベルヌにおいて開催されたＡＬＡＩの会議で、弁護士のエドアール・メックは、ボノワが提起した追及権のアイデアにもとづいて、絵の持ち主は絵を転売したときに得た金額のすくなくとも一〇パーセントを画家あるいはその相続人に支払うべきであると提案している。彼は、絵が転売されて売り主が多額の差益を得ても、画家やその子供たちが飢えに苦しんでいるのは不公平であると述べている。

追及権のキャンペーンにおいてしばしば引用された事例には、次のようなものがある。一八世紀のパステル画家ラ・トゥールの絵はだれも買ってくれる人がいないまま倉庫に保管されていた。何年かたって「ド・ラ・レニエール氏の肖像」がドゥーセによって八〇〇〇フランで買い取られ、その後一〇万四五〇〇フランで転売された。レピノワの「デュバルの肖像」には一九〇三年に五二一〇フランが支払われたが、九年後に六六万フランで転売された。一九世紀末、水彩画家レオン・ボランは一六〇枚の水彩画をまとめて一二フランという二束三文の値段で売ったが、財産の差し押さえに立ち会うのをきらって、ムードンの森で首を吊って死んでいる。

数年後、彼の絵は一枚一五〇〇フランから二〇〇〇フランで売られた。一九世紀の画家ギュイのデッサンは彼の死後一万フランから三万フランの値がついているが、ギュイは生存中に一フランから一・五フランで売ってしまっている。彼は亡くなる直前、私立病院に入院する費用を調達するために、三〇〇枚のデッサンを一まとめにして二〇〇フランで売りとばしている。ミレーの「晩鐘」は最初一二〇〇フランで売られたが、スグレタンによって七万フランで買い取られた後、美術協会に五五万フランで転売され、その後ショシャールによって一〇〇万フランが支払われている。「サロン・ドトンヌ」の会長フランツ・ジュルダンは、「枯れた木の葉と色褪せた花」(一九三二)という短い文章のなかで、次のように書いている。

「金に困って苦しみながら死んでいったシスレーの未亡人は、飢え死にしないために、夫の友だちの情けを請わなければならなかった。このことを考えると憤りを感じざるをえない。レピーヌの夫人は、子供たちの日々のパンを得るために、老後になっても野菜の行商をしなければならなかった。ルノワールは、一〇〇〇フランで売ってしまった肖像画が一〇万フランで転売されるのを腕組みして見ていなければならなかった。セザンヌ、ドーミエ、モンティセリ、マネ、メロン、ドガ、ゴーギャン、ロートレック、ピサロ、ゴッホその他にも多くの画家は、取るに足りないはした金で絵を売っている。彼らの絵は、抜け目ない仲買人によって目がくらむような高い値段に吊り上げられている。[*4]」

イタリアでは、ドナート・アストーニによると、セガンティーニの「二人の母」がオークションで一二一万リラで売られている。この画家は、パトロンのクルビシーの下で請負仕事をして、絵を描く代わりに食事と住居を保証されていた。しかし、パトロンが長生きしなかったので、その恩恵は十分なものではなかった。同じオークションで、かつて絵の具代を支払うために安い値段で譲渡されたマンシーニの絵に八万八〇〇〇リラの値段がついた。アストーニはさらに、ボルディーニが二〇〇リラで手放した絵が一〇万リラで転売されたこと、スパディーニが五〇〇リラで手放した絵が四万から八万リラで転売されたこと、モレリの「クリスト・デリソ」は最初八〇〇リラで売られたが、その後五〇万リラで転売されたと述べている。ドガは、画家がおかれているこのような状況を競馬になぞらえて、「画家は、グラン・プリ・レースで優勝した馬のようなものだ。馬主は賞金を獲得するが、馬は飼い葉を与えられるにすぎない」[*3]と述べている。

ドイツの法学者オペットは一九一四年に、追及権は複製権が法律によって認められた時点においてすでに存在していると指摘している。オペットによれば、美術の著作者は、一七九三年七月一九日法をよりどころにして、著作物を譲渡するときに、複製に関する権利のみならず事後の譲渡に関する追及権を留保することができる。しかし、美術の著作者は商売人ではないので、追及権の適用を容易にするために法律によって規制する必要がある。美術の著作物の取得者の所有権は他の所有権と同じ権利であるとみなすのは誤りであって、著作物の取得者は勝手に著作物を複製したり出版したりすることはできない。したがって、美術の著作者の知的所有権と美術の著作物の所有者の動産としての所有権が重複している。美術の著作者は、著作物が転売されたときには、追及権によって使用料を受け取ることができる。美術の著作物の所有者が著作物を転売して利潤を得たときには、そのうちのごくわずかな金額を美術の著作者に対する報酬として支払うようにすべきである。

しかし、追及権が法律によって認められるまでの経緯は、オペットがいうほど簡単ではなかった。美術の著作物は、音楽や文学の著作物とは異なり、画布や額縁の支持物から切り離すことができないので、著作者の知的所有権と所有者の物質的所有権とはつねに宿命的に競合している。美術の著作物を取得したものは著作物を転売したり贈与したり展覧したりすることができるし、場合によっては、廃棄したりすることもできる。美術の著作者は、著作物を手放さないかぎりは、著作物の知的所有権と同時に物質的所有権を保持している。美術の著作者が法律によって与えられる特別な保護を必要とするのは、著作物を手放した後である。

フランス革命以降、一七九一年法と一七九三年法によって、文筆家には出版権、劇作家には上演権、作曲家には演奏権が認められているが、美術の著作者の権利は確立されているとはいえなかった。一八九六年に「美術的所有権組合」Syndicat de la Propriété Artistique が創設されていたが、十分に機能していなかった。美術の著作者は著作物を売り渡してしまうと、その対価だけに満足してしまい、著作物がその後どんなに高い価格で転売されても、権利を主張することができるとは考えていなかった。ユージェーヌ・プイエとヌノーは一九〇五年に、追及権を認めることに反対して、追及権は美術の著作物の所有者の「使用権」ないしは「処分権」

に対する許しがたい攻撃であると述べている。アンドレ・バレは一九一〇年に、追及権について、「このような法外な処置は、民法典の原則に対する由々しき違反であり、実施することはできない」[*2]と述べている。

しかし、リヨン・カーンは一九〇四年に、追及権は正当なものであると述べている。彼は美術の著作物のための補償事務局を創設して、著作者とその相続人のために使用料を徴収する試みを実行に移してみることを推奨している。この試みを実施しても、「なんびとの自由も拘束せず、たとえ成功しなくても、なんらの損害をもたらすものではない」[*2]。美術の著作者の権利を保護する団体であるはずの美術的所有権組合も、一九二〇年法によって追及権が採択されるまで、オペットがいうように、一七九三年法を適用して権利を主張することができるとは認識していなかった。

美術の著作者のキャンペーンによって、一九一〇年四月九日にクイバ法が採択された。美術の著作物を譲渡しても、反対の契約がないかぎり、複製権の譲渡をともなわないことが規定された。美術の著作者は、絵や彫刻を手放した後に、ポスターや絵葉書に複製されたときに、権利行使することができるようになった。この法律によって美術の著作者に認められたのは、一七九三年法によって美術家に認められた著作権の欠くべからざる部分を構成する経済的権利の延長としての金銭的権利である。この権利は、一七九三年法の制定以来フランスにおいて成長しつづけてきた著作権の理論の発展の当然の結果であった。

レオン・ベラールは一九一九年に、美術の著作物を統治しているのは著作者の知的所有権であって、著作物を取得したものが有する動産としての所有権ではないと述べている。美術の著作物は、美術の著作者の手を離れても永久に著作者に結び付いており、美術の著作者は著作物に関する「特権領地」を保持している。美術の著作物の所有者は、著作者の許諾がなければ、著作物を複製することはできない。美術の所有者が複製に関する金銭的権利を著作者から剥奪するのは不当であり、著作物を創作したものはつねに創作物に関する権利を保持している。著作者は、「著作者の人格と名声の尊重」によって、著作物の複製を許諾したり禁止したりすることができる唯一の支配者でなければならない。さらに、ベラールは、追及権は複製権と同じ金銭的権利ではあるが、著作者人格権が存在しなければ、存在しえないと述べている。ベラールによれば、追及権は著作物が人手に渡った後も、複製権と同じように著作者の権利が継続していることのいわば「担保」であり、民法典に定められている動産である。しかし、追及権それ自体は単独で存在しうるものではなく、あらゆる金銭的権利の源泉である著作者人格権の帰結である。

ようやく、立法家は、美術の著作者たちによって喚起された世論の圧力に押されて、一九二〇年五月二〇日法によって追及権を認めた。追及権の創設は一八九三年以来おこなわれてきたキャンペーンの第二段階の到達であった。

さきに述べたように、追及権は人道的な心情から出発したものが、その後法律的に理論づけられ法制度化されたものであるが、その理論づけにあたっては、次のような二つの対立した考え方があった。一つは、追及権を絵の価格の値上がり分に関与する権利とみなす考え方であり、いま一つは、小説家における出版権、劇作家における上演権、作曲家における演奏権に対応するものとして、画家、彫刻家、版画家、図案家、デザイナーを補償するための税金であるとみなす考え方である。ベルギーとフランスは、当初から後者の理論にもとづいて追及権の制度を採用している。後者の理論によると、絵が値上がりしても値下がりしても、絵の販売価格から一律に使用料を控除すればよいが、前者の理論にもとづくと、画家や彫刻家は論理的には、値上がりした金額の三〇パーセントないしは五〇パーセント、あるいはその全額について関与することができるが、その代わり、値下がりしたときには、なにがしかの金額を返還しなければならなくなる。これは実行上不可能なので、フランスの立法家は、追及権の行使を有効的かつ能率的にするために、著作物の再版価格の総額についてパーセンテージを課す方式を採用した。一九一四年の法案では、競売の金額に応じて最低一パーセントから最高四パーセントまでの使用料を設定していた。追及権の立法にあたっては、追及権の行使を単純かつ効果的にするために、使用料を三パーセントの定額にすることが定められた。

追及権の思想はその後、一九五七年三月一一日法によって引き継がれ、「公開の競売」のみならず「商人の仲介によっておこなわれるすべての販売」から生じる収益に関与する権利を美術の著作者に認めている。同法は、著作者やその相続人が安易な契約によって追及権を手放してしまうと後悔することになり、立法の趣旨に反する結果になるので、追及権を「譲渡することができない権利」であると規定している。追及権の金額は一〇〇フラン以上の販売にのみ適用され、使用料の金額は一律に三パーセントと定められている。なお、一九五七年法第29条は

「第1条に定める無形の所有権は、有形物の所有権とは別個独立のものとする」と規定して、美術家の権利は絵や彫刻を取得したものの物質的所有権とは別個のものであり、絵や彫刻という有形物を取得しても、著作物についての権利を主張することはできないことを明言している。

現在、追及権を認めている国はフランスの他には、アルジェリア、ドイツ、ベルギー、ブラジル、チリ、コンゴ、コスタ・リカ、コート・ジボワール、エクアドル、ギニア、ハンガリー、イタリア、ルクセンブルグ、マダガスカル、マリ、モロッコ、ペルー、フィリピン、ポルトガル、セネガル、チェコ、スロバキア、チュニジア、ウルグアイ、セルビア・モンテネグロなどの国である。美術の著作物が取り引きされる大きな市場をもっている米国、英国、日本では、まだ認められていないので、追及権が国際的に十分機能しているとはいえない。

フランスで追及権を管理する著作権協会としては、SPADEMとADAGPの二つの団体があった。しかし、SPADEMは、一九九〇年代になって美術市場が急激に停滞して収入が減少してしまった。それに追い討ちをかけるように、徴収額の半分近くを占めていたピカソの相続人が脱退したりして経営が行き詰まり破産してしまい、ADAGPに吸収されてしまった。

第13章　おわりに

本書は、日本ユニ著作権センターの会報である「JUCC通信」に、ほぼ二年間にわたって連載したものが土台になっている。第8章「SACEM」まで連載したところで、通信の編集方針が変更になったこともあり、センターの当時の代表宮田昇さんの勧めで、ユニ知的所有権ブックスのシリーズとして出版することになった。第9章「ベルヌ条約」以下は、書き下ろして追加したものである。なお、通信に連載した部分についても、この機会に、書き加えたり削除したりして、大幅に修正した。

宮田さんには本当にお世話になった。連載を始めたとき、宮田さんは、「気楽に書いて下さい。途中で嫌になったら、いつでも休んでいただいて結構ですよ」と励まして下さった。おかげで、どのくらい勇気づけられたかわからない。今回、単行本にまとめるにあたっても、「連載中から、読者の反応に手応えを感じているので、ぜひ単行本にしましょう」とありがたいお言葉を頂戴した。本書が日の目を見ることができたのは、まったくのところ、宮田さんのおかげである。まずもって、宮田さんに心から感謝の念を捧げておきたい。

本書の副題は「フランス著作権史」になっているが、フランスの著作権の発展の歴史を網羅的に記したものではなく、その一断面を描いたものにすぎない。歴史というのは、いずれの場合でも同じであると思うが、興隆と衰退ないしは滅亡のくりかえしである。ローマ帝国の歴史がそうであり、平家の歴史がそうである。しかし、著作権の歴史の場合はそうではなく、回り道や試行錯誤はあるものの、これまでつねに成長を重ねてきた。新しいメディアが誕生するにつれて、新しい権利が認められ、著作者の権利が拡大されてきた。蓄音機と円盤レコードが誕生すると、著作者とレコード製作者との間で訴訟がくりかえされ、長い年月を要したものの、著作者にレコード録音権が認められた。著作者の権利の保護期間は、最初一七九一年法と一七九三年法によって、著作者の死後五年間（上演権）、一〇年間（出版権）と制限されたが、その後一九世紀におこなわれた法改正によって、三〇年間から五〇年間に延長され、さらに一九八五年法によって音楽の著作物については七〇年間に延長されている。

これからも、新しいメディアが誕生するにつれて、次々に著作者の権利は拡大されていくと思われる。したがって、著作権の歴史はつねに成長の歴史であり、その意味において、エバー・グリーンの歴史であるということができる。エバー・グリーンの訳語は「常緑樹」であるが、ここでは「青春」とよみかえてみたい。私にエバー・グリーンという言葉を教えてくれたのは、作曲家の小林亜星さんである。亜星さんはこうくりかえしいわれた。

「私のいちばん好きな言葉は『エバー・グリーン』です。人間は厭世的になってはいけない。いつも希望をもってエバー・グリーンでなければ駄目ですよ。」

「『セントルイス・ブルース』という曲があるでしょう。あの曲を管理している音楽出版社は、他にはあまりレパートリーはもっていないそうです。そのため、たえず『セントルイス・ブルース』のアレンジを変えたりして、リフレッシュしています。あの曲がエバー・グリーンで、いつまでもスタンダード・ナンバーであるのはそのためです。これが音楽出版社のプロモートのあるべき姿です。テレビ・ドラマのテーマ曲を追いかけたりして、その場しのぎをしているのは、出版社活動とはいえません。」

私よりも年上の亜星さんから、エバー・グリーンという言葉を聞いて、私は心地好い衝撃を受けた。そして、亜星さんは、私欲にとらわれることなく、青年のようなみずみずしい感受性をもって次々と新しいことに挑戦しておられるのは、いつも「エバー・グリーン」でありたいということを座右の銘にしておられるせいであることがよく理解できた。そして、この原稿を書くにあたって、私は、人類に文化があるかぎり、著作権の歴史はつねにエバー・グリーンでありつづけるという信念のようなものを実感していた。

ところで、過去の歴史にのめり込むのは、いかにもマニア的であるといって批判する人がいる。過去をよみがえらせることができない以上、歴史を知ったところで、何の役に立つのか？　しかし、歴史を知ることは、過去の出来ごとを羅列することではなく、さまざまな人々の喜びや悲しみや苦しみを知ることではないだろうか。科学や技術は、過去の遺産の上に積み重ねられて進歩していく。しかし、人間という不条理な存在は、昔も今も変わらないのであって、同じことをくりかえし、歴史はそのことを証明している。

かつて著作権協会が創設されたとき、人々はさまざまな人間模様を織りなしていった。それはそのまま現代の人間模様と重ね合わせることができる。円盤レコードは、いまではすっかりCDにとって代わられてしまい、骨董品のようなメディアになってしまったが、二〇世紀初めに登場したときは、グーテンベルグによる印刷術の発明以来のメディアの革新であった。レコードに使用される音楽の著作物の著作権を巡って、何年もかけて、さまざまな議論と係争がくりかえされた。著作権の歴史は所詮は権利主張の歴史であるが、その主張が強ければ強いほど反動も大きかった。ギリシャ・ローマ時代、著作者が写本を売って金銭を得ても、さして抵抗はなかった。食料や衣類を売って金銭を得る通常の商行為と変わらなかったからである。しかし、演劇の上演や音楽の演奏に対して報酬を要求すると、「台本を金銭に換えることにきゅうきゅうとしている」[*1]とか、「シャンソンやロマンスに使用料を支払うなどということは、不条理のきわみである」[*2]などといわれて非難されてきた。上演や演奏のような無形の使用から金銭という有形的なものを得るというアイデアに、一般大衆が納得するにいたるまでには、ながい月日が必要であった。

　人間はいつの時代でも、試行錯誤をくりかえしながら、時間の経過とともにしかるべきところに落ち着くという楽天的見方もできるといえないこともない。過去の出来ごとは、勝利者の歴史であろうと敗北者の歴史であろうと、いずれの場合であっても、それぞれにとって「エバー・グリーン」の記録であり、全力を尽くした結果であったからこそ、歴史に記録されているのであるといえる。平凡ではあるが、まさに「歴史はくりかえす」である。歴史をふりかえるのは、将来の指針にするためであるという功利的な見方もあるが、私としては、むしろ、原稿を書きながらつねに、過去の出来ごとや人間模様を現代と重ね合わせようとしてきた。そして、小林亜星さんには失礼であるかもしれないが、著作権制度の発展の功労者であるボーマルシェあるいはユゴー、バルザック、ゾラに亜星さんのイメージを投影していった。

　スタンダールの「赤と黒」のなかに、次のような有名な一節がある。

「ところで、諸君、小説とは大道に沿うて持ち歩かれる鏡なのだ。それは諸君の眼に青空を映して見せることもあれば、道路のぬかるみを映して見せることもある。ところが、その鏡を背負籠に入れて持って歩く男は、諸君から不道徳だと非難される！　鏡は泥濘を映し出す。と、諸君はその鏡を非難する！　それよりも、ぬかるみのある大道を非難したまえ。いやむしろ、水がたまってぬかるみが出来るのを放置しておく道路監督官を非難したほうがよい。[*3]」

巧妙に仕組まれた策略があったとする。関係者が知恵をしぼりあい、さまざまに理屈付けをして、最後に甘いオブラートで包んでおく。小説家は、ベールを一枚一枚はがしていく。真相が少しずつ顔を出していき、ことはぬかるみどころの話しではないことが明らかになり、道路監督官一人の責任では収まらなくなってくる。すると、関係者や最初は小説家の糾明に拍手を送っていた大衆までもが、鏡つまり小説家の指摘が核心をついているあまり過激にすぎるとか不道徳であるとかいって、非難しだす。実際の成果については確信はもてないが、私としては本書執筆にあたって、できうれば、たんに「ぬかるみ」という現象にこだわることなく、「ぬかるみ」のよってきたる所以を述べてみたいと考えてきた。

本書は一九二〇年五月二〇日法による追及権の設立で終えているが、その後、二〇世紀のフランスにおける最大の著作権イベントは、一九五七年三月一一日年法によって初めて著作権に関する総合法が制定されたことであり、さらには一九八五年七月三日法による大幅修正である。

これまでくりかえし述べてきたが、フランスにおいては、一九五七年三月一一日法が誕生するまでの間、著作権をとりしきる根拠になっていたのは、フランス革命時代の一七九一年法と一七九三年法であった。これらの法令は、「わずか7条にすぎないが、一六〇年以上にわたって、著作者の保護者として、きわめて幅広く、予想外のことにも十分対処してきた」[*4]。フランス人は元来、法律や規則によってがんじがらめに拘束されることをきらう国民で、簡潔な条文をさまざまに解釈することを好むといわれている。フランス革命時代の簡単な法令にもとづいて、あしかけ三世紀にわたって著作者の権利を保護するために、判例を積み上げるというのはフランス人の体質にもっとも適していたということができるかもしれない。モンテーニュはすでに一六世紀にこう述べている。

「わがフランスには、世界の残りの部分の全部をあわせたよりも、多くの法律がある。(中略)しかも、われわれは裁判官たちに勝手な解釈や判決の余地を与えたのであるから。かつてないほどの強力で気ままな自由が支配した。われわれの立法家たちは、何十万という特殊な事件と事例を選び出し、それに何十万という法律を適用してどんな利益があったか。この数は人間の行為の無限で複雑多岐にわたることに比べれば、物の数ではない。われわれの想像しうる事例をいくら殖やしたところで、多種多様な事例に条文が追いつくことはありえない。(中略)絶えず変化するわれわれの行為と、固定して動かない法律との間には、ほとんど何のつながりもない。もっとも望ましい法律とは、もっとも条文の少ないもの、もっとも単純で、もっとも普遍的な法律である。[*5]」

このようなフランス人の国民性からみて、フランス革命時代の簡単な法令にもとづいて、著作権の判例を積み上げていくことについては、さして面倒なことではなかったかもしれない。著作権学者のアンリ・デボワにいわせれば、これは、「変則的なことが大好きな国民に対してフランスの法令が提供してきたアトラクション的題材の一つである[*6]」ということもできる。

とはいいながらも、二〇世紀になると、著作物の表現方法と伝達手段に関して数多くの発明がなされて、著作物の伝達に大きな影響が及んできた。たとえば、写真、レコード、映画、ラジオ放送、テレビ放送などが相次いで登場してきた。このために、フランス革命時代の法令が不備であることが明白になり、新しい事態に対応することが困難になっていった。アンリ・デボワが述べているように、「スピードの時代には、乗合馬車や駅馬車の時代の交通法はそぐわないのと同じように、古臭いものであった[*7]」と断言するのは性急であるにしても、一九世紀以来の研究、経験、実務の結果を結晶させた新しい総合的な法律を制定することが必要であることが明らかになってきた。また、フランスは、ベルヌ条約とユネスコ条約を批准していたにもかかわらず、諸外国は、フランスに対して、著作権に関する総合法を制定して、外国人の著作者の内国民待遇の適用を容易にするよう圧力をかけてきた。

一九三九年九月一日、ドイツ軍のポーランド侵攻によって、第二次大戦の幕が切って落とされた。一九四〇年六月一四日、パリはドイツ軍によって占領され、国土の六〇パーセントがドイツ軍の直接占領地区となった。七月二日、政府の本拠地はフランス中部の小さな温泉地ビシーに移り、ビシー政権となった。ビシー政権は、一九四四年八月二五日にドイツ軍がフランスから撤退するまで、ヒトラーの傀儡政権であった。映画監督の巨匠ルネ・クレール、ジュリアン・デュビビエ、ジャン・ルノワールは、ナチスの圧迫を逃れてハリウッドに去ってしまったが、マルセル・カルネはフランスにとどまり、名作「天井桟敷の人々」の撮影をつづけていた。この四年間、ナチスに対するレジスタンスに身を捧げた人が多かったことはよく知られているが、同時に、ナチスにこびへつらって協力し、祖国を裏切った人が多かったことも事実である。この意味で、ビシー政権の四年間は、「フランスの歴史から抹殺すべき屈辱の時代」であったといわれている。

著作権の総合法を制定する運動が開始されたのは、このような混乱の時期であった。フランスにおいて、著作権に関する法制化の機運が生じるのはいつも、フランス革命とかドイツ軍による占領のように異常な事態によって騒然としたときであった。これは偶然かもしれないが、不思議なめぐりあわせであるといわなければならない。フランスが文化を尊重する国であることはたしかである。たとえば、パリのオペラ座を維持するために、フランス政府は文化予算の四パーセントを支出している。しかし、革命や外国による占領のような非常事態の時期にフランスが著作権の法制化をてがけてきたのは、単にフランスが文化国家であるという以前のなにかがあるものと思われる。

ドイツ軍による占領下の一九四〇年末、著作権を専門にする三人の法律家が自発的に法案の起草作業を始めた。彼らは、草案の骨子を作って、友人や関係者の意見を聞いてまわった。彼らに刺激されて、政府や国会のなかに立法委員会やワーキング・グループが設置され、芸術産業連絡委員会が設置され、そのなかの芸術工業所有権法律小委員会によって、これまでに提出されてきた法案の検討と新しい法案の起草作業が始まった。

一九五五年五月七日、最終的な法案と報告書が国会に提出された。法案理由書は、法案の目的を次のように述べている。「一世紀半以上の間、著作権に関して積み上げられてきた判例を法典化すること。この分野におけるフランスの最新の学説を正式の条文にすること。フランス革命時代の法令以後に出現した新しい技術的・経済的条件および新しい芸術の形態に対応して知的創作者が必要としている保護に対応すること[*6]」。法案は、著作者の権利、著作者の財産的権利の利用、上演契約および出版契約、訴訟手続きおよび制裁、雑則の五章から構成されていた。法案理由書は、諸外国と同様に、フランスも近代的な法令を必要としていることを強調し、次のようなジャン・エスカラ教授の意見を引用している。「フランスは慣習法の国ではない。一般的な原則を定めているにすぎない年代物の古い法令にもとづいて、著作者の権益の保護をいつまでも裁判所の判断にのみ委ねているのは好ましくない[*6]。」

一九五七年三月一一日、「文学的および美術的所有権に関する法律」が公布され、一年後の一九五八年三月一一日に施行された。一七五七年法は、「上演・演奏契約」と「出版契約」について特別な章を設けて、著作権者が著作物の使用を許諾するときの方式と条件を具体的に規定している。たとえば、演劇の著作物の独占使用は五年を限度とするとか、上演・演奏について使用者は正確な報告書を提出しなければならないとか、出版（すべての複製を含む）使用料は著作物の利用から生じる収益に比例することを原則とするなど、著作権者が権利行使する場合の具体的な指針が規定されている。アンリ・デボワによれば、一九五七年法は総じて、「フランスにおける著作権に関する概念の伝統的な原則を尊重し、展開している」[*6]ものであった。一九五七年法は、その後、一九八五年七月三日法によって一部修正補充されている。一九八五年法は、著作隣接権、録音録画に対する賦課金、コンピュータ・ソフトの保護について規定し、さらに、音楽の著作物の保護期間を著作者の死後七〇年間に延長し、オーディオ・ビジュアル製作に関する契約の条文を追加している。

さて、私が参考にした資料については、参考文献の欄に記載しているが、大まかにいうと、次のとおりである。

まず、パリのアンリ・ルモワーヌ社で発行されている著作権の季刊誌「ＲＩＤＡ」に掲載されている論文が基調になっている。同誌は一九五三年に創刊されているが、そのバックナンバーの目次をチェックして、有用と思われる論文を参照した。特権認可状や法改正運動に関する部分がそうである。

また、ジョン・ラフ著「フランスにおける作家と大衆、中世から現代まで」（一九七八）は、中世から現代にいたるまでの間、作家がどのような収入を得てどのような生活をしてきたかについて具体的に述べていて、大変参考になった。ちなみに、この本は、本文は英語であるが、引用文は原本そのままで英訳されておらず、フランス語だったり、まれにはドイツ語だったりしている。この本はすでに絶版になっているが、東京大学の文学部図書館で閲覧することができた。この本は、どなたかが翻訳されて出版されれば、著作権にたずさわっておられる人を触発することが多いと思われる。

次に、ＳＡＣＤ、ＳＡＣＥＭ、ＳＤＲＭ、ＡＤＡＧＰなどの著作権協会から提供を受けた資料や文献を挙げなければならない。とくに、ＳＡＣＤのジャック・ボンコンパン氏は、ボーマルシェとコメディー・フランセーズとの係争やＳＡＣＤの創設などについて詳しい論文をいくつも書いておられ、立派な著書もある。氏はそれらの使用を快く承知してくださった。

その他、フランスの文化史や社会史に関する文献を参考にした。とくに、ロバート・ダーントンと鹿島茂氏の著書が大変有益であった。ダーントンはアンシャン・レジーム時代を詳しく検証しているので、当時のおどろおどろした雰囲気がよく理解できた。鹿島氏は、一九世紀に新聞に広告や連載小説が登場してジャーナリズムが革新されたなかにおけるユゴー、バルザック、デュマなどの文豪の活躍あるいはデパートの誕生、万国博覧会などを通じて当時の社会的背景を生き生きと描き出している。

ユゴー、バルザック、ゾラらは、人気作家として忙しい体でありながら、いずれも文芸家協会の会長を務めており、著作権法の改正、著作者団体の組織造り、ベルヌ条約の誕生・改正など、おりにふれて著作者の権利を擁護するために発言してきた。彼らの論文、演説の原稿、書簡などについては、東京大学の文学部図書館でそれぞれの全集のなかから閲覧した。また、上智大学のフランス文学研究室には、二〇〇年以上も前に刊行されたディドロの「百科全書」の初版本二八巻が無造作におかれているのには、正直いって驚いてしまった。日本であったら、少なくとも重要文化財に相当するのではないかと思われるような貴重な文献なので、ガラスのケース越しに垣間見るのを覚悟していたからである。ディドロはイエズス会から迫害を受けているが、そのイエズス会が運営の母体となっている上智大学にディドロが生涯を捧げた「百科全書」が保管されているのは、運命の巡り合わせというか、歴史の皮肉を感じざるをえなかった。

日本で入手できるフランスにおける著作権の資料としては、系統だったものはほとんどない。しかし、断片的な資料はその気になって探してみると、結構出てくるものである。とくに、フランス革命などの社会史や文化史に関する文献の注釈を克明に見ていくと、さりげなく記された文章のなかに意外なヒントやときにはずばり著作権そのものに関するエピソードを拾うことができた。

パリにあるユゴー記念館とバルザック記念館、パリの郊外サン・ジェルマン・アン・レーにあるデュマの家も訪問した。これらの記念館ではそのまま利用できる資料は入手できなかったが、彼らが使った机とか家具がいまだに保存されているので、その息吹きを実感し、執筆の励みにすることができた。パリからやや離れているメダンにはゾラの記念館があるが、まだ行けずにいる。ゾラの記念館は経費難から維持がむずかしくなっているといわれているので、きがかりではある。

アントワープにあるプランタン・モレトゥス博物館（印刷博物館）でグーテンベルグ以来の

活版印刷技術の発展の歴史を見た。たまたま、一六世紀と一七世紀の楽譜の印刷技術に関する特別展がおこなわれており、おたまじゃくしの活字の製造過程などを見ることができた。アントワープは一六世紀のころ、リヨン、ミュンヘン、ベネチアとならんで、パート・ソングの印刷の中心地であった。オランダのユトレヒトでは、オルゴール博物館に、オルゴールの原理を応用した舞台装置のような巨大なストリート・オルガンが沢山保存されている。パンチで穴をあけた巻き物のようなカードボードの楽譜を手回しハンドルで回していくと、三挺の自動バイオリンと一台のピアノが見事なオーケストラを演奏する。ジャズのスタンダード・ナンバーやショスタコビッチの交響曲がいとも簡単に演奏されるのをみると、オルゴールが小さな宝石箱のように思っていた従来のイメージは一新されてしまった。

数年前、ブルゴーニュのベズレーのマドレーヌ寺院を訪ねたことがある。ベズレーはフランス有数の巡礼地で、寺院はロマネスク建築として有名である。そのあくまでも清朗な美しさに魅せられて、以来ロマネスク建築のとりこになってしまった。その後、ブルゴーニュとオーベルニュ地方のロマネスクをくまなく見て歩いた。民宿のご主人に途中まで車で案内してもらい、後は地図を片手に徒歩でたどり着いたブルゴーニュの森の中にある間口三間ほどの小さな教会は、堂内の壁に亡くなった親類縁者の写真が貼りめぐらされていた。オーベルニュの山奥の教会は、深夜ふと目が覚めてホテルの窓から見ると、満点の星の下で妖気を漂わせていた。ロマネスクの寺院や教会はいずれも大工、石工などの多くの無名の職人によって永い年月をかけて造り上げられた。彼らが著作権法制上著作者といえるかどうかという議論はさておき、一〇〇〇年近くたっても人々を魅力してやまない芸術品を造り上げたことはまちがいない。彼らの報酬は日当であった。

かつて古代の著作者は一時金で原稿を売り渡し、後は名誉に甘んじなければならなかった。中世の著作者は屈辱に耐えながら、パトロンの庇護を求めなければならなかった。彼らに比べれば、現代の著作者は格段の保護を受けている。これは本書に登場してくるさまざまな人々の努力のおかげであり、マスメディアの発達に負っている。これはまさしく、一〇〇年前にゾラが予告したように、二〇世紀が偉大な世紀であり、著作者は実力で勝負できるようになったからである。二一世紀にはいまでは想像もつかないようなメディアが次々と誕生することであろう。そして、著作権を巡る争いは熾烈になり、結局は著作者の権利が拡大されていき、著作者が受け取る著作権使用料は増えていくことであろう。しかし、著作権使用料というのは、著作者が著作権の保護期間が満了した後々までも、人々に読まれ歌われ観賞される著作物を創作してもらいたいという期待料も含まれているのではないだろうか。ロマネスクの建築物を訪ねて昔の職人に思いをはせる都度そんなことを思うのである。

付録　パリ著作権散歩

かたくるしい話はお休みにして、パリとその近郊にある著作権にゆかりのある場所を回ってみたいと思う。

ル・コンシュエルジュリー

シテ島にあるル・コンシュエルジュリーは、フランス革命のときの牢獄であった。マリー・アントワネットが幽閉されていたので、今では観光の名所になっている。入り口を入るとだだっ広い地下室があるが、見るべきものは何もない。一時は一二〇〇人もの囚人が収容されていた。お金を出せば、ベッドを支給してもらえたとか。囚人は、一応は簡単な裁判を受ける。ある囚人は「私は弁護士だ」と豪語したところ、裁判官から「革命には弁護士はいらない」といわれて、そそくさ断頭台に送られてしまった。観光客はそそくさと上の階にいく。マリー・アントワネットの家族の部屋がある。観光客は一応に満足して、写真を撮ったりしている。他には、獄吏や囚人の蠟人形が展示されている。

処刑された二六〇〇百人のうちおもだった人々のネームプレートが掲示されている。マリー・アントワネットとルイ一六世のプレートが並んでいる。一七九一年初めて著作権法を起草して成立させたル・シャプリエのプレートもある。

私は、ル・シャプリエのプレートを見ながら、「あなたのおかげで何千何万の数えきれない著作者とその家族、私のような著作権業務に従事しているものとその家族が潤ってきたのですよ。ありがとう。」と感謝の祈りをささげて、その場を離れる。

ル・シャプリエは著作権法を含めた「ル・シャプリエ法」を成立させ、国民議会の議長を務めた英才であったが、ジャコバン派独裁時代の一七九四年に逮捕され、反革命にくみしたとして断頭台にかけられた。

ル・コンシュエルジュリーは、私にとって著作権の聖地であると思っている。パリに行くときはいつも時間の許す限り訪れることにしている。

スタンダール

スタンダール（一七八三―一八四二）は、敬愛するナポレオン軍に加わり、アルプスを越えて、ミラノに向かう。

ミラノの空はいつも青々として、行きかう人は美男美女ばかり、親切で人懐こく、スタンダールはすっかりミラノが気に入ってしまい、「ミラノの人」と自称するようになる。

そんなわけで、スタンダールはパリの文壇の人々とは親しい友人もなく、あまり人気のある作家ではなかった。たとえば、「パルムの僧院」の印税は五年間で二五〇〇万フランであった。これは現在の邦貨で二五〇〇万円に相当する金額で、バルザックらの収入とは桁ちがいである。これではプロの作家とはいえず、そのためか、著作権のキャンペーンに参加した記録はない。むしろ、音楽評論の中に先人の著作を失敬して、ケロリとしている。いわば著作権の侵害者でもあった。逆説的意味で、彼も著作権散歩の一人に加えてみたい。

パリは、彼の終焉の地でもある。

スタンダールは、パリに戻って、五二日間という驚異的な短期間で、「パルムの僧院」を口述筆記で仕上げ、任地のイタリアのチヴィタヴェッキア（彼はそこの領事であった）に戻った後、ふたたびパリに来るが、一八四二年三月二二日午後七時ごろ、ヴァンドーム広場近くにあった外務省を出たとき、卒中の発作を起こして路上で倒れた。偶然通り合わせた友人によって近所の宿舎ホテル・ド・ナントに担ぎ込まれたが、意識がもどらないまま、翌日午前二時に亡くなった。彼が生前、「路上で死ぬのも、わざとでなければ、滑稽ではないと思う」と予告したとおりの最後であった。

彼が亡くなったホテルは、ヴァンドーム広場の北側を横切るダニエル通り二二番地に「パリ・モンダン」という二つ星のホテルになっているということであったが、二〇〇三年に行ったときは、その名も「ル・スタンダール」という四つ星のデラックス・ホテルに様変わりしていた。玄関の壁には「アンリ・ベイル、スタンダール、一八四二年三月二三日、この家で亡くなる」と刻まれた大理石のプレートが刻まれていた。アンリ・ベイルというのはスタンダールの本名である。

二〇〇六年に予約を入れたところ、メルキュール・グループに吸収されて、「メルキュール・ラ・プラス・ヴァンドーム」になっていた（写真1、2）。スタンダールが亡くなった部屋五二号室は、その名も「スタンダール」と銘打って料金が高くなっている。掃除中のメイドに頼

上 ― 写真1 メルキュール・ラ・プラス・ヴァンドーム 外観
下 ― 写真2 メルキュール・ラ・プラス・ヴァンドーム ロビー

んで、中を見せてもらった。大きなダブル・ベッドがあって、ミステリー調の絵が飾ってあった。壁紙、カーテンが濃い赤で統一されていて、スタンダールをしのぶ雰囲気はなかった。(写真3)

ホテルのあるダニエル・カサノヴァ通りは、官庁街あるいはビジネス街の雰囲気で、人通りも少なく閑散として、往時をしのばせる雰囲気はない。スタンダールに関心のない人は玄関のプレートに気づくこともないだろう。

モンマルトルの墓地

モンマルトルの墓地は、通りと番地で区分されており、入り口に墓の所在をアルファベット順に表示した地図がある。スタンダールの墓はすぐ見つけることができた。やや小さめな縦長な墓である。上部には彼の肖像を刻み込んだプレートがはめ込まれ、「アリゴ・ベイル。ミラノの人。書いた、愛した、生きた。一八四二年三月二三日亡くなる」と刻まれている。

彼の埋葬に立ち会ったのは、「カルメン」の著者である友人のメリメなど三人だけであった。墓地には、ベルヌ条約成立のとき雄弁をふるった小説家のゾラ(第9章 ベルヌ条約参照)、アレクサンドル・デュマ・フィス、ゴンクール兄弟、詩人のハイネ、画家のドガ、作曲家のベルリオーズ、俳優で演出家でもあったルイ・ジューヴェなどの著名人の墓が多い。そのため、訪れる人は墓参というよりも観光のためであり、墓地特有の陰気臭さはまったくない。とくに、

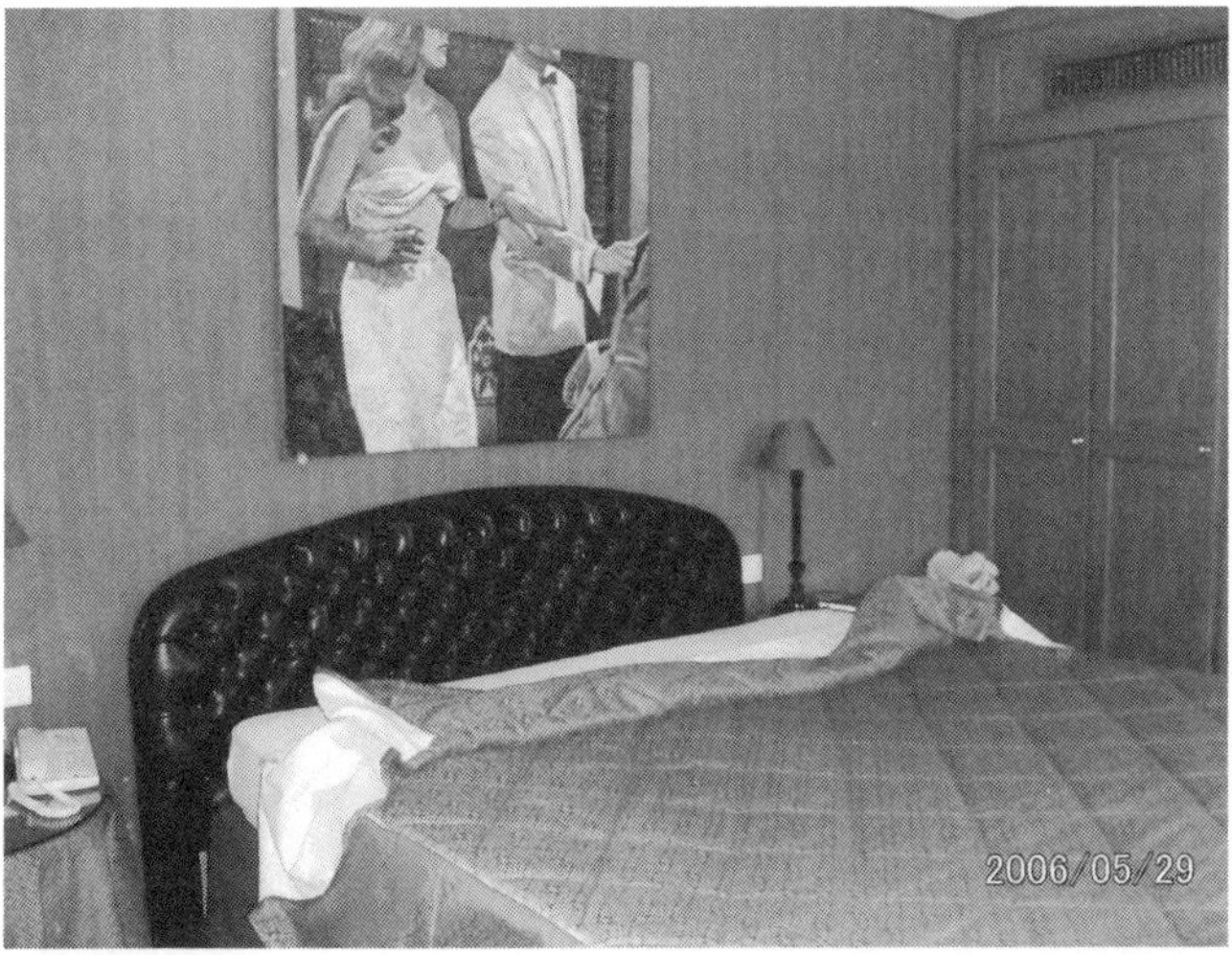

上一写真3 スタンダールが亡くなった部屋
下一写真4 バルザック記念館裏手のベルトン通り

私が訪ねた日は晴天であったので、公園を散歩している気分であった。前回訪れたときは道に迷って、ようやくたどり着いたときは、閉門しているときで、中へ入ることができなかった。今回で、宿題を一つ果たした気分であった。

バルザック記念館

パリとその近郊には、一九世紀の文豪の記念館がいくつかある。観光案内所でもらったパンフレッド「作家たちの家の歴史的ルート」Route Historique des Maisons d'Ecrivains には、記念館に行く道筋が記されている。

バルザック記念館は、パッシー地区の豪華なアパルトマンが建ち並ぶ高級住宅地の一角にある。（メトロ六号線Passy下車）

ここはバルザックが一八四〇年から八年間暮らした家であった。記念館の敷地は、セーヌ川に向かって傾斜しており、表と裏に入り口が二つある。これはバルザックが借金取りから逃れるためであった。記念館の裏手にベルトン通りという狭い路地がある（写真4）。二人並んでゆっくり歩けるかどうか。道の両側を囲む石塀は高く、ゆうに三、四メートルはあり、一面木蔦が覆いかぶさっている。たまたまこの地区の住人らしき中年の女性とすれちがったが、コツコツと石畳の路を遠ざかっていく後姿を見ていると、バルザックやスタンダールが活躍した一九世紀にタイムスリップしてしまった。

「借金取りから逃げてきたバルザックがひょっこり出てきそうだね」

バルザックは、スタンダールより一六才年下であったが、「パルムの僧院」が出版されたとき、すでに売れっ子の人気作家であった。しかし、彼は、若い時に出版事業に手を出して作った借金を返済しなければならなかった。アルコールを飲めない体質であったので、コーヒーを毎日何十杯も飲んで書きまくっていた。記念館の書斎（写真5）に保存されている小さな机の表面には、彼の肘ですり減った跡が残っている。書斎には、「昨日は一九時間働いた。今日は二〇時間から二二時間は働かねばならない。一日一六枚から二〇枚（パッシー、一八四六年一〇月三〇日金曜日）…」と書いたメモが掲示されている。

バルザックは、ゲラが上がってくると、四方に白い紙を張り付け、推敲に推敲を重ね、次々と書き込みを加えるので、原稿がどんどん膨れ上がり、植字工泣かせの作家であった。記念館に保存されている原稿にはところせましと書き込みが加えられている。

バルザックは、この家で、国会の文学的所有権法改正検討委員会に提出する意見書を作成し、著作権の保護期間を限定すべきではなく、不動産のように永久にすべきであると主張している。（詳しくは第7章のうち「バルザック登場」を参照）

ユゴー記念館（メトロ一号線St-Paul下車）

ユゴー記念館はヴォージュ広場にある。広場の中心の公園にルイ一三世の騎馬像が建っており、周囲をアーケードのある往時の貴族や金持ちの館が取り巻いていて、車の出入りはほとんどない。ここはかつて貴族の社交の場であり、あいびきの場であり、もしかしたら決闘がおこなわれたかもしれない。開館までに時間があったので、アーケードをぶらぶらしたり、写真を撮ったりした。車の往来が少ないので、時間が止まったようである。リタイヤーした老人がじっとベンチに座って、動こうともしない。

記念館は、ユゴーが一八三二年から四八年まで住んでいた家を改装したものである。ルイ・ナポレオンの第二帝政時代に国外に亡命した時期（一八五一―七〇）とその前後の三つの部門に分類されていて、ユゴーの遺品、原稿、自筆の絵画、孫たちとの往復書簡、肖像画、「レ・ミゼラブル」のコゼットの彫像などが展示されている。階段の踊り場には、ジャン・ギャバン主演の映画のポスターが展示されている。

「レ・ミゼラブル」は、二度読んだ。

ジャン・バルジャンは、飢えに苦しむ姉の子のために一片のパンを盗んだばかりに、十九年の監獄生活を送る。出獄したときは、社会に対して深い憎悪をいだいていたが、ミリエル司教の徳に目覚める。事業に成功して不幸な人々を救う使命をおのれに課すが、元囚人の刻印から終生解放されることがない。執念深い刑事につきまとわれ、次から次へと苦難が押し寄せてくる。強靭な体力と意志でこれを乗り越えていくが、その描写がこれでもかこれでもかとくりかえされる。最後に、わが子のように可愛がって育ててきたコゼット夫婦にみとられながら、「許してくれるね」といって息を引き取る。この描写が延々とつづき、読んでいて悲しい。それに、売春婦に身を落としたコゼットの母親が娘に仕送りするために、自分の歯を抜いて売る場面はどうしようもなく残酷である。

「パルムの僧院」の最後で、クレリア、ファブリス、モスカ伯爵夫人が次々と亡くなる場面の描写は、短くほんの二、三行である。これは小説の分量が増えることを恐れた出版社の要請によるものだといわれているが、人生の終焉の場面は、短ければ短いほどいい。

ユゴーとスタンダールの文章はまったく異質である。

ユゴーは常に雄弁であり、ときとして饒舌ですらある。ジャン・バルジャンの臨終の場面は延々と長く、ジャン・バルジャンが逃げ込むパリの地下水道のいわれなど、膨大な挿話が含まれている。一方、スタンダールの文章は簡潔そのもので、本題に関係ない挿話は皆無である。

両者の生涯も対照的であった。ユゴーはバルザックについで文芸家協会の二代目の会長であり、また国会議員でもあり、著作権の保護期間は永久にすべきであると国会で演説したりして、著作権の拡大に大いに貢献した（第7章　一九世紀における法改正運動参照）。ユゴーの生涯は国民的英雄としての栄光に包まれ、亡くなったときは国葬でナポレオンと同じくパンテオンに埋葬されているが、スタンダールは、一般にはほとんど無名の作家でパリの路上で倒れ亡くなっている。葬儀に出席したのは友人たち数人にすぎなかった。

プルーストの寝室

近くのカルナヴァレ博物館も行ってみた。ここには、マルセル・プルースト（一八七一―一九二二）の書斎兼寝室が再現されている（写真6）。同性愛好者であった彼は、最愛の青年と訣別し、部屋の壁をコルク張りにして周囲の音を遮断し、「失われた時を求めて」の執筆に専念する。彼は、もともと富裕な家の育ちで、著作権が財産を生み出すことは承知しても、己の寿命を予感していたので、著作権のキャンペーンに参加する時間があったら、己の作品の完成に専念していった。

プルーストはスタンダールを愛読したが、パドヴァのサロンでサンセヴェリーナ公爵夫人の物語を聞いたスタンダールが、「パルムの僧院」の「はしがき」で、「私がこれから行く国で、こんなサロンは滅多にあるまいと思います。永い宵を過ごすために、そのお話を小説にしてみましょう」と書いているのに、プルーストはがまんがならなかった。文学至上主義で修道僧のようなプルーストにとって、酒を飲みながら楽しく歓談できないから、退屈を紛らわすために小説を書くなどということ自体、文学を軽視するものであり、不謹慎であった。一方、スタンダールにとっては、書くことは精進の結果というよりも、それ自体が楽しみであり、ときとして「うさばらし」の手段でもあった。

上 ― 写真5 バルザック記念館の書斎
下 ― 写真6 プルーストの書斎兼寝室

デュマ記念館

デュマ記念館は、パリの郊外サン・ジェルマン・アン・レーにある。

郊外電車のPERA一号線の終点サン・ジェルマン・アン・レーまで行く。駅から少し歩いたところに、全長二キロを超える広大なテラスがあって、パリの大パノラマを楽しむことができる。ルイ一四世が誕生し、デュマが「三銃士」を執筆した豪華なホテル「パヴィヨン・アンリ四世」に行く。そこのテラスからの景色も素晴らしい。ヨーロッパの都会は、どこでもそうであるが、電車で三〇分ほど郊外に出ると、都会の喧騒が嘘のような静寂がある。

駅前の図書館で、記念館の場所を聞いたところ、受付の女性が親切に記念館に電話して開館時間を確認してくれた上、たまたま、本を借りに来た顔見知りのインド系の紳士に車で送ってくれるよう頼んでくれた。紳士は車の中で、帰りのバスの停留所を教えてくれた。記念館に着くと、運転席からとびおり車のドアを開けてくれ、握手を求められた。見知らぬ東洋人に対する紳士的な対応がうれしかった。

一八四四年、デュマ（一八〇二―七〇）は、「三銃士」の成功で得た資金で、英国風の庭園の中に小さな櫓、鐘楼、テラス、北アフリカ風のサロンのあるルネッサンス様式の三階建てのシャトーを造った。彼は、パリの喧騒から逃れ、ここで静かな生活を送るつもりであったが、あいかわらず借金取りが追いかけてきて連日連夜ドンチャン騒ぎを繰り返していた。

記念館には見学者もほとんどなく、受付で「お国はどちらですか?」と聞かれた。日本人がはるばる訪ねてくることもないようである。館内では息子デュマ・フィス(「椿姫」の著者)の特別展をしていた。庭園の中を小川が流れていて、小さな水車もある。川辺のベンチで一休みする。空はあくまでも晴れ渡って、さわやかである。深呼吸をしてみると、遠い異国にいると思えなかった。

デュマは、人気のある作家であったが、多くの弟子をかかえていて、それぞれにテーマを与え、下書きさせた。そのまま出版社に持ち込むと、受け付けてもらえなかったが、デュマがあちらこちらに手を加えると、見違えるように光り輝いてくる。「デュマ小説工場」である。しかし、ある弟子から配分の増額を申し込まれたが、話し合いがつかず、訴訟に持ち込まれ、弟子の取り分が増額された。

デュマの原稿料は行単位であったので、「はい」とか「いいえ」とか、やたらと行替えがあるので、出版社泣かせであった。

「モンテ・クリスト伯」は、三回読んだ。その舞台を訪ねて、マルセイユに行って水夫のエドモン・ダンテスが逮捕された旧市街を歩いたり、マルセイユ沖のイフ島にも行ってみたりした。「モンテ・クリスト伯」は架空の話であるが、今では、観光客用にダンテスの部屋とファリア法師の部屋をつなぐ秘密の地下道が掘られている。

ダンテスは、無実の罪でイフ島の牢獄に一四年間幽閉される。牢獄で知り合ったファリア法師の死に紛れて脱獄、法師の教えにしたがって、地中海に浮かぶ無人のモンテ・クリスト島に隠された金銀財宝を掘り当て、モンテ・クリスト伯爵となって、スーパーマンのような鉄壁の意思と強固な体力によって、彼を投獄せしめたものたちに復讐していく。復讐を成し遂げると、奴隷市場で買い取った元王女の愛人を連れて、「待つこと、そして希望を持ちつづけること」という言葉を残して、マルセイユ沖から旅立っていく。このフィナーレは感動的である。「モンテ・クリスト伯」は、波乱万丈、気宇壮大、奇想天外などあらゆる四字熟語を総動員しても及ばないくらいとてつもなく面白く、ハラハラ・ドキドキするが、いったん話の筋を知ってしまうと、再読する楽しみはうすれてくる。

ゾラ記念館

ゾラ記念館は、サン・ラザール駅からパリの西三〇キロにあるヴィレンヌまで行き、そこから二キロ離れた小さな村メダンにある。見学できるのは週末の午後だけである。開館時間に間があったので、駅前のバーで時間をつぶした。フランスの田舎はどこでもそうであるが、バーや喫茶店で日がな一日たむろしているのはリタイヤーしたとおぼしき男どもばかりである。さて、そろそろタクシーを呼んでもらおうとマダムに頼んだら、自宅に帰りがけの男性に記念館まで連れていってくれるよう頼んでくれた。パリを一歩離れると、素朴な人情が残っている。

一八七八年、「居酒屋」で大成功を収めたゾラは、郊外の屋敷を買い取り、二つの塔と友人を接待するため別棟を建て増し、公園と農場を造った。広い公園には、異様に大きくてやヤグロテスクなゾラの胸像が建っており、菩提樹の並木の散歩道がある。記念館の前を通過する列車の音がときどき静寂を破る。鉄道に沿って、セーヌ川の急流が絶え間ない。

書斎は広く、ビリヤードの台がおいてある。執筆につかれたとき、気晴らしに球をついたのであろう。「ナナ」「ジェルミナール」「獣人」などは、この書斎で誕生した。机は、バルザックのように小さいが、椅子は大きく、高い背もたれに手すりがついている。革張りで立派であるが、ところどころ擦り切れている。他に誰もいなかったので、そっと座ってみた。ゾラの中学時代の同級生セザンヌの絵が何枚か飾られている。

廊下や階段の踊り場には、「嘆きのテレーズ」「居酒屋」「ジェルミナール」などゾラの小説の映画のポスターやドレフュス事件のとき、新聞に掲載された「我弾劾す」という公開状のコピーの垂れ幕が展示されている。

ゾラは、陸軍大尉だったユダヤ人のドレフュスがドイツに軍の情報を流していたとして有罪の宣告を受けたのは冤罪であると軍部指導者を弾劾したところ、逆にセーヌ裁判所に告発され、一八九八年に、懲役一年、罰金三千フランの有罪判決を受けた。ゾラは英国に亡命したが、帰国後、ガス中毒で亡くなった。軍部の謀略ではないかという人もいるが、真相は不明である。

ゾラの小説には洗濯女がしばしば登場するが、記念館には、広い洗濯部屋があり、これまたピンポンができるくらいのアイロン台がある。ゾラには善良な夫人がいたが、この部屋で働いていた二〇歳の洗濯女ジャンヌとねんごろとなり、一男一女をもうけた。写真で見ると、謹厳実直なゾラがどうやってジャンヌを口説いたのであろうか。

ゾラの小説の女主人公は、「嘆きのテレーズ」でも「居酒屋」でもそうであるが、男に振り回され、運命に流されるまま破滅の道をたどる。そこには近代的な自己認識はない。そこが当時の女性の心をとらえたのかもしれない。

ゾラは、ベルヌ条約制定のとき、米国とロシアのような大国が参加しない条約は問題であると論じている。しかし、彼の主張は無視され、両国が条約に加盟するのは二〇世紀後半になってからであった。(第9章　ベルヌ条約参照)

ゾラ記念館は資金不足で閉館するかもしれないという噂を聞いて気がかりだったが、ようやく見学することができてホッとした。

SACD(第5章　SACD参照)

東京駅の近くの喫茶店で読者の方とお会いした。自宅までもとのお話であったが、恐縮なので、こちらから出向いて行った。まだ若い映画評論家であった。数年間パリに滞在したことがあり、SACDを訪ねて、長時間説明を受けたが、今一つ理解できなかった。今回私の本で大筋が分かってきたが、詳しいことをもっと知りたい。「今度はSACDのことを書くおつもりと拝見したので、期待しています」とのことだった。

パリには小さな映画館が数多くある。それぞれに特色があって、「小津安二郎特集」と銘打った館もある。これらの映画館の多くは、映画が登場する以前は芝居小屋であったろう。「朕は国家である」（ルイ一四世）の思想でさまざまな制約を受けていた演劇人は、フランス革命で自由に興行をすることができ、飛び上がって喜んだにちがいない。

バスティーユ広場から北へ登っていくと左手に映画「天井桟敷の人々」の撮影場所になった芝居小屋がある。キオスクのおじさんが「ほら、あそこ」と教えてくれた。ビルの谷間にある入り口の間口が一メートルあるかないかの芝居小屋であった。入り口に所せましと興業の演目のポスターが貼ってあった。電気は煌々と点いているのだが、呼び鈴を鳴らしても、誰も出てこない。夜の興行まで待っている時間がなかったので、内部の写真を撮るのをあきらめざるをえなかった。

シャンゼリゼ通りを下っていくと、左手の横丁を入ったところに映画のシナリオを専門に売っている店がある。L'Avant-Scéne (27 rue-Saint-André-des-Arts)。この店で「天井桟敷の人々」のシナリオを買った。フランス人は映画好きが多いらしく、店は結構繁盛していた。

以上、文豪たちの記念館にかたよってしまったが、いずれも入場料は無料であり、時間に余裕があったら、是非立ち寄っていただけば往時をしのぶことができると思う。

引用・参考文献

第1章 はじめに

(1)•「SACEMの歴史」ジャン・ジャック・ルモワーヌ＝著/宮澤溥明＝訳/
(社)音楽著作権協会会報/1960～61
(SACEM 1850－1950 Jean-Jacques Lemoine / SACEM /1950)

(2)• La conception française du droit d'auteur/ Philippe Parès RIDA /
1954・1

(3)• Rapport Le Chapelier　Le Moniteur Universel / 1791・1・15
•「資料 フランス革命」河野健二＝編 / 岩波書店/ 1989
•「ニッポン著作権物語 プラーゲ博士の摘発録」大家重夫＝著/
出版開発社 / 1981
•「発掘日本著作権史」吉村保＝著 / 第一書房 / 1993

第2章 フランス革命と著作権

(1)• Le droit d'auteur, une nouvelle forme de propriété Pierre Recht /
1969

(2)• Rapport Le Chapelier, Le Moniteur Universel（前掲書）

(3)• Rapport Lakanal / Le Moniteur Universel / 1793・7・21

(4)•「著作権と隣接権」クロード・コロンベ＝著 / 宮澤溥明＝訳 / 第一書房 / 1990
• (Propriété littéraire et artistique et droits voisins Claude Colombet /
Dalloz / 1988)

• La révolutoin française et le droit d'auteur du pérennitéde l'objet de la protection / Olivier Laligant RIDA / 1991・1
• La révolution française et le droit d'auteur pour un nouvel universalisme / Daniel Becourt / RIDA / 1990・1
• A tale of two copyrights: Litterary property in revolutionary France and America / ane C. Ginsburg / RIDA / 1991・1
•「SACEMの歴史」(前掲書)
•「紀行フランス革命二〇〇年」/ 本城靖久、渡部雄吉＝著 / 新潮社 / 1989
•「フランス大革命」(上中下)(1922－27) / マチエ＝著 / ねづまさし・市原豊太訳 / 岩波文庫 / 1958－60
•「フランス革命と祭り」立川孝一＝著 / 筑摩書房 / 1988
•「物語フランス革命史」(全3巻) / G・ルノートル, A・カストロ＝著 / 山本有幸＝編訳 / 白水社 / 1983

第3章　古代からアンシャン・レジームまで

(1) • Genèse et évolution de la notion de propriété littéraire Marie-Claude Dock / RIDA / 1974・1
(2) • Les privilèges de librairie sous l'Ancien Régime Thèse Paris / 1906
(3) • Le droit d'auteur / Paul Olagnier / 1934
(4) • Thèse de doctorat / V.Vaunois / 1884
(5) • Le droit d'auteur au / XVII siècle / RIDA / 1955・7
• Apoint) l'étude des privilèges de la librairie aux XVIe et XVIIe siècles Marcel Henrion / RIDA / 1955・1
• Privilèges et contrefaçon / Marie-Claude Dock / RIDA / 1964・4
• La propriété littéraire et artistique Eugene Pouillet / Marchal et Billard / 1894
•「C・－J・パンクックとフランス革命前夜の新聞・雑誌」森原隆＝著 / 金沢大学文学部論集史学科編第一三, 一四号 / 1994・3
•「革命前夜の地下出版」ロバート・ダーントン＝著 / 関根素子、二宮宏之＝訳 / 岩波書店 / 1994
•「猫の大虐殺」ロバート・ダーントン著 / 海保真夫、鷲見洋一＝訳 / 岩波書店 / 1986

- 「歴史の白昼夢 フランス革命の一八世紀」ロバート・ダーントン＝著／海保真夫、坂本武＝訳／河出書房新社／1994
- 「十八世紀パリ生活誌 タブロー・ド・パリ」（上下）（1782-88）／メルシエ＝著／原 宏＝編訳／岩波文庫／1989
- 「十八世紀パリの明暗」本城靖久＝著／新潮社／1985
- 「書物の出現」（上下）リュシアン・フェーヴル、アンリ＝ジャン・マルタン＝著／関根素子、長谷川輝夫、宮下志朗、月村辰雄＝訳／筑摩書房／1985
- 「書物の歴史」エリク・ド・グロリエ＝著／大塚幸男＝訳／文庫クセジュ／白水社／1955
- 「著作権と隣接権」（前掲書）
- 「読書の値段 シャルル五世の図書室」月村辰雄＝著／ふらんす手帖／1982・11
- 「読書の文化史」R・シャルチエ＝著／福井憲彦＝訳／新曜社／1992
- 「フランス革命の主役たち」（上中下）サイモン・シャーマ＝著／栩木泰＝訳／中央公論社／1994
- 「フランス革命の代償」ルネ・セディヨ＝著／山崎耕一＝訳／草思社／1991
- 「フランス絶対王政下の書物と検閲」二宮素子＝著／一橋大学社会科学古典資料センター／1982
- 「フランス大革命に抗して シャトーブリアンとロマン主義」伊東冬美＝著／中央公論社／1985
- 「ルイ十四世治下の出版統制（治世後半のパリを中心に）」二宮素子＝著／史学雑誌／1970
- 「ルイ十四世の世紀」（全4巻）（1751-56）ヴォルテール＝著／丸山熊雄＝訳／岩波文庫／1974

第4章 ディドロと著作権

（1）•「出版業についての歴史的・政治的書簡」（「ディドロ著作集」第3巻）／原好男訳／法政大学出版局／1989

（2）• Encyclopédie（1751-72）第5巻／Diderot

（3）• La propriété littéraire et artistique／Eugene Pouillet（前掲書）

（4）• Le droit d'auteur, une nouvelle forme de propriété Pierre Recht（前掲書）

（5）• Le droit d'auteur Paul Olagnier（前掲書）

(6) • Correspondance littéraire　Diderot / 1767
• La propriété litteraire et artistique / Eugene Pouillet（前掲書）
• Genèse et évolution de la notion de propriété littéraire Marie-Claude Dock（前掲書）
•「著作権」戒能通孝著 / 日本評論社 / 1950
•「馬車が買いたい!」鹿島茂著 / 白水社 / 1990

第5章 SACD

(1) • Genèse et évolution de la notion de propriété littéraire Marie-Claude Dock（前掲書）
(2) • Les deux cents ans de la Société des Auteurs et Compositeurs Dramatiques / Jacques Boncompain Revue d'histoire du thé（tre　1977
(3) •「パリの夜 革命下の民衆」(1788−94）レチフ・ラ・ド・ブルトンヌ＝著 / 植田祐次＝編訳 / 岩波文庫 / 1988
(4) • Auteurs et comédiens au XVIII siècle / Jacques Boncompain Librairie Académique Perrin / 1976
(5) • Le droit d'auteur sous la Première République Française RIDA / 1954・1
(6) • L'origine du droit proportionnel des auteurs ）la Comédie-Française / Jean Matthyssens / RIDA / 1955・4
• Articles historique / Jacques Boncompain / SACD
• L'auteur et l'argent / Jacques Boncompain / SACD/ 1955
• La comédie des auteurs　Jacques Boncompain / SACD / 1952
• Le guide de la SACD / SACD / 1993
• La province thé（tre d'opération des auteurs depuis deux siécles Jacques Boncompain / SACD/ 1994
•「上演料の話（仏蘭西）」山口戈十＝著/ 演劇新潮／ 1924・11
•「仏国劇作家の利権擁護運動」山口戈十＝著/ 演劇新潮／ 1924・4
•「マリヴォー、ボーマルシェ名作集」小場瀬卓三、田中栄一、佐藤実枝、鈴木康司＝訳 / 白水社 / 1977

第6章 SACDとゴルドーニ

• Goldoni tous comptes faits / Jacques Boncompaina / SACD / 1995

第7章 一九世紀における法改正運動

(1) • Les projets de loi sur le droit d'auteur en France au cours du siècle dernier Jean Mattyssens / RIDA / 1954・7
(2) •「ベルリオーズ回想録」(全2巻)丹治恆次郎＝訳 / 白水社 /1981
(3) • Rapport Le Chapelier（前掲書）
(4) • Rapport sur le projet de loi de propriété littéraire/ Alfonse de Lamartine (1841)/RIDA / 1955・4
(5) • Notes remise) Messieurs Les Deputes composant la / Commission de la loi sur la propriété littéraire /Balzac /1841
(6) • Une petite histoire de la Société des Gens de Lettres / Georges-Olivier Chateaureynaud /SGDL /1994
(7) •「バルザック全集 第二六巻 書簡集」伊藤幸次、私市保彦＝訳 / 東京創元社 / 1976
(8) •「バルザック」シュテファン・ツヴァイク＝著 /水野亮＝訳 /早川書房/1959
(9) • Le droit d'auteur de la veuve et de l'orphen / RIDA /1955・1
(10) •「共産党宣言」(1948)マルクス エンゲルス＝著/大内兵衛、向坂逸郎＝訳 / 岩波文庫 /1971
(11) • Le droit d'auteur selon Victor Hugo / RIDA / 1955・1
(12) • La propiété littérature / Emile Zola / 1897
• L'Argent dans la littérature / Emile Zola / 1880
• Auteurs et éditeurs / Emile Zola / 1897
• Code littéraire / Balzac / 1840
• Les Droits du Romancier / Emile Zola / 1897
• Ephéméride de la Société des gens de lettres de France / SGDL / 1988
• Histoire de la Société des gens de lettres de France / Edouard Montagne / SGDL / 1988
• Maison de Balzac / Paris Musées / 1991

- Maison de Victor Hugo / Paris Musées / 1993
- Monté-Cristo / Christiane Neave et Hubert Charron / Editions Champflour / Marly-le-Roi / 1994
- La Société des Gens de Lettres / Emile Zola / 1897
- Writer and public in France from the middle ages to the present day John Lough / Oxford University Press / 1978
- 「ヴィクトール・ユゴー 詩と愛と革命」(上下)アンドレ・モロワ＝著 / 辻昶、横山正二訳 / 新潮社 / 1961
- 「(挿絵入新聞『イリュストラシオン』にたどる)十九世紀フランス 夢と創造」小倉孝誠＝著 / 人文書院 / 1995
- 「新聞王伝説」鹿島茂＝著 / 筑摩書房 / 1991
- 「絶景、パリ万国博覧会」鹿島茂＝著 / 河出書房新社 / 1992
- 「デパートを発明した夫婦」鹿島茂＝著 / 講談社 / 1991
- 「パリ時間旅行」鹿島茂＝著 / 筑摩書房 / 1993
- 「パリ・世紀末パノラマ館」鹿島茂＝著 / 角川春樹事務所 / 1996
- 「パリの王様たち(ユゴー・デュマ・バルザック三大文豪大物くらべ)」鹿島茂＝著 / 文藝春秋社 / 1995
- 「パリの王様」ガイ・エンドア著 / 河盛好藏＝訳 / 講談社 / 1960
- 「パリ燃ゆ」(上下)大佛次郎＝著 / 朝日新聞社 / 1964
- 「パリ歴史物語」(上下)ミシェル・ダンセル＝著 / 蔵持不三也＝訳 / 原書房 / 1991
- 「ベランジュという詩人がいた」林田遼右 / 新潮社 / 1954
- 「メディア都市パリ」山田登世子＝著 / 青土社 / 1991
- 「我が人生・文学・出会い(ユーゴと「人間革命」)」辻昶＝著 / 聖教新聞社 / 1994
- 「私の随想選」(全7巻)河盛好蔵＝著 / 新潮社 / 1991

第8章 SACEM

(1) • 「フランス音楽史」ノルベール・デュフルグ＝著 / 遠山一行、平島正郎、戸口幸策＝訳 / 白水社 / 1972

(2) • 「一と晩だけの天才」(「ツヴァイク全集」第5巻 / 片山敏彦＝訳 / みすず書房 / 1972

(3)•「ベルリオーズ回想録」(前掲書)
(4)• SACEM aujourd'hui / SACEM / 1977
(5)• La France Musicale / 1850・3・13
• A propos de l'armonisation des législations nationales / dans les pays de la CEE /Adolf Dietz / RIDA / 1983・7
• Communautés Européennes / André Françon / RIDA / 1990・4
• Le conflit entre SACEM et les discothèques devant la Cour / de Justice des Communautés europennes / André Françon / RIDA / 1990・4
• Le conflit SACEM discothèques une guerre judiciaire sans / précédent Jean-Loup Tournier / RIDA / 1989・4
• Le droit d'auteur et le Traité de Rome instituant la / Communauté Economique Européenne / André Françon / RIDA / 1979・4
• Plaidoyer pour la SACEM / Jean-Loup Tournier / SACEM / 1972
• Le prix du répertoire d'une société d'auteurs en position / dominante dans le carcan du droit de la concurrence Claude Joubert / RIDA / 1983・7
• La SACEM et le droit de la concurrence / Thierry Desurmont / RIDA / 1989・4
• SACEM-SDRM / SACEM / 1994
• Statut de la SACEM / Olvier Carmet/ RIDA / 1989・4
•「EC独禁法ハンドブック」舛井一仁=著 / 敬文堂 / 1989
•「SACEMの歴史」(前掲書)
•「シャンソン」フランス・ヴェルニヤ、ジャック・シャルパン、トロー=著 / 横山一雄=訳 / 文庫クセジュ / 白水社 / 1973
•「天国と地獄 ジャック・オッフェンバックと同時代のパリ」 S・クラカウアー=著 / 平井正=訳 / せりか書房 / 1981
•「パリの世紀末 スペクタクルへの招待」渡辺淳=著 / 中公新書 / 1984

第9章 ベルヌ条約

(1)•「マルゼルブ」木崎喜代治=著 / 岩波書店 / 1986

(2)•「ベルリオーズ回想録」(前掲書)
(3)•Lettres) Madame Hanska R.Pierrot 1967–71
(4)•Discours d'ouverture (Congrès littéraire international)
Victor Hugo / 1884
(5)•「文学的および美術的著作物の保護に関するベルヌ同盟の生成と発展」
野村義男=編著 / 文化庁 / 1969
(6)•Le développement et la consécration internationale du droit d'auteur /
Valerio de Sanctis / RIDA / 1974・1
(7)•La propriété littéraire / Emile Zola(前掲書)
•Le droit d'auteur / Paul Olagnier(前掲書)
•「著作権」中川善之助、阿部浩二=編 / 第一法規出版 / 1973
•「実学・著作権」鈴木敏夫=著 / サイマル出版会1976
•「パリ燃ゆ」大佛次郎=著(前掲書)

第10章　作家の生活

(1)•「哲学書簡」(1734)ヴォルテール=著 / 林達夫=訳 / 岩波文庫 / 1980
(2)•L'Argent dans la littérature / Emile Zola (前掲書)
(3)•「パリの夜」レチフ・ド・ラ・ブルトンヌ=著 / 植田祐次=編訳(前掲書)
(4)•「備忘録」レチフ・ド・ブルトンヌ=著 / 植田祐次=訳
(5)•「ムシュ・ニコラ」レチフ・ド・ブルトンヌ=著 / 植田祐次=訳
(6)•Avis aux gens de lettres / Fenouillet de Falbaire / 1770
(7)•Auteurs et éditeurs / Emile Zola(前掲書)
•La propiété littérature / Emile Zola(前掲書)
•「ドレフュス事件」大佛次郎=著 / 創元社 / 1951

第11章　レコード録音権

(1)•「音楽著作権の歴史」フィリップ・パレス=著/ 宮澤溥明=訳 / 第一書房 / 1988
•(Histoire du droit de reproduction mécanique / Phillipe Parès /
La Compagnie du Livre / 1953)
•BIEM / 1929–1979/ BIEM / 1979

第12章 追及権

(1) •「アメデオ・モディリアーニ」キャロル・マン＝著／田中久和＝訳／パルコ出版／1987

(2) • Le droit de suite des artistes / J.L.Duchemin / Librairie du Rucueil Sirey, SA / 1948

(3) • Lettre de Jean-Marc Gutton (ADAG)

(4) • Feuilles mortes et fleurs fannes / Franz-Jourdain / La Jeune Académie / 1931

• Campaign for droit de suite / Jean-Marc Gutton / ADAGP / 1993

• Le droit de suite Wladimir Duchemin / RIDA / 1974・4

第13章 おわりに

(1) • Genèse et évolution de la notion de propriété littéraire

• Marie-Claude Dock (前掲書)

(2) • Plaidoyer pour la SACEM / Jean-Loup Tournier (前掲書)

(3) •「赤と黒」(1831) スタンダール＝著／冨永明夫＝訳／中央公論社／1963

(4) • Bienvenue) la loi / Marcel Plaisant / RIDA / 1958・4

(5) •「ミシェル城館の人――争乱の時代」堀田善衞＝著／集英社／1991

(6) • Commentaire de la loi du 11 mars / 1957

• Henri Desbois / 1957

(7) • Les droits d'auteur, aspects éssentiels de la jurisprudence française / Henri Desbois

• L'Application jurisprudentielle de la loi du 11 mars 1957

• André Schmidt / RIDA / 1975・4

• Un aspect de la loi du 3 juillet 1985: la modernisation de la loi du 11 mars 194

• André Kerever / RIDA / 1986・1

• Considérations générales / Marcel Boutet / RIDA / 1958・4

• Grandeur,misère et contradictions du droit d'auteur / Roger Fernay / RIDA / 1958・7

• The justification of the protection of authors' right as reflected in their historical development

• Gyorgy Boytha / RIDA / 1992・1
• La loi du 3 juillet 1985 / Jack Lang / RIDA / 1986・1
• Le projet de loi francais sur la propriété littéraire et artistique Jean Escarra / RIDA / 1954・10

その他の参考文献

• Code de la propriété intellectuelle / Commission superieure de codification / 1992
•「世界伝記大事典」(全18巻)ほるぷ出版 / 1982
•「世界文学講座 仏蘭西文学篇」(上下)新潮社 / 1929
•「フランス文学案内」渡辺一夫、鈴木力衛＝著 / 岩波文庫 / 1961
•「フランス文学講座」(全6巻)大修館書店 / 1976-80
•「西洋人名よみかた辞典」(全3巻)日外アソシエーツ / 1992

以上の参考文献は、便宜上章別に分けているが、各章にまたがって参照している。
引用文のうち訳者の表示がないものは、筆者が訳したものである。

本書は１９９８年に刊行された
『著作権の誕生　フランス著作権史』に
大量の加筆・修正をおこなったものです。

出版人・知的所有権叢書02

著作権の誕生

フランス著作権史

二〇一七年五月三日　第一刷発行

著者　宮澤溥明
編集　團奏帆
営業　林和弘
発行人　岡聡
発行所　株式会社太田出版
〒一六〇-八五七一　東京都新宿区愛住町二二　第三山田ビル四階
電話〇三-三三五九-六二六二　ファクス〇三-三三五九-〇〇四〇
振替〇〇一二〇-六-一六二一六六
ホームページ http://www.ohtabooks.com
印刷・製本　中央精版印刷株式会社

ISBN 978-4-7783-1570-2 C0095